Marshall Goldsmith
MARK REITER

LEBE DAS LEBEN, DAS DU WIRKLICH VERDIENST

So finden Sie Ihren ganz persönlichen Weg und ein erfülltes Leben

Marshall Goldsmith
MARK REITER

LEBE DAS LEBEN, DAS DU WIRKLICH VERDIENST

So finden Sie Ihren ganz persönlichen Weg und ein erfülltes Leben

Bibliografische Information der Deutschen Nationalbibliothek
Die Deutsche Nationalbibliothek verzeichnet diese Publikation in der Deutschen Nationalbibliografie. Detaillierte bibliografische Daten sind im Internet über http://dnb.d-nb.de abrufbar.

Für Fragen und Anregungen
info@finanzbuchverlag.de

1. Auflage 2023

Türkenstraße 89
D-80799 München
Tel.: 089 651285-0
Fax: 089 652096

Titel der englischen Originalausgabe: *THE EARNED LIFE*

Übersetzung: Simone Siebert
Redaktion: Rainer Weber
Umschlaggestaltung: Marc-Torben Fischer
Umschlagabbildung: grop/shutterstock.com
Satz: Zerosoft, Timisoara
Druck: CPI books GmbH, Leck
Printed in the EU

ISBN Print 978-3-95972-722-8
ISBN E-Book (PDF) 978-3-98609-400-3
ISBN E-Book (EPUB, Mobi) 978-3-98609-401-0

Weitere Informationen zum Verlag finden Sie unter

www.finanzbuchverlag.de

Beachten Sie auch unsere weiteren Verlage unter www.m-vg.de

INHALT

Für Dr. R. Roosevelt Thomas, Jr. (1944–2013), für seine Erkenntnisse und seine Unterstützung, und für Annik LaFarge, die uns zusammengebracht hat

Denk nicht, ich sei das Ding noch, das ich war.

Henry V, William Shakespeare

EINLEITUNG

Vor einigen Jahren, während der Amtszeit von George W. Bush, machte man mich auf einer Leadership-Konferenz mit einem Manager namens Richard bekannt, der sich um die geschäftlichen Belange von Künstlern, Schriftstellern und Musikern kümmerte. Mehrere gemeinsame Bekannte hatten mir bereits versichert, dass Richard und ich viel gemeinsam hätten. Er lebte in New York City, wo ich gerade eine Wohnung gekauft hatte, und so verabredeten wir uns für meinen nächsten Besuch dort zum Abendessen. Doch in letzter Minute sagte er unser Treffen ohne Angabe eines Grundes ab. Nun gut.

Ein paar Jahre später, inzwischen war Obama Präsident, holten wir unsere Verabredung schließlich nach und verstanden uns auf Anhieb bestens, genau wie unsere Freunde es vorausgesagt hatten. Wir diskutierten angeregt miteinander und hatten viel zu lachen. Im Verlauf des Abends brachte Richard seine Zerknirschung darüber zum Ausdruck, dass er mir damals abgesagt hatte, und beschwor die vielen schönen Momente und gemütlichen Dinnertreffen herauf, die uns deshalb in den »vergeudeten Jahren«, wie er sie nannte, vor unserem ersten Treffen entgangen waren. Auch wenn die »vergeudeten Jahre« scherzhaft gemeint waren, lag in seinen Worten trotzdem ein Hauch von Melancholie; als habe er eine lebensverändernde Entscheidung vermasselt, für die er sich entschuldigen müsste.

Auf diese Reue kam er wieder und wieder zurück, wenn wir uns zwei oder drei Mal pro Jahr in New York trafen. Und jedes Mal sagte ich ihm: »Lass es gut sein. Ich nehme deine Entschuldigung an.« Schließlich erzählte er mir bei einem unserer Abendessen folgende Geschichte.

Er hatte gerade die Highschool in einem Vorort von Maryland abgeschlossen. Weil er kein ambitionierter Schüler gewesen war und zunächst kein Interesse am College hatte, trat er in die Army ein. Nachdem ihm ein Kampfeinsatz in Vietnam erspart geblieben war und er stattdessen drei Jahre lang auf einem Militärstützpunkt in Deutschland gedient hatte, kehrte er mit dem festen Entschluss, seinen Collegeabschluss nachzuholen, nach Maryland zurück. Er war einundzwanzig und hatte endlich eine klare Vorstellung von seiner Zukunft. Bis zum Beginn seines ersten Studienjahrs arbeitete er den Sommer über als Taxifahrer in der Gegend um Washington, D.C. Eines Tages brachte er eine junge Frau vom Flughafen nach Bethesda. Sie war Studentin an der Brown University und von einem Auslandsjahr in Deutschland zurückgekehrt.

»Wir standen eine Stunde im Stau und tauschten uns über unsere Erinnerungen an Deutschland aus«, erzählte Richard. »Das war eine der schönsten Stunden, die ich bis zu diesem Zeitpunkt verlebt hatte. Es knisterte definitiv zwischen uns. Als wir vor dem riesigen Haus ihrer Eltern ankamen, trug ich ihre Taschen auf die Veranda und ließ mir dafür bewusst ein wenig länger Zeit, um über meine nächsten Schritte nachzudenken. Ich wollte sie wiedersehen, aber es war für Fahrer tabu, Fahrgäste um ein Date zu bitten. Also tat ich das Nächstbeste, das mir einfiel. Ich schrieb meinen Namen auf eine Visitenkarte meiner Taxifirma und sagte ihr: ›Wenn Sie wieder mal eine Fahrt zum Flughafen brauchen, dann rufen Sie einfach die Zentrale an und fragen Sie nach mir.‹ Sie antwortete: ›Das mache ich gerne‹, und es klang so, als hätten wir uns praktisch schon auf ein Date geeinigt. Ich schwebte wie auf Wolken zurück zu meinem Taxi, beschwingt angesichts der Verheißungen der Zukunft. Sie wusste, wie sie mich erreichen konnte, und ich wusste, wo sie wohnte: Wir hatten eine erste Verbindung hergestellt.«

Während Richard erzählte, glaubte ich bereits zu wissen, worauf seine Geschichte hinauslaufen würde, denn sie enthielt alle Zutaten nahezu jeder romantischen Komödie, die ich je gesehen hatte: Ein Mädchen und ein Junge lernen sich kennen, doch einer von beiden verliert den Namen, die Telefonnummer oder die Adresse des anderen, der vergeblich auf ein Lebenszeichen wartet, bis sie sich Jahre später zufällig wiedersehen und endlich zueinander finden. Oder eine Variante dieses Plots.

»Ein paar Tage später rief sie mich an und wir verabredeten uns für das folgende Wochenende«, setzte Richard seine Erzählung fort. »Ich fuhr zu ihrem Haus, hielt jedoch drei Blocks entfernt an, um mich zu sammeln. Dieser Abend war mir wichtig. Auch wenn sie aus einer wesentlich wohlhabenderen Familie stammte als ich, stellte ich mir bereits vor, wie ich mein Leben mit ihr verbringen würde. Und dann geschah etwas völlig Unerklärliches. Ich war plötzlich wie erstarrt. Vielleicht war es das große Haus, die elegante Nachbarschaft oder die Tatsache, dass ich ein Taxi fuhr. Jedenfalls brachte ich nicht den Mut auf, weiterzufahren und an ihre Tür zu klopfen. Ich habe sie nie wieder gesehen – und meine Feigheit verfolgt mich nun seit vierzig Jahren. Sie ist wahrscheinlich ein wesentlicher Grund dafür, dass ich mein ganzes Erwachsenenleben hindurch allein geblieben bin.«

Angesichts dieses abrupten und unerwarteten Endes seiner Geschichte versagte Richard die Stimme. In seinem Gesicht erschien ein derart schmerzgeplagter Ausdruck, dass ich meinen Blick abwenden musste. Ich hatte eine herzerwärmende Geschichte eines erfolgreichen ersten Dates und vieler weiterer Rendezvous erwartet, oder das bittersüße Eingeständnis, dass er und die junge Frau nach ein paar Verabredungen festgestellt hatten, dass sie anders als gedacht doch keine Seelenverwandten waren. Stattdessen wurde ich Zeuge kolossaler Reue, des leersten und trostlosesten aller menschlichen Gefühle. Es war beinahe mit Händen zu greifen und brachte das Gespräch abrupt zum Erliegen, denn ich wusste nichts Heilendes oder Erlösendes zu sagen. Tiefe Reue ist ein Gefühl, das ich keinem Menschen wünsche.

Jeder gute Ratgeber im Buchbereich möchte seinen Lesern dabei helfen, eine monumentale Herausforderung zu bewältigen. Abnehmen, reich werden und die große Liebe finden sind drei universelle Herausforderungen, die mir dabei als Beispiele in den Sinn kommen. In meinen letzten Büchern habe ich den Fokus auf unser Verhalten an der Schnittstelle zwischen unseren beruflichen Ambitionen und unserem persönlichen Wohlbefinden gelegt. In *Was Sie hierhergebracht hat, wird Sie nicht weiterbringen* habe ich mich damit beschäftigt, wie wir selbstzerstörerisches Verhalten am Arbeitsplatz überwinden können; in *Mojo,* wie wir am besten mit Karriererückschlägen umgehen, die uns ausbremsen; und in *Triggers,* wie wir die alltäglichen Auslöser erkennen, die dazu führen, dass wir uns von unserer schlechtesten Seite zeigen und die schlechtesten Entscheidungen treffen.

Die Herausforderung, die wir in diesem Buch in Angriff nehmen werden, ist das Bedauern, die Reue.

Dabei gehe ich von der Prämisse aus, dass unser Leben zwischen zwei emotionalen Polen hin- und herschwankt. Der eine Pol ist die Emotion, die wir als »Erfüllung« bezeichnen. Wir bewerten unser inneres Gefühl der Erfüllung anhand von sechs Faktoren, die ich »Erfüllungsfaktoren« nenne:

- Sinn
- Bedeutung
- Erfolg
- Beziehungen
- Engagement
- Glück, im Sinne von Glücklichsein

Sie sind die Wegweiser, die in unserem Leben unser gesamtes Streben bestimmen.* Wir investieren enorme Zeit- und Energieressourcen, um unserem Leben einen Sinn und eine Bedeutung zu verleihen, um für unsere Erfolge gewürdigt zu werden, um unsere Beziehungen zu pfle-

---

* Gesundheit und Reichtum – sicherlich zwei weitere wichtige Ziele unseres Strebens – habe ich bewusst aus dieser Liste der Erfüllungsfaktoren ausgeklammert, weil ich annehme, dass Sie diese beiden Ziele bereits einen Großteil Ihres Erwachsenenlebens hindurch angestrebt haben, und zwar so sehr, dass Sie diese Faktoren womöglich bereits unter Kontrolle haben, wenn Sie dieses Buch lesen. Sie blicken in den Spiegel oder auf Ihren Kontoauszug und sagen sich: »Mir geht es gut.« In erster Linie glaube ich aber, dass Sie anderswo bessere Antworten erhalten, wenn Sie nach Ratschlägen zu Ernährung, Gesundheit und Vermögensaufbau suchen.

gen, um alles, was wir tun, mit großem Engagement zu tun, und um glücklich zu sein. In diesem Bestreben sind wir ausdauernd und wachsam, denn unsere Verbindung zu diesen sechs Faktoren ist zerbrechlich, unbeständig und vergänglich.

Glück – Glücklichsein – ist beispielsweise der universelle Gradmesser für unser emotionales Wohlbefinden, weshalb wir uns selbst regelmäßig fragen, ob wir glücklich sind, und weshalb wir diese Frage auch häufig von anderen erdulden müssen. Und doch ist unser Glück oft nur von kurzer Dauer, so flüchtig wie ein Traum. Wenn unsere Nase juckt, kratzen wir sie und sind für einen kurzen Moment erleichtert und glücklich, bis wir dann aber eine lästige Fliege bemerken, die im Zimmer umherschwirrt, oder einen kalten Luftzug spüren, der durchs Fenster weht, oder hören, wie irgendwo ein Wasserhahn tropft. Solche Momente reihen sich den ganzen Tag hindurch aneinander. Ständig löst sich unser Glück von einer Minute auf die nächste wieder in Luft auf. Die Bedeutung und der Sinn unseres Lebens, unser Engagement in einer bestimmten Aktivität, unsere Beziehungen und unser Erfolg sind ebenso vergängliche Faktoren. Wir ergreifen sie und halten sie fest, doch in einer beunruhigenden Geschwindigkeit gleiten sie uns wieder durch die Finger.

Wir glauben, wenn es uns nur gelänge, ein Gleichgewicht herzustellen zwischen (a) den Entscheidungen, Risiken und Anstrengungen, die wir bei unserem Streben nach den sechs Erfüllungsfaktoren in Kauf genommen haben, *und* (b) der Belohnung, die wir dafür erhalten haben, würden wir ein dauerhaftes Gefühl der Erfüllung erlangen – als wäre unsere Welt fair und gerecht. Wir erinnern uns an unsere eigenen Überlegungen: *Ich wollte es, ich habe dafür gearbeitet und mein Lohn entsprach meinen Bemühungen. Mit anderen Worten: Ich habe es mir verdient.* Es ist eine einfache Dynamik, die einen wesentlichen Teil unseres lebenslangen Strebens beschreibt. Doch wie wir sehen werden, liefert sie uns nur ein unvollständiges Bild von einem verdienten Leben.

Reue ist das genaue Gegenteil von Erfüllung.

Oder um es mit den Worten von Kathryn Schulz in ihrem wunderbaren TED-Talk zu diesem Thema aus dem Jahr 2022 zu sagen: Reue ist

»das Gefühl, das wir empfinden, wenn wir denken, dass unsere gegenwärtige Situation besser oder glücklicher sein könnte, wenn wir in der Vergangenheit etwas anders gemacht hätten«. Reue ist ein teuflischer Cocktail aus *Handlungsfreiheit* (denn unsere Reue ist das Ergebnis unseres eigenen Handelns, es wird uns nicht von anderen aufgezwungen), und unserem *Vorstellungsvermögen* (wir müssen uns bildlich vorstellen, dass wir in der Vergangenheit eine andere Entscheidung getroffen hätten, die in der Gegenwart zu einem besseren Ergebnis geführt hätte). Dabei haben wir selbst die Kontrolle über unsere Reue, zumindest insofern, als dass wir selbst entscheiden können, wie oft wir ihr freien Lauf lassen und wie viel Raum wir ihr geben. Entscheiden wir uns dafür, uns bis in alle Ewigkeit vom ihr quälen oder verstören zu lassen (wie im Fall meines Freundes Richard), oder können wir sie ablegen und nach vorne blicken, wohlwissend, dass die Reue noch eine Rechnung mit uns offen hat und dass wir sicherlich eines Tages erneut etwas bereuen werden? Unsere Reue kennt keine Einheitsgröße. Wie bei einem Hemd gibt es auch Reue in den Größen S, M, L, XL, XXL und noch größer. Um es klar zu sagen: In diesem Buch werde ich mich nicht mit kleinen Fehltritten aufhalten, zum Beispiel mit einem Versprecher, der einen Kollegen verletzt hat. Derartige Dinge sind lediglich bedauerliche Entgleisungen, die in der Regel mit einer aufrichtigen Entschuldigung aus der Welt geschafft werden können. Ich werde auch nicht auf mittelgroße Ausrutscher wie das Tattoo eingehen, das Kathryn Schulz zu ihrem TED-Vortrag inspiriert hat und das sie bereits bereute, noch während sie das Tattoo-Studios verließ und sich verzweifelt fragte: »Was habe ich mir nur dabei gedacht?« Letzten Endes hat sie ihren Frieden damit gemacht, sogar etwas daraus gelernt – nämlich wie »verletzlich« und »vollkommen verunsichert« ihre bedauerlichen Entscheidungen sie zurückließen – und sich selbst geschworen, es in Zukunft besser zu machen. In diesem Buch möchte ich mich auf die überdimensionale existenzielle Reue konzentrieren; die Art von Reue, die unser Leben für immer verändert und uns in unserem Inneren noch über Jahrzehnte hinweg verfolgt. Unter existenzieller Reue verstehe ich zum Beispiel, dass wir uns womöglich gegen Kinder entschieden und es uns dann zu spät doch noch einmal anders überlegt haben. Dass wir unseren Seelenverwandten haben gehen lassen. Dass wir den perfekten Job abgelehnt haben, weil unsere Selbstzweifel größer waren als die Zweifel der Menschen, die uns einstellen wollten. Dass wir die Schule nicht ernst genommen haben. Dass wir im Ruhestand auf unser Leben zurückblicken und uns wünschen, wir hätten uns mehr Freizeit gegönnt, um neben der Arbeit auch noch Hobbies nachzugehen.

Existenzielle Reue zu vermeiden, kann schwierig sein, aber es ist nicht unmöglich – solange wir bereit sind, uns auf unser Streben nach Erfüllung zu konzentrieren. Uns immer wieder neuen Chancen zu öffnen, die sich uns bieten, kann uns dabei helfen, Reue zu vermeiden – selbst dann, wenn wir uns dort, wo wir aktuell stehen, bereits glücklich und erfüllt fühlen. Meiner Kenntnis nach ist das einfachste Rezept, um Erfüllung zu finden, für Erfüllung offen zu sein.

Wer meine vorangegangenen Bücher gelesen hat, weiß, dass ich niemals umhinkann, meiner Bewunderung für meinen Freund Alan Mulally Ausdruck zu verleihen. Für mich ist Alan das Paradebeispiel eines erfüllten Lebens ohne jegliche Reue.

Als ihm 2006 – damals war er noch CEO von Boeing Commercial Airplanes – der CEO-Job bei der Ford Motor Company angeboten wurde, bat er mich, gemeinsam mit ihm zu überlegen, was dafür und was dagegensprach, Boeing – das einzige Unternehmen, für das er bis dato gearbeitet hatte – zu verlassen. Als sein ehemaliger Coach wähnte ich mich in einer einzigartig objektiven Position, um ihm beratend zur Seite zu stehen. Ich wusste, dass er ein herausragender Leader war, und war fest davon überzeugt, dass er in jeder Führungsposition erfolgreich sein könnte. Mir war zudem längst klar, dass er in Zukunft noch viele weitere Angebote für leitende Tätigkeiten in anderen Unternehmen erhalten würde, auch wenn nur sehr wenige von ihnen attraktiv oder herausfordernd genug sein würden, um ihn von Boeing wegzulocken. Um sein Interesse zu wecken, müssten ihm diese Angebote schon wahrhaft außergewöhnliche Gelegenheiten bieten, sein Engagement zielführend einzubringen. Dazu beizutragen, der Marke Ford neues Leben einzuhauchen, war eine solche Gelegenheit, und ich erinnerte Alan an einen

Karriereratschlag, den ich ihm schon früher einmal gegeben hatte: *Sei offen.*

Zunächst lehnte Alan das Angebot von Ford ab. Trotzdem blieb er am Ball, beleuchtete den ihm angetragenen Job von allen Seiten und sammelte weitere Informationen, um zu definieren, was nötig sein würde, um den Autogiganten wiederzubeleben (denn das ist eines seiner Talente). Ein paar Tage später nahm er das Angebot von Ford dann schließlich doch an. Indem er das tat, blieb er seinem Vorsatz treu und empfing diese Gelegenheit für noch größere Erfüllung mit offenen Armen, statt lediglich zu versuchen, nichts zu bereuen.*

Trotzdem ist Reue das unterschwellige Thema, dem wir uns in diesem Buch – neben der Erfüllung – ebenfalls widmen. Ich habe zunächst mit dem Titel »The Regret Cure« geliebäugelt, also etwa »Die Heilung von Reue«, kam dann aber zu dem Schluss, dass diese Bezeichnung irreführend gewesen wäre. Reue ist der Fremde, der an unsere Tür klopft, wenn wir schlechte Entscheidungen getroffen haben und alles schiefgelaufen ist. Sie ist die Sache, die wir vermeiden wollen, wenn wir sie schon nicht ganz und gar verbannen können (und das sollten wir auch nicht, denn bedenken Sie nur, wie lehrreich Reue sein kann: »Notiz an mich selbst: Tu *das* bloß nie wieder!«).

Was Reue betrifft, wollen wir in diesem Buch folgendermaßen verfahren: Wir akzeptieren, dass sie unvermeidlich ist, aber wir wollen dafür sorgen, dass wir sie seltener verspüren müssen. Reue ist das deprimierende Gegengewicht zu unserer Suche nach Erfüllung in einer komplexen Welt. Unser vorrangiges Ziel ist die Verwirklichung eines erfüllten Lebens – die Realisierung dessen, was ich ein *verdientes Leben* nenne.

Als eines unserer Leitkonzepte wird uns dabei die Vorstellung dienen, dass sich unser Leben wie nachfolgend dargestellt auf einem Kontinuum zwischen Reue und Erfüllung bewegt.

---

* Während Alans siebenjähriger Amtszeit als CEO stieg der Aktienkurs von Ford um 1837 Prozent und, was noch wichtiger war, seine Zustimmungsquote als CEO betrug bei den Mitarbeitern dieses gewerkschaftlich organisierten Unternehmens sage und schreibe 97 Prozent.

Reue Erfüllung

Wenn wir die Wahl hätten, würden wir sicher alle lieber mehr Zeit damit verbringen, uns dem rechten Extrem anzunähern statt dem linken. Bei meiner Recherche zu diesem Buch habe ich viele verschiedene Menschen aus meinem beruflichen Umfeld gebeten, sich selbst auf diesem Kontinuum zu verorten. Dabei handelte es sich natürlich nicht um eine streng wissenschaftliche Studie, aber ich war neugierig zu erfahren, was Menschen dazu bewegt, sich der Erfüllung näher zu wähnen als der Reue, und wie nahe sie sich ihr genau fühlen. Bei meinen Umfrageteilnehmern handelte es sich nach unseren gängigen Maßstäben ausnahmslos um erfolgreiche Menschen. Sie waren gesund. Sie hatten eine glaubwürdige Liste beruflicher Erfolge vorzuweisen und verfügten zudem über den Status, das Geld und den Respekt, der mit Erfolgen einhergeht. Deshalb vermutete ich, dass sich die meisten von ihnen sehr nahe am äußersten rechten Rand der Linie bewegen würden – denn alles deutete darauf hin, dass sie ein quasi vollkommen erfülltes Leben lebten.

Doch damit lag ich falsch. Die Wahrheit ist: Niemand von uns kennt die tatsächliche Größe der Hoffnungen und Ziele anderer Männer und Frauen und darum auch nicht das Ausmaß ihrer Enttäuschungen und ihrer Reue. Wir können weder ahnen noch prognostizieren, wie nah sich andere Menschen der Erfüllung wähnen; das gelingt uns nicht einmal bei den Menschen, die wir gut zu kennen glauben. Hier ist die Rückmeldung eines europäischen CEO namens Günther, einer der Spitzenköpfe seiner Branche, der dennoch tiefe Reue empfindet, weil er seine Familie zugunsten seiner Karriere vernachlässigt hat:

Reue Erfüllung

Als er den Grad seiner Erfüllung bestimmen sollte, kam Gunther zu dem Schluss, dass alle gängigen Erfolgskriterien, die voll und ganz auf ihn zutrafen, nichts gegen das Gefühl des Versagens ausrichten konnten, das er als Elternteil und Ehemann empfand. Sein Misserfolg im Privaten überschattete seinen beruflichen Erfolg, als hätte er sein Leben darauf verschwendet, dem falschen Preis nachzujagen.

So war es auch bei meiner Coaching-Kundin Aarin. Ich hielt sie für eine echte Überfliegerin – und deshalb für eine rundum zufriedene Frau, die nur wenig bereut. Aarin war mit elf Jahren aus Nigeria nach Amerika ausgewandert, hatte Bauingenieurwesen studiert und sich ein umfangreiches Fachwissen angeeignet, das sie zu einer gefragten Beraterin beim Bau von Hochhäusern, Brücken, Tunneln und anderen großen Bauvorhaben machte. Inzwischen war sie Anfang fünfzig, glücklich verheiratet und hatte zwei Kinder im Collegealter. Als afrikanische Immigrantin war sie in ihrer Branche eine Rarität, wenn nicht sogar einzigartig, was im Grunde genommen bedeutete, dass sie ihre Karriere nur sich selbst verdankte. Das bewunderte ich sehr. Ich hatte sie sechs Jahre lang gecoacht und immer geglaubt, ich wüsste, wovon sie träumte und was sie bereute. Deshalb überraschte mich ihre relativ pessimistische Antwort.

Wie konnte ausgerechnet sie mehr Reue als Erfüllung empfinden? Sie sagte, sie sei mit ihrem Leben »grundsätzlich zufrieden«. »Ich kann mich nicht beschweren.« Und dennoch war sie voller Reue. Dabei bereute sie jedoch nicht das, was sie erreicht hatte, sondern dass es zu wenig war, weil sie glaubte, sie hätte noch viel mehr erreichen können. Was sie auch tat, sie wurde den Gedanken nicht los, dass sie stets hinter ihren Möglichkeiten zurückblieb. Sie bereute, dass sie dazu tendierte, sich zu entspannen und die Jagd nach neuen Aufträgen einzustellen, sobald sie ein Projekt übernommen hatte, das genug Geld einbrachte, um alle Fixkosten und Gehälter zu decken. Warum, so fragte sie sich, stellte sie nicht einfach Leute ein, die sich um mehrere Projekte gleichzeitig kümmern könnten, um sich selbst mehr Zeit für die Anbahnung neuer Aufträge zu verschaffen? »Alle halten mich für eine hartgesottene Geschäftsfrau«, sagte sie. »Aber in Wirklichkeit bin ich ein Schaf, das sich als Alphatier verkleidet. An den meisten Tagen fühle ich mich wie eine Hochstaplerin, die die Honorare, die sie verlangt, und das Lob, das sie erhält, überhaupt nicht verdient, und ich lebe ständig in der Furcht, dass man mich früher oder später enttarnen wird.«

Zweifelsohne benötigte sie noch weiteres Coaching.

Ich war jedes Mal überrascht, wenn die Antworten auf meine zugegebenermaßen willkürliche und unwissenschaftliche Umfrage ähnlich wie bei Gunther und Aarin ausfielen. Menschen, deren Leben ich für Paradebeispiele der Erfüllung gehalten hatte, entpuppten sich als von ständiger Reue geplagte Zeitgenossen.

Ich hatte erwartet, dass sie alle so wie Leonard sein würden – ein Wall-Street-Händler, der mit sechsundvierzig gezwungenermaßen in den Ruhestand gehen musste, nachdem sein Tätigkeitsfeld, der Handel mit stark fremdfinanzierten Wertpapieren, 2009 den Dodd-Frank-Finanzreformen zum Opfer gefallen war. Hier ist die Antwort von Leonard:

Reue — Erfüllung

Ich hätte viel darauf gewettet, dass Leonard über das vorzeitige Ende seiner Karriere verbittert sein würde – und dass sich diese Verbitterung als tiefe Reue äußerte. Doch das war offenbar nicht der Fall. Ich fragte ihn, wie er sich so erfüllt fühlen konnte, besonders angesichts der Tatsache, dass er so jung war und noch viel mehr hätte erreichen können. Er erwiderte: »Ich bin ein glücklicher Mensch. Ein Statistikprofessor sagte mir einst, ich hätte so etwas wie eine kleine Gabe. Ich konnte die Veränderungsraten von Renditen und Zinssätzen in meinem Kopf sehen. Also entschied ich mich für eine Karriere im Anleihenhandel, dem einzigen Gebiet, auf dem man mich für mein bescheidenes Talent bezahlen würde. Ich landete bei einer Firma mit einem erfolgsbasierten Vergütungsschema. Bei jedem Gewinn, den ich einfuhr, war mein Anteil vertraglich auf den Penny genau festgelegt. Blieb der Erfolg aus, ging auch ich leer aus. Doch ich habe Jahr um Jahr mein Geld verdient und mich nie unterbezahlt oder geprellt gefühlt. Ich bekam genau das, was mir zustand, und so fühlte es sich auch völlig verdient an. Rückblickend ist das nicht nur befriedigend, sondern auch zufriedenstellend, denn ich habe das Geld immer noch.« Er lachte, als er das sagte, verblüfft und zugleich hocherfreut über sein Glück.

Seine Argumentation war entwaffnend. Jahrelang hatte ich ein Vorurteil gegenüber Wall-Street-Bankern gehegt. Ich hatte sie für smarte Menschen gehalten, die nicht deshalb im Finanzsektor arbeiteten, weil die Märkte sie so sehr faszinierten, sondern weil es ein einfacher Weg war, einen Haufen Geld zu verdienen, sich frühzeitig zur Ruhe zu setzen und den Rest des Lebens Dinge zu tun, die sie wirklich tun wollten. Ich dachte, sie seien Menschen, die bereit waren, ihre besten Jahre einer lukrativen, aber nicht unbedingt erfüllenden Tätigkeit zu opfern, um sich letztlich ihre Unabhängigkeit und ein bequemes Leben zu verdienen. Leonard bewies, dass ich mich geirrt hatte. Er liebte den Wertpapierhandel. Er fiel ihm leicht, was seine Chance auf Spitzenleistungen erhöhte. Die Tatsache, dass er in einem Bereich tätig war, in dem eine hervorragende Performance extrem gut bezahlt wurde, war nicht die Belohnung an sich – sie war ein Mittel zum Zweck. Was ihn wirklich erfüllte, war die Bestätigung, dass er ein Ass in seinem Job war und entsprechend ein guter Versorger für seine Familie sein konnte. Ich bat ihn, in der Manier eines Arztes, der einen jährlichen Checkup durchführt, sich selbst anhand der sechs Erfüllungsfaktoren zu bewerten. Er hatte sie alle vollständig unter Kontrolle. Er hatte stets nach finanzieller Sicherheit gestrebt, um für seine engsten Angehörigen wie auch für den Rest seiner Familie sorgen zu können, sodass er einen Haken hinter die

Faktoren Sinn, Erfolg und Bedeutung setzen konnte. Sein Engagement war stets vorbildlich gewesen, »vielleicht sogar übertrieben«, wie er einräumte. Er liebte den Handel einfach. Seine Beziehung zu seiner Frau und seinen erwachsenen Kindern war makellos. »Es erstaunt mich immer wieder, dass meine Kinder immer noch Zeit mit mir verbringen wollen«, sagte er. Zehn Jahre nach dem Ausscheiden aus seinem Job spendete er regelmäßig einen großen Teil seines Vermögens und gab seinem Fachwissen eine neue Sinnrichtung, indem er kostenlose Finanzberatungen anbot. Ich musste ihn gar nicht erst fragen, ob er glücklich war. Die Antwort stand ihm ins Gesicht geschrieben.

Red Hayes, der Mann, der den 1950er-Country-Klassiker »Satisfied Mind« geschrieben hat, erzählte einst, dass es sein Schwiegervater war, der in zu diesem Song inspirierte, indem er ihn eines Tages fragte, wer seiner Meinung nach der reichste Mann der Welt sei. Red nannte ihm ein paar Namen, woraufhin sein Schwiegervater entgegnete: »Du irrst dich, es ist der Mann, der mit sich und seinem Leben zufrieden ist.«

In Leonard, so wurde mir klar, hatte ich einen reichen Mann mit einem zufriedenen Gemüt gefunden – jemanden, der maximale Erfüllung und minimale Reue verspürte. Wie hat er das gemacht?

Unsere Arbeitsdefinition eines verdienten Lebens lautet wie folgt:

> *Wir führen ein verdientes Leben, wenn die Entscheidungen, die wir treffen, die Risiken, die wir eingehen, und die Mühen, die wir in jeden Augenblick investieren, in Einklang mit einem übergeordneten Lebenssinn stehen – unabhängig davon, zu welchem Ergebnis wir letztlich gelangen.*

Die unangenehme Wahrheit, die in dieser Definition enthalten ist, versteckt sich ganz am Ende: »unabhängig davon, zu welchem Ergebnis wir letztlich gelangen«. Diese Formulierung widerspricht vielem von dem, was uns in der modernen Gesellschaft über das Erreichen von Zielen beigebracht wird: Setz dir ein Ziel, arbeite hart und verdiene dir so deine Belohnung.

Tief in unserem Herzen wissen wir alle, wann ein größerer oder kleinerer Erfolg, den wir erzielt haben, wirklich verdient war und wann er lediglich das Produkt eines gütigen Universums war, das sich einen Moment lang unserer erbarmt hat. Und wir wissen, welche unterschiedlichen Emotionen beide Fälle in uns hervorrufen.

Ein verdienter Erfolg fühlt sich unvermeidbar und gerecht an, gepaart mit einem Hauch der Erleichterung, dass wir nicht in letzter Sekunde durch irgendein Unheil um unseren Sieg betrogen wurden.

Bei einem unverdienten Erfolg verspüren wir ausschließlich Erleichterung und Verwunderung, aber auch das unangenehme Schuldgefühl, Nutznießer eines reinen Glücksfalls geworden zu sein. Es ist ein schwammiges und nicht wirklich befriedigendes Gefühl – eher ein verlegener Seufzer als eine triumphierende Siegesgeste. Diese Tatsache erklärt, warum wir im Laufe der Zeit die Geschichte in unseren Köpfen so oft umschreiben und reine Glücksfälle nachträglich als Leistungen deklarieren, die wir uns mit viel Geschick und harter Arbeit verdient haben. Um es mit einer Baseball-Metapher auszudrücken: Das ist so, als stünden wir auf der dritten Base und redeten uns ein, wir hätten einen Triple geschlagen, obwohl es in Wirklichkeit nicht unser Verdienst, sondern der Fehler eines Feldspielers war, der uns dorthin gebracht hat. Wir korrigieren unsere Erinnerung, um die Unrechtmäßigkeit unseres »Erfolges« zu verschleiern, und untermauern damit einmal mehr die treffende Feststellung des amerikanischen Autors E. B. White, dass »Glück zu den Dingen gehört, die man in Gegenwart von Selfmade-Typen keinesfalls erwähnen darf«. Wenn wir uns etwas wirklich verdienen wollen, müssen wir hingegen drei einfache Voraussetzungen erfüllen:

- Wir treffen die beste *Entscheidung*, die wir anhand der Fakten, die uns vorliegen, und der Genauigkeit unserer Zielsetzung treffen können. Mit anderen Worten: Wir wissen, was wir wollen und wie weit wir dafür gehen müssen.
- Wir akzeptieren das damit verbundene *Risiko*.
- Wir geben uns die größtmögliche *Mühe*.

Das Ergebnis dieses magischen Gebräus aus Entscheidungen, Risiko und maximaler Mühe ist die glorreiche Verheißung eines »verdienten Lohns«. Ein völlig legitimer Begriff – so weit diese Definition reicht. Ein verdienter Lohn, Sie können es auch eine verdiente Belohnung nennen, ist die ideale Lösung für jedes Ziel, das wir anstreben, und jedes wünschenswerte Verhalten, das wir in uns selbst zu perfektionieren versuchen: Wir müssen uns unser Einkommen, unseren Hochschulabschluss und das Vertrauen anderer Menschen »verdienen«. Wir müssen uns unsere körperliche Fitness verdienen. Wir müssen uns Respekt verdienen, denn er wird uns nicht geschenkt. Und so geht es immer weiter mit der langen Liste menschlichen Strebens – vom schicken Eckbüro über die Zuneigung unserer Kinder bis hin zu genügend Schlaf, unserem Ruf und unserem Charakter – all diese Dinge müssen wir uns mithilfe von Entscheidungen, Risiken und unserer besten Leistung verdienen. Das ist der Grund, weshalb wir rechtmäßigen Erfolgen so großen Wert beimessen: Es hat etwas Heroisches, wenn wir unsere gesamte Energie, unseren Verstand und unseren Willen darauf ausrichten, das zu bekommen, was wir uns vermeintlich wünschen.

Aber für mein Dafürhalten geht ein verdienter Lohn, wie heldenhaft er auch sein mag, nicht weit genug. Zumindest hat er ganz offensichtlich nicht dazu beigetragen, dass Gunther, der europäische CEO, das Gefühl hatte, ein erfülltes Leben zu leben. Seine gesamte Laufbahn bestand aus einer ununterbrochenen Abfolge verdienter Belohnungen, aus immer größeren Zielen, die er verfolgte und auch erreichte. Doch all diese verdienten Belohnungen bezogen sich auf sein Arbeitsleben und nicht auf sein Privatleben. Sie konnten nicht verhindern, dass Gunther sein Scheitern als Privat- und Familienmensch bereute. Sie mündeten jedenfalls ganz offensichtlich nicht in einem erfüllten Leben. Auch Aarin zog keine Erfüllung aus ihrer beeindruckenden Erfolgsbilanz. Nach jedem großen Sieg zweifelte sie dennoch weiter an ihrer Motivation und ihrem Engagement: Sie hätte noch mehr geben können und noch mehr geben müssen.

Sehr häufig ist das Ergebnis unserer Entscheidungen, Risiken und unserer größtmöglichen Anstrengungen nicht »fair und gerecht«. Sofern Sie nicht gerade ein absurd glückliches Leben führen, ist auch Ihnen bewusst, dass das Leben nicht immer fair ist, angefangen bei unserer Geburt: Wer sind unsere Eltern, wo wachsen wir auf, welche Bildungschancen haben wir? Das alles sind Beispiele für die vielen Faktoren, auf die wir größtenteils keinen Einfluss haben. Manche von uns kommen mit einem goldenen Löffel im Mund zur Welt, während andere in einfachere Verhältnisse hineingeboren werden. Manchmal können wir unsere ererbten Nachteile durch kluge Entscheidungen und größtmögliche Anstrengung überwinden. Doch selbst dann kann uns die Ungerechtigkeit des Lebens immer noch einen Strich durch die Rechnung machen. Zum Beispiel, wenn wir eigentlich der perfekte Bewerber für einen Job sind, stattdessen aber der Neffe des Chefs eingestellt wird. Sie können alles richtig machen, und trotzdem gibt es keine Garantie dafür, dass das Ergebnis gerecht und fair sein wird. Dann können Sie entweder verbittert und wütend »Das ist nicht fair!« jammern, oder Sie können die Enttäuschungen des Lebens mit Würde akzeptieren. Erwarten Sie aber bloß nicht, dass Ihnen jeder Versuch, sich ein Ziel zu »verdienen«, auch den entsprechenden Lohn einbringen wird. Der Erfolg wird sich niemals so verlässlich einstellen, wie Sie es sich wünschen oder gar verdienen.

Es gibt noch einen weiteren, schwerwiegenderen Grund, weshalb ich zögere, dem Konzept des verdienten Lohns allzu große Bedeutung einzuräumen – nämlich, dass ein verdienter Lohn ein viel zu instabiles und zerbrechliches Gefäß ist, um unsere Wünsche und Sehnsüchte nach einem verdienten Leben zu fassen. Das Gefühlshoch, in das er uns versetzt, ist vergänglich. Von der ersten Sekunde, in der wir uns unseres Erfolges bewusst werden, beginnt das Glück auch schon wieder, sich nach und nach zu verflüchtigen. Wenn wir eine lang ersehnte Beförderung bekommen, streben wir mit beängstigender Geschwindigkeit auch schon die nächste Sprosse auf der Karriereleiter an; als wären wir schon jetzt erneut unzufrieden mit dem, was wir uns so hart erarbeitet haben. Wir führen einen monatelangen Wahlkampf, um eine Wahl zu gewinnen, und müssen uns nach einer kurzen Feier sofort an die Arbeit machen und unsere Wähler zufriedenstellen. Kaum ist ein Ziel erreicht, winkt auch schon das nächste. Egal, welchen Preis wir uns verdient haben – eine saftige Gehaltserhöhung, eine Partnerschaft, eine ekstatische

Bewertung –, unser Siegestanz ist nur kurz. Unser Gefühl der Erfüllung und des Glücks ist schlichtweg nicht von Dauer.

Ich will den Wert eines verdienten Lohns und die Energie, die in ihn investiert wird, nicht schlechtreden. Sich Ziele zu setzen und sich die ersehnten Ergebnisse zu verdienen, sind wesentliche erste Schritte für unseren Erfolg in allen Dingen. Ich hinterfrage allerdings, wie gut sie sich eignen, um zu einem Leben beizutragen, das wir wirklich verdienen, solange wir sie nicht mit einem größeren Lebenssinn in Verbindung bringen, den wir erreichen wollen.

Das ist nämlich der Grund, weshalb Leonard, der Wall-Street-Händler, ein Gefühl der Erfüllung in seinem Leben empfand, während andere, die vielleicht mehr Glück hatten und auch mehr erreicht hatten als er, nichts dergleichen verspürten: Er spielte das Spiel nicht nur mit, um Geld zu verdienen. Sein Streben diente vielmehr dem höheren Zweck, seine Familie zu schützen und zu versorgen. Ein verdienter Lohn, der nicht mit einem höheren, einem übergeordneten Ziel verbunden ist, ist ein hohler Erfolg – als wollte ein Basketballspieler nur möglichst viele Punkte erzielen, anstatt die unzähligen Opfer zu bringen (zum Beispiel einen Angriff wagen, verlorenen Bällen hinterherjagen, den besten gegnerischen Spieler decken), mit denen sich enge Spiele und Meisterschaften gewinnen lassen.

Auf den nachfolgenden Seiten werden Sie sehen, dass Sie nur wenige Bedingungen erfüllen müssen, um das Leben zu führen, das Sie wirklich verdienen:

- Leben Sie Ihr eigenes Leben und nicht das Leben eines anderen.
- Verpflichten Sie sich voll und ganz dem Plan, sich jeden einzelnen Tag zu »verdienen«. Machen Sie es sich zur Gewohnheit.
- Koppeln Sie Ihre Momente des Erfolgs an etwas, das größer ist, und nicht nur an eine persönliche Ambition.

In einem verdienten Leben gibt es keine Preisverleihung. Die Belohnung für ein Leben, das Sie wirklich verdienen, ist der Prozess des Verdienens an sich.

Dieses Buch ist während der Coronapandemie entstanden, als ich mit meiner Frau Lyda isoliert in einer kleinen Mietwohnung am Pazifik in Südkalifornien saß. Wir hatten gerade unser dreißig Jahre altes Haus in Rancho Santa Fe, nördlich von San Diego, verkauft und nutzten die Wohnung als Übergangslösung bis zu unserem endgültigen Umzug nach Nashville, wo unsere beiden Enkelkinder Avery und Austin leben. Wir mussten fünfzehn Monate warten, bis wir schließlich übersiedeln konnten.

Im Gegensatz zu meinen anderen Büchern wurde dieses Buch nicht nur durch das Leben meiner Coaching-Klienten inspiriert, deren Beispiele ich als Quelle nutze, sondern auch durch mein eigenes. Ich schreibe es zu einem Zeitpunkt in meinem Leben, an dem ich immer noch nicht alles getan habe, was ich tun möchte, an dem mir aber langsam die Zeit davonläuft. Also muss ich Entscheidungen treffen. Ich muss mich von Träumen verabschieden, die ich hatte, als ich noch jünger war; und zwar nicht nur, weil die Uhr tickt, sondern auch, weil diese Träume für mich inzwischen keinen Sinn mehr ergeben.

Dieses Buch ist eine Reflexion über meine Zukunft. Ich habe gelernt, dass es nie zu spät ist, über das eigene Leben nachzudenken, denn solange wir atmen, haben wir noch Zeit. Gleichzeitig ist es aber auch nie zu früh dafür – und je früher wir damit beginnen, desto besser. Das ist es, was Sie als Lesende, ganz egal wie alt Sie sind, hoffentlich aus diesen Seiten mitnehmen, wenn Sie überlegen, welches Leben Sie für sich selbst gestalten wollen, und wenn Sie Entscheidungen treffen, die das Ergebnis dieser Überlegungen sind. Beim Schreiben dieses Buchs habe ich auch viel über die Menschen nachgedacht, die mir geholfen haben, und über das, was sie mich gelehrt haben. Ein wichtiger Impuls dafür war die Pandemie, die mir achtzehn außergewöhnliche Monate bescherte, in denen ich viel »verdient« habe, und damit meine ich kein Geld. Ein weiterer Grund war auch, dass ich inzwischen an einem Punkt in meinem Leben stehe, an dem sich die Gelegenheiten, an denen ich mich mit meiner existenziellen Reue auseinandersetzen muss, natürlich häufen – und zwar aus dem einfachen Grund, dass die Zehn- oder Zwanzig-Jahre-Intervalle, die früher, als mir meine Zeit noch endlos erschien, meine Entscheidungen diktiert haben, inzwischen keine rationale Option mehr für mich sind. Vielleicht lebe ich noch dreißig Jahre und werde hundert. Aber darauf kann ich mich nicht verlassen, und ich weiß auch nicht, ob ich weiterhin gesund bleiben werde und welche Freunde und Kollegen dann noch an meiner Seite sein werden. Weil meine Zeit auf Erden immer kürzer wird, muss ich eine »Triage« vornehmen und sämtliche nicht abgehakten Punkte auf meiner Lebensliste prüfen. Welche sind nicht mehr realisierbar? Welche sind nicht mehr so wichtig? Und welche zwei oder drei Dinge sind mir so wichtig, dass ich es sehr bereuen würde, wenn ich sie nicht mehr erreiche? Ich möchte die Zeit, die mir bleibt, nutzen, um möglichst große Erfüllung zu erfahren und möglichst wenig zu bereuen.

Dieses Buch ist eines der Dinge, die ich unbedingt realisieren möchte. Ich hoffe, dass es Ihnen gute Dienste leistet und Sie lehrt, Ihre Zeit vorausschauend zu nutzen und Ihrem Lebensende ohne Reue entgegenzublicken.

EINFÜHRUNGSÜBUNG
Was bedeutet für Sie »verdient«?

Denken Sie an einen Moment in Ihrem Leben, in dem die Verbindung zwischen dem, was Sie erreichen wollten, und dem, was Sie erreicht haben, am eindeutigsten gegeben war. Vielleicht der Moment, in dem Ihr Ziel einfach nur eine Eins in Algebra war und Sie deshalb viele Stunden lang gelernt haben. Oder vielleicht der Augenblick, in dem Sie eine brillante Idee hatten, die sofortige Lösung eines Problems, mit der Sie all Ihre Kollegen verblüfften, woraufhin Sie stark in deren Ansehen stiegen. Vielleicht erinnern Sie sich aber auch an einen Erfolg mit vielen beweglichen Teilen: die Gründung Ihres eigenen Unternehmens, das Schreiben und der Verkauf eines Drehbuchs, die Entwicklung und der Launch eines Produkts. Sie alle sind Beispiele für »verdiente« eigenständige Ereignisse, die jedoch an ein bestimmtes Ziel gekoppelt waren. Hoffentlich war das daraus resultierende Gefühl des Erfolgs so befriedigend, dass Sie es erneut erleben wollten. Denn so bauen Sie sich ein Leben aus verdienten Belohnungen auf: indem Sie ein Ziel nach dem anderen erreichen. Doch die Summe ist nicht immer größer als die einzelnen Teile. Diese Aneinanderreihung von verdienten Belohnungen führt nicht unbedingt zu einem verdienten Leben.

TUN SIE FOLGENDES: Nehmen Sie nun dieses Gefühl des Verdiensts und verstärken Sie es. Verbinden Sie es mit einer Zielsetzung, die größer ist als ein vergänglicher Erfolg; mit einer Sache, die wertvoll genug ist, um sie für den Rest Ihres Lebens anzustreben. Suchen Sie sich ein übergeordnetes Lebensziel. Vielleicht möchten Sie Ihre verdienten Ereignisse mit einer spirituellen Praktik oder Lebensweise verbinden, um in stetigen Schritten geistig freier zu werden. Oder vielleicht möchten Sie etwas weit Vorausschauendes tun, zum Beispiel ein Vermächtnis schaffen, das anderen Menschen zugutekommt, wenn Sie einmal selbst nicht mehr am Leben sind. Vielleicht inspiriert Sie auch das Beispiel eines anderen dazu, ein besserer Mensch zu werden (zum Beispiel die berühmte Schlussszene in *Der Soldat James Ryan,* in der der sterbende Captain John Miller, gespielt von Tom Hanks, dem Gefreiten Ryan, für dessen Rettung er sein eigenes Leben geopfert hat, zuflüstert: »Verdien es dir!«). Ihre Möglichkeiten sind endlos, aber der Prozess des Verdienens bleibt immer derselbe: (a) Treffen Sie eine Entscheidung, (b) akzeptieren Sie das Risiko und (c) setzen Sie Ihr Vorhaben mit voller Hingabe in die Tat um. Der einzige Unterschied besteht darin, dass Sie Ihre Bemühungen nicht an eine materielle Belohnung knüpfen, sondern an ein übergeordnetes Ziel für Ihr Leben.

Obwohl dies nur eine Aufwärmübung ist, bevor es an die schweren Gewichte geht, ist sie trotzdem nicht leicht. Die meisten von uns, egal wie alt wir sind, standen bislang nur selten vor der Herausforderung, einen größeren Lebenssinn zu benennen. Die Erfüllung der banalen Pflichten des täglichen Lebens hält uns schon genug in Atem. Bitte denken Sie daran: Dies ist kein benoteter Test, und Ihre Antwort ist nicht für immer bindend (sie dürfen Sie ändern, wenn Sie sich verändern). Was zählt, ist Ihr Versuch, eine Antwort zu geben, egal wie leicht oder schwer sie Ihnen fällt. Jetzt sind Sie bereit zu beginnen.

TEIL I

WÄHLEN SIE IHR LEBEN

KAPITEL 1

DAS »JEDER ATEMZUG«-PARADIGMA

»Mit jedem Atemzug, den ich nehme, entsteht ein neues Ich.« Als Gautama Buddha diese Worte sprach, meinte er sie nicht metaphorisch. Er meinte sie wörtlich.

Buddha hat uns gelehrt, dass das Leben eine Abfolge eigenständiger Momente der fortwährenden Wiedergeburt von unserem früheren zu unserem gegenwärtigen Ich ist. In jedem einzelnen Moment können Sie, aufgrund Ihrer Entscheidungen und Ihrer Taten, Freude, Glück, Traurigkeit oder Angst empfinden. Doch dieses bestimmte Gefühl hält nicht lange an. Es verändert sich mit jedem neuen Atemzug und löst sich schließlich in Luft auf. Es wurde von einem früheren Ich empfunden. Egal, was Sie sich von Ihrem nächsten Atemzug, am nächsten Tag oder im nächsten Jahr erhoffen: Erleben wird dieses Ereignis ein anderes Ich, nämlich Ihr zukünftiges Ich. Die einzige Version Ihres Ichs, die wirklich zählt, ist Ihr gegenwärtiges Ich, das gerade erst einen neuen Atemzug getan hat.

Meine Ausgangshypothese lautet, dass Buddha recht hatte.

Das bedeutet aber nicht, dass Sie Ihren eigenen Glauben aufgeben oder zum Buddhismus konvertieren müssen.* Ich möchte Sie lediglich

* Ich kam zum Buddhismus, als ich neunzehn Jahre alt war. Nicht, weil ich eine neue Glaubenslehre gesucht habe, sondern weil der Buddhismus Vorstellungen zum Ausdruck brachte, die sich mit denen deckten, die sich damals ver-

bitten, Buddhas Erkenntnis als neues Paradigma in Betracht zu ziehen, wenn Sie über Ihre Beziehung zum Lauf der Zeit und einem verdienten Leben nachdenken.

Ein Grundpfeiler des Buddhismus ist die *Vergänglichkeit* – die Auffassung, dass unsere gegenwärtigen Gefühle, Gedanken und materiellen Besitztümer nicht von Dauer sind. Sie können in Windeseile verschwinden – innerhalb der winzigen Zeitspanne, in der wir unseren nächsten Atemzug tun. Wir alle wissen, dass dies eine empirische Wahrheit ist. Unsere Disziplin, unsere Motivation, unsere gute Laune sind, wie alles andere auch, niemals von Dauer. Sie entgleiten uns so plötzlich, wie sie aufgetaucht sind.

Und dennoch fällt es uns schwer zu akzeptieren, dass die Vergänglichkeit ein rationaler Weg sein kann, um unser Leben zu verstehen, und dass die Einheit und die Einzigartigkeit unserer Identität und unseres Charakters eine Illusion sind. Das westliche Paradigma, das wir von Kindesbeinen an in uns aufgesogen haben, steht in ständigem Widerspruch zu dieser Vergänglichkeit. Im Grunde genommen ist es aber nichts als ein Märchen mit dem immer gleichen Ende: *Und dann lebten sie glücklich und zufrieden bis ans Ende ihrer Tage.* Beim westlichen Paradigma geht es immer darum, nach etwas Besserem in der Zukunft zu

---

schwommen in meinem neugierigen Teenagerhirn abzuzeichnen begannen. Ich kam zum Buddhismus, weil ich Bestätigung und Klarheit suchte, und nicht, weil ich konvertieren wollte. Das »Jeder Atemzug«-Paradigma (mein eigener Name dafür, nicht Buddhas) hat sich ich im Rahmen jahrelanger Studien in mir festgesetzt. Dass ich auch im Rahmen meiner Arbeit mit meinen Klienten darüber sprach, kam erst später, als meine westliche Ausbildung im Umgang mit verhaltensauffälligen Chefs am Arbeitsplatz nicht den gewünschten Erfolg brachte. Durchdrungen von unserem westlichen Paradigma, klammerten sie sich an ihre vergangenen Triumphe als Beweis dafür, dass sie ihr Verhalten nicht zu ändern brauchten, um noch weitere Triumphe zu erzielen. »Wenn ich so schlimm bin, wie kommt es dann, dass ich so erfolgreich bin?«, fragten Sie mich. Und ließen dabei außer Acht, dass sie womöglich einfach trotz ihrer Fehler erfolgreich waren, und nicht wegen ihnen. Sie mithilfe von Buddhas Lehren dazu zu bringen, zwischen ihrem vergangenen und ihrem gegenwärtigen Selbst zu unterscheiden, war meine Ultima Ratio, um sicherzustellen, dass sie ihren nächsten Triumph ihrem Verhalten verdanken würden und nicht ihrer Fachkompetenz oder ihrem Intellekt.

streben und daran zu glauben, dass daraus zwei Dinge resultieren werden: (a) *dass wir unabhängig von unserer Verbesserung im Wesentlichen dieselbe Person bleiben, die wir schon immer waren (nur besser),* und (b) *dass diese Veränderung, allen Anzeichen zum Trotz, dieses Mal Bestand haben wird.* Sie wird eine dauerhafte Lösung für alles sein, was uns zu schaffen macht. Diese Vorstellung ist in etwa so sinnvoll, wie wenn wir fleißig für eine Eins in Mathe lernen und meinen, dass wir dadurch für immer ein Einser-Schüler bleiben werden, oder wenn wir glauben, dass unsere Persönlichkeit festgelegt ist und wir uns niemals ändern können, oder dass die steigenden Immobilienpreise niemals sinken werden.

Das ist die große Krankheit des Westens: »Ich werde glücklich sein, wenn...« Sie äußert sich in der allgegenwärtigen Denkweise, mit der wir uns selbst überzeugen, dass wir glücklich sein werden, wenn wir befördert werden, einen Tesla fahren, ein Stück Pizza essen oder irgendein anderes kurz- oder langfristiges Ziel in die Tat umsetzen. Doch sobald wir es dann erreicht haben, kommt natürlich etwas Neues um die Ecke, das uns dazu bringt, den Wert dieses Erfolgs zu schmälern und stattdessen das nächste Ziel anzustreben. Und dann das übernächste. Wir wollen die nächste Stufe auf unserer Karriereleiter erklimmen. Wir wollen einen Tesla mit größerer Reichweite. Wir bestellen uns noch ein Stück Pizza zum Mitnehmen. Wir leben in einem Zustand, den Buddha das Reich des »hungrigen Geistes« nannte, der immer isst, aber niemals satt wird.

Es ist frustrierend, unser Leben auf diese Weise zu leben. Aus diesem Grund möchte ich Sie dazu ermuntern, die Welt aus einem anderen Blickwinkel zu betrachten – aus einem Blickwinkel, der den gegenwärtigen Moment verehrt und nicht das Davor oder das Danach.

Wenn ich Klienten, die daran gewöhnt sind, sich Ziele zu setzen und große Erfolge einzufahren, das »Jeder Atemzug«-Paradigma erkläre, dauert es immer eine Weile, bis sie akzeptieren, dass das Hier und Jetzt Vorrang hat vor den schönen und bestätigenden Erinnerungen an frühere Erfolge oder vor dem Blick in die Zukunft und dem berauschenden Gedanken an die Verfolgung eines ehrgeizigen Ziels. Der Blick nach vorn ist für sie ebenso selbstverständlich wie der stolze Blick zurück auf ihre vergangene Erfolgsbilanz. Die Gegenwart ist für sie dabei erstaunlicherweise fast immer nur zweitrangig.

Daraufhin feile ich Stück für Stück an ihrer Einstellung. Wenn sich meine Klienten über einen noch frischen oder uralten Fehler ärgern, sage ich »Stopp« und fordere sie auf, die folgenden Worte zu wiederholen: »Das war ein früheres Ich. Mein jetziges Ich hat diesen Fehler nicht begangen. Warum also quäle ich mich wegen eines vergangenen Fehlers, den mein jetziges Ich nicht begangen hat?«

Anschließend fordere ich sie auf, mit den Händen zu wedeln, um diesen Fehler wortwörtlich abzuschütteln, und mir nachzusprechen: »Ich lasse los.« So albern diese Routine vielleicht klingen mag: Sie funktioniert. Mit ihrer Hilfe beginnen meine Klienten nicht nur zu erkennen, dass es sinnlos ist, auf der Vergangenheit herumzureiten. Sie können ihre aufgewühlte Psyche zudem durch die beruhigende Vorstellung besänftigen, dass jemand anderes diesen Fehler verschuldet hat – ein früheres Ich. Sie können ihrem früheren Ich vergeben und weitermachen. Bei meinen ersten Meetings mit neuen Klienten wende ich diese Routine innerhalb eines einstündigen Gesprächs vielleicht ein halbes Dutzend Mal an. Und irgendwann begreifen sie es – meistens ist es ein kritischer oder nervenaufreibender Moment, in dem sie endlich erkennen, dass ihnen das »Jeder Atemzug«-Paradigma in ihrem gesamten Leben von Nutzen sein kann und nicht nur im Rahmen ihrer beruflichen Karriere.

Vor zehn Jahren begann ich, einen leitenden Angestellten zu coachen, der mit Anfang vierzig der neue CEO eines Medienunternehmens werden sollte. Nennen wir ihn Mike. Dank seiner natürlichen Führungsqualitäten stach er aus der Masse der typischen intelligenten und motivierten Topmanager hervor, die wenig versprechen, um umso mehr zu liefern. Gleichzeitig besaß er ein paar raue Kanten, die es zu glätten galt. Und da kam ich ins Spiel.

Wenn es seinen Interessen diente, war Mike ein absoluter Charmeur. Gegenüber Menschen, die ihm weniger nützlich waren, verhielt er sich jedoch häufig sehr unsensibel und abweisend. Er war extrem überzeugend, konnte bisweilen aber auch aggressiv werden, wenn die Leute nicht sofort eingestanden, dass er recht hatte und sie im Unrecht waren. Außerdem war er sichtlich über die Maßen zufrieden mit seinem Erfolg, was ihm einen unangenehm überheblichen und anmaßenden Anstrich verlieh. Er war etwas Besonderes, und das ließ er die Menschen auch niemals vergessen.

Unsensibel, selten im Unrecht und anmaßend. Es waren keine Schwächen, die seine Karriere ernstlich gefährdeten, sondern lediglich Probleme, die im 360-Grad-Feedback, das ich von seinen Kollegen und direkten Vorgesetzten einholte, zur Sprache kamen und die ich ihm vor Augen führte. Er nahm die Kritik mit Würde an und änderte in weniger als zwei Jahren (im Verlauf eines Prozesses, der das Wesen des Einzelcoachings bildet) sein Verhalten nicht nur zu seiner eigenen Zufriedenheit, sondern, was noch wichtiger ist, zur Zufriedenheit seiner Kollegen. (Und man muss schon eine Menge ändern, damit die Leute auch nur ein wenig davon bemerken.) Auch nachdem er CEO geworden war, blieben wir Freunde und sprachen mindestens einmal im Monat über seine Arbeit und immer häufiger auch über sein Familienleben. Er und seine Frau waren schon seit dem College ein Paar und hatten vier erwachsene Kinder, die alle bereits ausgezogen waren und ihr eigenes Leben lebten. Nach Jahren der Anspannung, in denen Mike sich ausschließlich auf seine Karriere konzentriert und seine Frau Sherry die Kinder großgezogen hatte, war die Ehe noch immer intakt – wenngleich Sherry einen scheinbar unüberwindbaren Groll gegen Mikes Selbstbezogenheit und mangelnde Sensibilität entwickelt hatte.

»Hat Sherry unrecht?«, fragte ich ihn, indem ich andeutete, dass er womöglich nicht nur bei der Arbeit, sondern auch im Privatleben unsensibel und anmaßend gehandelt hatte.

»Aber ich habe mich doch geändert«, entgegnete Mike. »Das hat sie sogar zugegeben. Und wir sind jetzt viel glücklicher. Warum kann sie nicht einfach loslassen?«

Ich erzählt ihm vom »Jeder Atemzug«-Paradigma und betonte, wie schwer wir uns in der westlichen Welt damit tun, zu begreifen, dass der Mensch kein in sich geschlossener Komplex aus Fleisch, Knochen,

Emotionen und Erinnerungen ist, sondern vielmehr aus einer ständig wachsenden Zahl von Individuen besteht, die alle den Zeitstempel unseres letzten Atemzugs tragen – und die mit jedem Atemzug neu geboren werden.

Ich sagte zu Mike: »Wenn Ihre Frau über Ihre Ehe nachdenkt, dann gelingt es ihr nicht, den früheren Mike von dem Mann zu trennen, mit dem sie heute verheiratet ist. Für sie sind beide ein und derselbe Mensch, eine festgelegte, statische Person. So denken wir alle, wenn wir nicht vorsichtig sind.«

Mike hatte Schwierigkeiten damit, dieses Konzept nachzuvollziehen. Von Zeit zu Zeit kam es in unseren Gesprächen erneut zur Sprache, aber er konnte sich selbst einfach nicht als eine fortlaufende Abfolge vieler Mikes sehen, deren Zahl jährlich um fast acht Millionen Exemplare anwuchs (denn das ist die geschätzte Anzahl der Atemzüge, die wir jährlich tun). Es passte nicht zu seinem Selbstbild des imposanten, erfolgreichen Mike, das er der Welt vorgaukelte. Ich konnte ihm seine Zweifel nicht verübeln. Schließlich hatte ihm nicht nur einen beiläufigen Rat gegeben, sondern ihm gleich ein ganz neues Weltbild offenbart. Jeder braucht seine eigene Zeit, um Neues zu verstehen.

Auch heute sprechen Mike und ich noch regelmäßig miteinander und er ist nach wie vor CEO. Doch im Sommer 2019 rief er mich aus heiterem Himmel an und verkündete ganz aufgeregt: »Ich habe es verstanden!« Ich hatte zunächst keine Ahnung, wovon er sprach, aber schon bald wurde mir klar, dass er sich auf unsere Gespräche zum Thema »Jeder Atemzug« bezog. Er berichtete mir von einer Unterhaltung, die er tags zuvor mit Sherry geführt hatte. Sie befanden sich auf der Rückfahrt von einem Familientreffen, das sie anlässlich des 4. Juli gemeinsam mit ihren Kindern sowie deren Partnern und Freunden in ihrem Wochenendhaus verbracht hatten. Es war ein trubeliges, aber fröhliches Wochenende gewesen, und während der zweistündigen Fahrt nach Hause ließen Mike und Sherry die Höhepunkte noch einmal Revue passieren, freuten sich darüber, wie gut sich die Kinder entwickelt hatten, wie angenehm und hilfsbereit ihre Freunde waren und wie schön es gewesen war, dass die Kinder größtenteils auch das Kochen und Aufräumen übernommen hatten. Im Grunde gratulierten sie sich selbst zu ihrem unverschämten Glück und ihrer erfolgreichen Elternschaft. Doch dann bereitete Sherry den schönen Erinnerungen ein jähes Ende, indem sie seufzend bemerkte: »Ich wünschte nur, du hättest dich mehr eingebracht, als die Kinder noch klein waren. Ich fühlte mich damals oft sehr einsam.«

»Ich war nicht verletzt oder wütend über ihre Worte«, sagte Mike. »Ich wandte mich ihr zu und sagte ganz ruhig: ›Du hast recht, was diesen Typen vor zehn Jahren angeht. Er hatte von vielen Dingen keine Ahnung. Aber das ist nicht der Mann, der jetzt gerade hier mit dir im Auto sitzt. Er ist jetzt ein besserer Mensch. Und morgen wird er wieder ein anderer sein, jemand, der versucht, noch ein bisschen besser zu sein. Und noch etwas: Die Frau, die damals gelitten hat, ist nicht dieselbe Frau wie heute. Du gibst mir die Schuld für Dinge, die jemand getan hat, der nicht mehr existiert. Das ist nicht richtig.‹«

Im Auto herrschte zehn Sekunden lang Stille. Dann bat Sherry um Entschuldigung und fügte hinzu: »Du hast recht. Daran muss ich arbeiten.«

Mike hat Jahre gebraucht – und noch dazu eine emotionsgeladene Situation, auf die sich Buddhas Lehre perfekt anwenden ließ –, bis er das »Jeder Atemzug«-Paradigma verstehen und annehmen konnte. Seine Frau hat dafür nur zehn Sekunden gebraucht. Egal, wie langsam oder schnell es geht – beides ist für mich in Ordnung. Ich freue mich einfach immer, wenn ich anderen Menschen helfen kann, zu ihrer persönlichen Erleuchtung zu gelangen.

Es ist ein Leichtes, das Konzept der Vergänglichkeit zu akzeptieren, wenn man wie ich in einer Branche tätig ist, in der wir Menschen dabei helfen, sich zu ändern. Ohne die Vergänglichkeit hätte ich weder einen Lebenssinn geschweige denn eine Karriere. Wenn Sie akzeptieren, dass alles, was wächst und gedeiht, auch wieder vergeht und verschwindet, übernehmen Sie eine Sichtweise, die nicht nur für weltliche Errungenschaften und Ihren Status gilt, sondern auch für Ihre persönliche Entwicklung. Dann erkennen Sie, dass Sie nicht dazu verdammt sind, heute und in Zukunft derselbe Mensch zu bleiben, der Sie früher einmal waren. Sie können Ihre vergangenen Verfehlungen hinter sich lassen – und nach vorne blicken.

»Okay«, sagen Sie nun vielleicht. »Genug mit der plüschigen Quasispiritualität, Marshall. Was hat dieses ›Jeder Atemzug‹-Paradigma nun damit zu tun, ein verdientes Leben zu leben?«

Der Zusammenhang zwischen diesen beiden Themen ist so stark und intensiv, als würden wir einen Schalter umlegen, um einen dunklen Raum in gleißendes Licht zu tauchen. Wenn wir akzeptieren, dass alles Wertvolle, das wir uns verdient haben, vergänglich ist und der Laune der Natur unterliegt – egal ob es sich dabei um kleine Verdienste wie das Lob eines Lehrers oder um große Verdienste wie unseren guten Ruf oder unsere Liebe handelt, die auch erwidert wird –, müssen wir auch akzeptieren, dass wir uns diese wertvollen »Besitztümer« ständig aufs Neue verdienen müssen, und das gewissermaßen sogar täglich oder stündlich, oder vielleicht sogar mit jedem neuen Atemzug.

Klienten ans Herz zu legen, ein für alle Mal damit aufzuhören, sich mit ihren vergangenen Misserfolgen zu quälen (»Das war Ihr früheres Ich. Lassen Sie los.«), ist womöglich eine der nützlicheren Hilfestellungen, die ich ihnen zuteilwerden lassen kann. Doch in meinen Augen ist es genauso wertvoll, wenn das Gegenteil passiert: wenn Kunden das Bedürfnis verspüren, mir ein Best-of ihrer beruflichen Höhepunkte zu präsentieren. Das beobachte ich besonders häufig bei ehemaligen Profisportlern und CEOs, die sich schwer damit tun, ihr neues Leben nach der Karriere zu gestalten. Sobald sie nostalgisch von früheren Triumphen erzählen, vom Gewinn einer Goldmedaille vor fünfzehn Jahren oder der Leitung eines Konzerns mit zwanzigtausend Mitarbeitern bis vor einem halben Jahr, ist es meine Pflicht, sie in die Gegenwart zurückzuholen und sie daran zu erinnern, dass sie nicht länger diese bewunderte Sportlerin oder dieser eindrucksvolle CEO sind. Dass das jemand anderes war. Das ist nicht anders, als würden Sie das aufregende Leben eines berühmten Menschen in den sozialen Medien verfolgen, anstatt eigene Erfahrungen zu machen. Dieser berühmte Mensch weiß nicht, dass Sie existieren, und es ist ihm auch egal, denn er kennt Sie nicht.

Und es gilt auch für Ihre ständige Rückbesinnung auf den Ruhm, den Ihr früheres Ich erlangt hat. Das soll natürlich nicht heißen, dass die wohlverdienten Ehrungen, die Aufmerksamkeit und der Respekt nie echt waren. Aber sie sind vergangen. Aus dem Blickwinkel Ihres neuen Paradigmas zeigen Sie, indem Sie sie heraufbeschwören, nicht länger, wie erfüllt Ihr Leben ist, sondern Sie beklagen sich vielmehr wehmütig über die Vergänglichkeit Ihrer Erfolge, darüber, wie schnell und unversehens sie Ihnen entglitten sind.

Doch Sie können ein vergangenes Gefühl der Erfüllung nicht zurückholen, indem Sie in Erinnerungen darüber schwelgen, wer Sie einst waren und was Sie erreicht haben. Sie können es sich nur als diejenige Person verdienen, die Sie jetzt gerade sind. Und Sie müssen es sich auch in allen zukünftigen Momenten, in denen Sie abermals ein neuer Mensch sein werden, immer wieder neu verdienen. Oder wie es der Basketballtrainer Phil Jackson, ebenfalls ein Anhänger des Buddhismus, formulierte, nachdem er Mitte der 1990er-Jahre mit den Chicago Bulls zwei NBA-Meistertitel in Folge gewonnen hatte und 1998 nach dem dritten Meisterschaftsring strebte: »Du bist nur im Moment deines erfolgreichen Handelns erfolgreich. Anschließend musst du wieder von vorne anfangen.«

Die Wahrheit ist, dass wir niemals damit fertig sein werden, uns unser Leben zu verdienen. Es gibt nicht den einen konkreten Punkt, an dem wir uns sagen können: »Nun habe ich genug verdient. Ich bin fertig.« Das wäre so, als würden wir aufhören zu atmen.

ÜBUNG
Die zwei Briefe

Diese Übung richtet sich an Menschen, die das »Jeder Atemzug«-Paradigma intellektuell verstanden, es aber noch nicht so verinnerlicht haben, dass sie ihr Leben ganz selbstverständlich und instinktiv danach ausrichten könnten. Es richtet sich an all jene, die noch nicht in der Lage sind, eine psychologische Mauer zwischen ihrem früheren und ihrem jetzigen Ich zu errichten und den Unterschied zwischen beiden zu ihrem neuen Credo zu machen. An diejenigen, die nach wie vor an einen unsichtbaren und unantastbaren Teil ihres Wesens glauben – eine Essenz, einen Geist oder eine Seele –, der festgelegt und unveränderlich ist, und der bestimmt, wer sie sind. Wenn Sie ihr früheres mit Ihrem jetzigen Ich verwechseln und beide für austauschbar halten, wird es Ihnen mithilfe dieser der Übung, in der Sie zwei Briefe schreiben müssen, gelingen, sie voneinander zu trennen. Im ersten Brief geht es um Dankbarkeit und im zweiten Brief um Investitionen in Ihre Zukunft.

Brief 1: Schreiben Sie zunächst einen Brief an ein früheres Ich, in dem Sie Ihre Dankbarkeit für eine bestimmte kreative Leistung, harte Arbeit oder Disziplin zum Ausdruck bringen (vorzugsweise etwas, das sich Ihr Ich wirklich verdient hat und das ihm nicht geschenkt wurde), die Sie im Hier und Jetzt zu einem besseren Menschen macht. Das kann eine Leistung sein, die erst vor Kurzem oder auch schon vor langer Zeit erbracht wurde. Die einzige Bedingung ist, dass Sie sie als Verdienst herausstellen, das für Ihr gegenwärtiges Leben einen echten Unterschied gemacht hat. Ich habe diese Dankesübung schon mit vielen Menschen durchgeführt. Ein Mann dankte seinem früheren Ich, das vor acht Jahren beschlossen hatte, sich ab sofort vegan zu ernähren, für die gute Gesundheit und die Vitalität, die dieser Entschluss ihm in der Gegenwart bescherte. Eine Autorin bedankte sich bei ihrem zehnjährigen Ich, dass sich angewöhnt hatte, jedes unbekannte Wort, das ihm begegnete, im Wörterbuch nachzuschlagen und in ein kleines Notizbuch einzutragen, und zwar während der gesamten Mittelstufe und bis ins Studium hinein. »Ohne Notizbuch kein Leben als Schriftstellerin«, erläuterte sie ihre Wahl. Eine Frau dankte ihrem sechsjährigen Ich dafür, dass es schwimmen gelernt und ihr so mindestens zweimal das Leben gerettet hatte. Ein weiterer Klient bedankte sich bei seinem achtzehnjährigen Ich für die Wahl des richtigen College, weil er dort seine spätere Frau kennengelernt hatte.

Diese Übung stellt nicht nur eine Trennung zwischen Ihrem ehemaligen und Ihrem heutigen Ich her, sondern enthüllt außerdem eine kausale Verbindung zwischen der Vergangenheit und der Gegenwart, die Sie vielleicht nicht erkennen, wenn Ihre Erinnerungen nach und nach verblassen. Vielleicht ist auch Ihnen in Ihren dankbarsten und bescheidensten Momenten schon einmal das bekannte Zitat »Ich stehe auf den Schultern von Riesen« über die Lippen gekommen. Dieser Brief hilft Ihnen, einen Riesen zu erkennen, den Sie vielleicht schon vergessen hatten – Ihr früheres Ich.

Atmen Sie tief ein. Denken Sie an all die früheren Geschenke, die Ihr vergangenes Ich dem Ich, das gerade diese Zeilen liest, gemacht hat. Wenn Ihnen eine beliebige Gruppe von Leuten so viele wunderbare Geschenke machen würde, was würden Sie zu diesen netten Mitmenschen sagen? Dies ist Ihre Chance, »Danke« zu sagen.

Brief 2: Schreiben Sie nun einen weiteren Brief im Namen Ihres jetzigen Ichs an ein zukünftiges Ich, das in einem, in fünf oder in zehn Jahren existieren wird. Beschreiben Sie die Investition, die Sie – in Form von Aufopferung, Anstrengung, Bildung, Beziehungen, Disziplin –, jetzt gerade tätigen, damit die Person, an die der Brief gerichtet ist, später davon profitieren kann. Bei Ihrer Investition kann es sich um jede Form der Selbstoptimierung handeln, beispielsweise um die Verbesserung Ihrer Gesundheit, den Erwerb eines Hochschulabschlusses oder die Investition eines bestimmten Prozentsatzes jedes Monatsgehalts in Staatsanleihen. Betrachten Sie Ihr Handeln als Akt der Mitmenschlichkeit, deren Nutznießer Sie jedoch nicht kennen. Oder den Sie noch nicht kennen.

Diese Idee habe ich von dem berühmten amerikanischen Footballspieler Curtis Martin übernommen, einem hervorragenden Runningback. Curtis befolgte schon Jahre, bevor wir uns das erste Mal trafen, die Lehren des »Jeder Atemzug«-Paradigmas. Er hatte ursprünglich überhaupt kein großes Interesse an Football gehabt und nahm diesen Sport erst in seinem vorletzten Jahr an der Highschool auf, als ihn ein Trainer mit dem Argument überzeugen konnte, dass er durch den Teambeitritt jeden Tag drei Stunden dem gefährlichen Pflaster seines Viertels in Pittsburgh würde entfliehen können. Dort war er zuvor Opfer einer Verwechslung geworden und hatte plötzlich in die Mündung einer Pistole geblickt, die auch abgefeuert wurde – wobei die Kugel glücklicherweise im Lauf der Waffe steckenblieb. In seinem letzten Schuljahr warb dann bereits jedes größere College des Landes um ihn. Er entschied sich für die »Pitt«, die nahegelegene University of Pittsburgh. Trotz seiner verletzungsintensiven Karriere als College-Footballer hatte Curtis dort ausreichend Gelegenheit, sein Talent unter Beweis zu stellen. Mit der Folge, dass er 1995 schließlich in der dritten Runde der NFL Draft von den New England Patriots verpflichtet wurde. Während die meisten jungen Sportler den sogenannten »Draft Day« als Lottogewinn betrachten, war Curtis' erster Gedanke: »Ich will das nicht machen.« Ein Pastor überredete Curtis, beim Football zu bleiben, indem er ihm vor Augen führte, dass ihm die NFL den Weg in seine Zukunft ebnen könnte. Und zwar in eine Zukunft, in der Curtis dann die Möglichkeit haben würde, sein Leben wunschgemäß in den Dienst an anderen Menschen zu stellen. Diese Vorstellung war es, die Curtis einen Lebenssinn gab und die ihn motivierte. Er würde Football spielen und dadurch eine Investition in seine Zeit nach der NFL tätigen – eine für Spitzensportler eher ungewöhnliche Motivationsquelle, Denn für gewöhnlich lieben Sportprofis den Wettbewerb. Sie sind davon besessen, jetzt ihre Siege zu erringen; im festen Glauben, dass sich die Zukunft schon von selbst regeln wird. Doch Curtis beschloss, ein längeres Spiel zu spielen. Letztlich beendete er seine Karriere nach einer gravierenden Verletzung in seiner elften NFL-Saison als viertbester Rusher in der Geschichte der amerikanischen Profiliga (hinter Emmitt Smith, Walter Payton und Barry Sanders). Noch während seiner aktiven Spielzeit gründete er die »Curtis Martin Job Foundation«, die alleinerziehende Mütter, behinderte Menschen und gefährdete Jugendliche unterstützt. Und an seinem ersten Tag als ehemaliger Footballspieler war Curtis dann vollkommen bereit und begierig darauf, die Zukunft, in die er zwölf Jahre zuvor investiert hatte, mit offenen Armen zu empfangen. Nun lebte er sein neues Leben.*

Die Geschichte von Curtis Martin ist ein positives Beispiel für eine gute Investition in die Zukunft. Gunther hingegen, der reuegeplagte

---

* All dies erzählte Curtis im Rahmen einer Rede, die er 2012 anlässlich seiner Aufnahme in die NFL Hall of Fame« hielt. Sie wird seitdem immer wieder als eine der offensten und kraftvollsten Reden in der Geschichte dieser Veranstaltung gelobt und kann Ihnen als Vorbild für Ihren Brief an Ihr zukünftiges Ich dienen.

CEO, von dem ich Ihnen zuvor berichtet habe, ist ein Negativbeispiel. Er arbeitete sein ganzes Leben hindurch, um genug Geld zu verdienen, damit seine drei Kinder einmal nicht so hart arbeiten müssten wie er. Doch das war ein gewaltiger Fehler. Weder waren seine Kinder ihm dankbar dafür noch machte sie sein Geld zu produktiven Mitgliedern der Gesellschaft. Sie nutzten es vielmehr als Freibrief für das Nichtstun.

Gunthers Fehler war Folgender: Er investierte nicht in sein zukünftiges Ich oder in sein Vermächtnis als Vater. Er machte damit lediglich ein Geschenk. Das ist ein großer Unterschied. Denn eine Investition ist immer mit einer Renditeerwartung verbunden. Ein Geschenk ist hingegen eine bedingungslose Geste. Gunther hatte seinen Kindern ein Geschenk gemacht, das sie sich weder erarbeitet noch verdient hatten, und er hatte es in der Hoffnung auf eine Gegenleistung überreicht, was er ihnen gegenüber aber nie zum Ausdruck gebracht hatte. So wurde ihm letzten Endes weder ihre Dankbarkeit für seine Aufopferung noch die Befriedigung zuteil, zu sehen, wie sie ihr eigenes produktives Leben gestalteten. Seine Reue diesbezüglich verglich er gerne mit dem explosiven Ende des Films *Die Brücke am Kwai*. Darin entdeckt der Kriegsgefangene Colonel Nicholson, dass alliierte Soldaten die Brücke, die er für die Japaner gebaut hat – um dadurch die Moral seiner Truppen während der Gefangenschaft aufrechtzuerhalten – mit Dynamit präpariert haben. Er ist so stolz auf diese Brücke, dass er zunächst plant, den Versuch, die Brücke zu sprengen, zu sabotieren. Doch als er schließlich erkennt, wie töricht sein Handeln ist, stürzt er sich mit den Worten »Was habe ich getan?« auf die Zündvorrichtung und zerstört die Brücke selbst.

Wenn Gunther einen Brief an sein zukünftiges Ich geschrieben hätte, wäre das Leben seiner Kinder vielleicht anders verlaufen. Dieser zweite Brief ist mehr als eine Übung, die Ihnen helfen soll, Ihre Ziele zu formulieren. Er zwingt Sie dazu, Ihre gut gemeinten Bemühungen in der Gegenwart als Investition in die Menschen zu betrachten, deren Erziehung zu produktiven und glücklichen Menschen in Ihrer alleinigen Verantwortung liegt: Sie selbst und diejenigen, die Sie am meisten lieben. Diese Investition ist kein Geschenk – denn Sie erwarten eine Gegenleistung.

KAPITEL 2

WAS HÄLT SIE DAVON AB, IHR EIGENES LEBEN ZU GESTALTEN?

ANFANG DER 2000ER-JAHRE begann ich, an acht Tagen im Jahr Leadership-Seminare für Goldman-Sachs-Führungskräfte und deren beste Kunden zu geben. Meine Kontaktperson bei dieser mächtigen Wall-Street-Firma war Mark Tercek, einer der Partner, der etwa Mitte vierzig war und die Ausbildungsprogramme sowie Goldmans Investitionen in den Ausbildungsbereich verantwortete. Mark war ein typischer Wall-Street-Vertreter: klug, charismatisch, hoch motiviert und sehr darauf fokussiert, das Geld seines Unternehmens möglichst gewinnbringend zu investieren. Gleichzeitig war er jedoch auch ein sehr anständiger und bescheidener Mensch mit einschüchternd vielseitigen Interessen. Er machte Yoga, war strikter Veganer, nahm an Triathlons teil und war ein leidenschaftlicher Umweltschützer. 2005 betraute ihn sein Arbeitgeber mit dem Aufbau und der Leitung von Goldmans »Environmental Markets«-Gruppe, der unternehmenseigenen Sparte für Umweltmärkte. Weil er sich in diesem Bereich schnell ein großes Netzwerk aufbaute, kam drei Jahre später ein befreundeter Personalvermittler mit der Bitte auf ihn zu, ihm Kandidaten für den Posten des CEO der Nature Conservancy vorzuschlagen, der größten gemeinnützigen Umweltorganisation der Vereinigten Staaten. Während Mark über passende Namen und deren Qualifikationen nachdachte, kam ihm ein unerwarteter Gedanke in den Sinn: *Wie wäre es mit mir?* Er war perfekt für diesen Job geeignet. Im Grunde genommen ist die Nature Conservancy eine philanthropische »Bank«, die ihr Stiftungsvermögen und jährliche Zuwendungen dafür verwendet, große Flächen schutzbedürftiger Natur aufzukaufen. Finanzielle Disziplin, sein Spezialgebiet, war mit die wichtigste Qualifikation für den CEO dieser Organisation. Und: Er wollte diese Stelle wirklich unbedingt haben. Seine Frau Amy, die sich ebenso sehr für den Umweltschutz engagierte wie er, unterstützte ihn bei seinem Vorhaben.

Mark und ich hatten inzwischen ein enges Vertrauensverhältnis aufgebaut, und so lud ich ihn ein, mich für ein paar Tage in Rancho Santa Fe zu besuchen, um gemeinsam mit mir und losgelöst von allen geschäftlichen Verpflichtungen über die nächsten Schritte nachzudenken. Sollte er wirklich seine erfolgreiche Karriere bei Goldman an den Nagel hängen und mit seinen vier Kindern von New York nach Washington, D.C. umziehen, um eine Non-Profit-Organisation zu leiten? Je länger wir miteinander sprachen, desto mehr kristallisierte sich heraus, dass die Vorteile die Nachteile deutlich überwogen. Trotzdem zögerte Mark weiter. Als sich unsere gemeinsame Zeit dem Ende näherte und ihm nur noch wenige Stunden bis zu seinem Rückflug nach New York blieben, hing er immer noch völlig in der Luft. Also nahm ich ihn mit auf einen langen Spaziergang durch die Wälder und entlang der Reitwege rund um unsere Wohngegend. Ich bin schon oft mit Klienten spazieren gegangen. Sich in der Natur zu verlieren, macht den Kopf frei.

Irgendwann, als er sich ohne schlüssigen Grund weiterhin nicht zu einer Entscheidung durchringen konnte, fragte ich ihn: »Was hält dich noch zurück? Es ist noch kein Angebot, sondern nur ein Vorstellungsgespräch.«

Woraufhin Mark entgegnete: »Wenn ich den Job bekomme, habe ich Angst davor, was meine Goldman-Partner denken werden.«

Seine Antwort machte mich sprachlos. Wir hatten Stunden damit verbracht, seinen Werdegang, seine Fähigkeiten, seine intellektuellen Interessen, seine Erfolge und seine Misserfolge Revue passieren zu lassen. Er hatte seinem aktuellen Unternehmen sein gesamtes bisheriges

Erwachsenenleben – vierundzwanzig Jahre – gewidmet. Er war der perfekte Mann für den neuen Job und konnte sich die Gehaltskürzung leisten (der Börsengang von Goldman neun Jahre zuvor hatte ihm finanzielle Sicherheit beschert). Er hatte keine Ausrede, sich nicht auf die Stelle zu bewerben, und ausgerechnet *das* hielt ihn zurück? Die absurde Sorge, dass seine Kollegen denken würden, er würde das Handtuch werfen? Dass es ihm an Widerstandsfähigkeit mangelte, um der Härte der Wall Street zu trotzen?

Ich packte ihn am Arm, um ihn am Weitergehen zu hindern, damit ich ihm direkt in die Augen sehen konnte. Ich wollte, dass er sich voll und ganz auf die Worte konzentrierte, die gleich über meine Lippen kommen würden.

»Verdammt noch mal, Mark. Wann fängst du an, dein eigenes Leben zu leben?« Damals beriet ich schon seit vielen Jahren Führungskräfte bei der Wahl des richtigen Zeitpunkts, um aus einem wichtigen Job auszusteigen. Ich hatte wirklich schon alle Ausreden gehört, die vermeintlich gegen diesen Schritt sprachen – und meistens waren es Variationen der folgenden drei Argumente:

- Das Argument der Unverzichtbarkeit: *Mein Unternehmen braucht mich.*
- Das Argument des Erfolgs: *Wir haben gerade einen fantastischen Lauf. Es ist zu früh, um jetzt aufzuhören.*
- Das Argument der Perspektivlosigkeit: *Ich habe keine Ahnung, was ich als Nächstes machen will.*

Ich hatte allerdings noch nie gehört, dass jemand auf Marks Niveau einen Traum aufgeben wollte, weil er das Urteil seiner Kollegen fürchtete. Mit meiner unbeherrschten Reaktion hatte ich offenbar einen Nerv getroffen, denn am nächsten Tag rief Mark den Personalvermittler an, um sich selbst vorzuschlagen, und kurz darauf verließ er Goldman und wurde der neue CEO der Nature Conservancy. Auch wenn ich es damals noch nicht ahnte, war dieses Erlebnis mit Mark die Geburtsstunde dieses Buchs und des Konzepts eines »verdienten Lebens«.

Zehn Jahre später, als seine Arbeit für die Nature Conservancy längst zu einem großen Erfolg geworden war, erinnerte mich Mark in einem Telefonat an unser Gespräch und mein unwirsches Donnerwetter. Meine Worte – *Verdammt noch mal, wann fängst du an, dein eigenes Leben zu leben?* – hatten sich in sein Gehirn eingebrannt und dienten ihm als eine Art Gedächtnisstütze, die ihn immer wieder daran erinnerte, den Dingen treu zu bleiben, die seinem Leben eine Bedeutung und einen Sinn gaben. Ein guter Ehemann und Vater zu sein. Einen Beitrag zu leisten. Unseren Planeten zu retten. (Sie wissen schon, die kleinen Dinge.)

Offen gesagt hatte ich diesen Moment während unseres Spaziergangs bereits vergessen, doch Marks Anruf rief in mir sofort wieder die Erinnerung an seine damalige Sicht der Dinge wach – insbesondere an seine irritierende Angst davor, was seine Kollegen von ihm denken würden. Ich konnte nicht verstehen, weshalb seine Furcht vor der Meinung anderer ihn fast davon abgehalten hatte, sich um den Job bei der Nature Conservancy zu bemühen; eine Entscheidung, die er auf ewig zutiefst bereut hätte. (Wir bereuen nicht, dass wir etwas versucht haben und gescheitert sind, sondern wir bereuen, dass wir es gar nicht erst versucht haben.)

Nachdem ich aufgelegt hatte, schoss mir eine weitere Erinnerung in den Kopf. Ich musste an meinen Freund, den verstorbenen Dr. Roosevelt Thomas, Jr. denken, einen promovierten Harvard-Absolventen und Experten für Organizational Behavior, ein Fachgebiet, das sich mit dem Verhalten von Menschen in Organisationen befasst. Es ist sein Verdienst, dass sich die Einstellung amerikanischer Unternehmen gegenüber dem Thema Vielfalt am Arbeitsplatz von Grund auf verändert hat. Eine von vielen wichtigen Erkenntnissen Roosevelts war der unterschätzte Einfluss von *Bezugsgruppen* (sog. »referent groups«) in unserem täglichen Leben. Zu Beginn meiner beruflichen Laufbahn schrieben wir gemeinsam ein Paper zu diesem Thema. Während ich mich dann anderen Dingen zuwandte, beschäftigte er sich weiterhin mit dieser These und machte sie zu einem Teil seines Lebenswerks.

Jeder von uns, so die Ansicht von Roosevelt Thomas, fühlt sich emotional und intellektuell mit einer bestimmten gesellschaftlichen Gruppe verbunden. Heute bezeichnen wir dieses Konzept als »Tribalismus«, aber in den frühen 1970er-Jahren war die Idee von Bezugsgruppen zur Erklärung sozialer Umwälzungen und der Unterschiede zwischen Menschen ein bahnbrechendes Konzept. Eine Bezugsgruppe kann riesig sein, wie beispielsweise eine bestimmte Religionsgemeinschaft oder eine politische Partei, sie kann aber auch so klein sein wie beispielsweise die Leute, die die Band Phish lieben (die sogenannten Phish-Heads). Es wäre jedenfalls ein Ding der Unmöglichkeit, alle Bezugsgruppen in Amerika zu erfassen. Sie sind noch zahlreicher als Twitter-Hashtags, und sie vermehren sich wie die Karnickel. Roosevelt Thomas vertrat folgende Ansicht: Wenn wir die Bezugsgruppe einer Person kennen – wenn wir also wissen, wem oder was sie sich zutiefst verbunden fühlt, wen sie beeindrucken und wessen Respekt sie erlangen möchte –, können wir verstehen, warum diese Person so redet, denkt und sich verhält, wie sie es tut. (Die logische Konsequenz ist, dass die meisten von uns auch eine *Gegenbezugsgruppe* haben, eine »counter-referent group«. Dabei hängen unsere Loyalität und unsere Entscheidungen eher von dem ab, was wir ablehnen, als von dem, was wir befürworten und unterstützen – egal ob es nun um die Frage Demokraten vs. Republikaner oder Real Madrid vs. Barcelona geht. Was wir verabscheuen, prägt uns fast genauso sehr wie das, was wir lieben.) Sie müssen nicht zwingend mit den Ansichten von Menschen in anderen Bezugsgruppen übereinstimmen, aber wenn Sie den Einfluss solcher Gruppen anerkennen, ist es weniger wahrscheinlich, dass Sie von den Entscheidungen ihrer Anhänger verblüfft sind oder dass sie sie als »Idioten« abtun.*

---

* Fürs Protokoll: Meine Bezugsgruppe sind Lehrer. Meine Mutter war Lehrerin und hatte den größten Einfluss auf mich, während ich heranwuchs. Deshalb identifiziere ich mich mit Lehrern. Ich beurteile mich selbst nach meiner Fähigkeit, mein Wissen an andere weiterzugeben, um ihnen zu helfen. Der Respekt, nach dem ich mich am meisten sehne, ist der Respekt von Lehrern. Diese persönliche Tatsache bleibt jedoch meist im Verborgenen und wird nur selten enthüllt oder offen diskutiert. Selbst Freunde, die mich schon mein ganzes Leben lang kennen, wissen womöglich nichts davon, es sei denn, ich habe es ihnen einmal offenbart. Wie Sie sehen, kann die Bezugsgruppe eines Menschen ein großes Geheimnis sein. Wir müssen oft sehr intensiv nachforschen, um sie zuta-

Ich erkannte, dass sich die Theorie von Roosevelt Thomas auch auf Mark übertragen ließ. Ich war irrtümlicherweise davon ausgegangen, dass Marks Bezugsgruppe sozial engagierte Menschen wären, die – genau wie er – vegan lebten, Yoga machten und sich um die Umwelt sorgten. Doch in Wirklichkeit fühlte sich Mark, nach vierundzwanzig Jahren bei Goldman Sachs, emotional noch immer seinen aggressiven, Maßanzug tragenden und aufs Geschäftemachen fokussierten Arbeitskollegen verbunden. Ihre Anerkennung war ihm immer noch wichtig. Es war falsch gewesen, von Mark zu erwarten, dass er dieser Bezugsgruppe sofort den Rücken kehren würde. Genauso gut hätte man ihn auffordern können, seine Identität zu verleugnen. Der Bezug zu dieser Gruppe war so stark, dass Mark bereit gewesen war, das Geschenk zu opfern, das ihm in Form des Anrufs des Personalvermittlers in den Schoß gefallen war – nämlich die Möglichkeit, sein eigenes Leben neu zu gestalten.

Marks Anruf brachte mich zu einer Erkenntnis. Obwohl ich mich darüber freute, dass ich ihn mit meinem Appell, »Fang an, dein eigenes Leben zu leben«, davon überzeugen konnte, seinen eigenen Weg zu gehen, fragte sich der Lehrer in mir: *Wenn sich jemand, der so zielstrebig und erfolgsverwöhnt ist wie Mark, von seiner Bezugsgruppe ausbremsen ließ, wie viele andere Menschen, mit wesentlich geringeren Ressourcen und Möglichkeiten, gab es dann wohl noch, die aus ganz anderen Gründen an ihrem Fortkommen gehindert wurden?* Welche Kräfte hielten sie davon ab, ihr eigenes Leben zu gestalten? Und was könnte ich tun, um ihnen zu helfen?

Die gute Nachricht lautet, dass Sie es heutzutage leichter haben, Ihr Leben selbst zu gestalten, als jemals zuvor in der Geschichte der Menschheit. In der Vergangenheit waren fast alle von uns von Geburt an Bürger zweiter Klasse.

Wir durften nicht wählen und wir durften uns unsere Anführer nicht selbst aussuchen. Konformität war die Norm, und jede Abweichung von

---

ge zu fördern. Doch wenn sie es tun, winkt uns als Belohnung für unsere Mühe ein völlig neuer Blick auf und ein ganz neues Verständnis für die Person, von der wir nur dachten, wir würden sie kennen.

dieser Norm wurde bestraft. Dabei war es ganz egal, ob es bei dieser Abweichung darum ging, wen wir liebten oder welche Gottheit wir anbeteten (oder ob wir überhaupt an einen Gott glaubten). Vielleicht hatten die Menschen früher größere Sorgen, aber gleichzeitig verspürten sie auch weniger Reue. Denn Sie können keine Entscheidungen bereuen, wenn Sie überhaupt keine Entscheidungen treffen dürfen.

Die Entwicklung der letzten hundert Jahre deutet darauf hin, dass wir auch in Zukunft immer mehr Rechte und Freiheiten erhalten werden. In weiten Teilen der Welt wurde die Leibeigenschaft abgeschafft, dürfen Frauen wählen, konnten Hunderte von Millionen Menschen der Armut entfliehen, und queer zu sein ist kein Problem. Mit anderen Worten: Viele von uns haben Grund, optimistisch zu sein. Und das Sahnehäubchen auf dieser Torte des Optimismus ist die Technologie: Indem sie uns größere Mobilität erlaubt und den Zugang zu Informationen erleichtert, ist die Zahl der Möglichkeiten, die sich uns bieten, inzwischen um ein Vielfaches angewachsen. Mehr Freiheit, mehr Bewegung, mehr Möglichkeiten im Berufs- wie auch im Privatleben.

Das ist ein Problem – und ich bin bei Weitem nicht der Einzige, der diese ernste These vertritt. Auch der amerikanischer Ökonom Peter Drucker gelangte noch zu dieser Erkenntnis, bevor er 2005 im Alter von fünfundneunzig Jahren starb:

> »In einigen Hundert Jahren, wenn wir unsere Gegenwart in einem größeren zeitgeschichtlichen Kontext betrachten, werden unter Historikern nicht die Technologie, das Internet oder der E-Commerce als wichtigste Ereignisse unserer Zeit gelten, sondern eine beispiellose Veränderung der menschlichen Existenz. Denn zum ersten Mal in der Geschichte der Menschheit hat eine schnell wachsende Zahl von Menschen die freie Wahl. Zum ersten Mal werden sich die Menschen selbst managen müssen, worauf unsere Gesellschaft allerdings völlig unvorbereitet ist.*

---

* Peter F. Drucker, »Managing Knowledge Means Managing Oneself«, *Leader to Leader* 16 (Frühling 2000): 8–10.

Freiheit und Mobilität führen zu dem, was Barry Schwartz so treffend als »Paradox der Wahl« bezeichnet. Wir kommen besser mit weniger Wahlmöglichkeiten zurecht als mit mehr. Stellt man uns neununddreißig verschiedenen Eissorten zur Auswahl, treffen wir häufig eine enttäuschende Entscheidung. Es fällt uns wesentlich leichter und macht uns zufriedener, wenn wir nur zwischen zwei Optionen wählen können – zum Beispiel Vanille und Minzschoko. Das Gleiche gilt auch für die Gestaltung des eigenen Lebens in einer komplexen, sich schnell entwickelnden Welt: Es ist müßig, die unzähligen Möglichkeiten zu prüfen, und selbst, wenn wir wissen, was wir wollen, wissen wir nicht immer, wie wir diese Träume verfolgen sollen.

Es gibt zahlreiche gewaltige Hürden, die verhindern, dass wir Entscheidungen treffen und danach handeln, und die unsere Pläne, unser eigenes Leben zu leben, durchkreuzen. Zum Beispiel diese:

1. Unsere erste Wahl ist die Trägheit – leider

Trägheit ist der entschiedenste und hartnäckigste Gegner des Wandels. Schon seit Jahren greife ich auf das folgende Mantra zurück, wann immer ich auf Klienten treffe, denen es nicht gelingt, das Verhalten, das sie unbedingt ändern wollen, auch tatsächlich zu ändern: *Unsere Standardreaktion im Leben besteht nicht darin, nach einem Sinn oder nach Glücklichsein zu streben. Unsere Standardreaktion ist die Trägheit.* Ich möchte, dass Sie sich nicht nur die Allgegenwart der Trägheit bewusstmachen, sondern dass sie auch *Ihre eigene* Trägheit in einem neuen Licht sehen.

Wir betrachten die Trägheit als Zustand der Untätigkeit oder Bewegungslosigkeit – eine der unverfälschteren Ausprägungen unserer Passivität und Loslösung von den Dingen. Doch das ist sie nicht. Die Trägheit ist ein Vorgang, bei dem wir aktiv in dem Zustand, in dem wir uns bereits befinden, *verharren*, anstatt in einen anderen zu wechseln. Dies ist nicht nur eine semantische Wortspielerei, sondern eine andere Perspektive, die selbst unsere trägste Passivität als aktive Entscheidung für die Beibehaltung des Status quo charakterisiert (keine Entscheidung ist also auch eine Entscheidung – nämlich die Entscheidung zu sagen: »Ich verzichte«). Sobald wir allerdings in einen neuen Gang schalten und beschließen, etwas anderes zu tun, hören wir auf, ein Spielball der Trägheit zu sein. Ob wir uns zum Opfer unserer Trägheit machen oder uns aus ihrer unheilvollen Anziehungskraft befreien, ist eine Entscheidung, die nur wir selbst treffen können. Wenn Menschen erkennen, dass sie eine Wahl haben, sind sie in der Regel auch in der Lage, sich zu ändern.

Ein weiteres faszinierendes Charakteristikum der Trägheit ist die Tatsache, dass sie uns einen verlässlichen Ausblick auf unsere kurzfristige Zukunft gewährt. Sie ist präziser als jeder Algorithmus und jedes Prognosemodell. Die Trägheit ist der Grund, weshalb ich die folgende Regel für Ihre unmittelbare Zukunft aufstellen kann: *Der zuverlässigste Indikator für das, was Sie in fünf Minuten tun werden, ist das, was Sie jetzt gerade tun.* Wenn Sie jetzt gerade ein Nickerchen machen, Ihre Wohnung putzen oder online einkaufen, werden Sie in fünf Minuten sehr wahrscheinlich immer noch dasselbe tun. Diese Kurzzeit-Regel besitzt auch langfristig Gültigkeit. Der zuverlässigste Indikator dafür, wer Sie heute in fünf Jahren sein werden, ist die Person, die Sie jetzt gerade sind. Wenn Sie aktuell keine Fremdsprache beherrschen oder nicht wissen, wie man Brot backt, werden Sie das wahrscheinlich auch in fünf Jahren noch nicht können. Wenn Sie aktuell nicht mit Ihrem entfremdeten Vater sprechen, werden Sie das wahrscheinlich auch in fünf Jahren nicht tun. Das Gleiche gilt für die übrigen Details, die Ihr aktuelles Leben ausmachen.

Wenn wir erkennen, dass wir unsere Trägheit durch aktives Handeln überwinden können, lernen wir, sie in eine positive Kraft zu verwandeln. Wenn wir produktive (statt destruktive) Gewohnheiten oder Routinen entwickeln – zum Beispiel direkt morgens Sport treiben, täglich dasselbe nahrhafte Frühstück zu uns nehmen, jeden Tag den gleichen effizienten Weg zur Arbeit nehmen –, wird die Trägheit zu unserer Freundin, die uns erdet und dafür sorgt, dass wir engagiert und beständig bei der Sache bleiben.

Dies sind die Faktoren, die die Trägheit zu einer wichtigen Kraft machen, die jeden Aspekt eines verdienten Lebens beeinflusst. Doch selbst wenn wir die Kontrolle über unsere Trägheit übernehmen, gibt es immer noch ein paar andere spezifische Kräfte, die uns ebenfalls daran hindern, unser eigenes Leben zu leben.

2. Unsere Programmierung hält uns gefangen

Aufgewachsen bin ich in Valley Station, Kentucky, dreißig Meilen südlich von Louisville, an dem Abschnitt des Ohio River, der die Grenze zu Indiana bildet. Ich war das einzige Kind meiner Mutter, und sie hat sich voll und ganz darauf konzentriert, mein kindliches Ich und mein Selbstbild zu formen. Als Grundschullehrerin stellte sie die Kraft des Geistes, unseren Verstand, stets über die Kraft des Körpers. Sie programmierte mich gewissermaßen zu glauben, ich sei das klügste Kind der Stadt. Vielleicht, um zu verhindern, dass ich Automechaniker oder Elektriker werde oder einen anderen handwerklichen Beruf ergreife, suggerierte sie mir regelmäßig, ich besäße keine Augen-Hand-Koordination und keinerlei handwerkliches Geschick. So kam es schließlich, dass ich zwar bis zur Mittelstufe ein Talent für Mathematik entwickelt hatte und in standardisierten Tests stets hervorragend abschnitt, mich in technischen oder sportlichen Disziplinen hingegen furchtbar ungeschickt anstellte. Ich war nicht in der Lage, eine Glühbirne auszuwechseln, und das erste und einzige Mal, als es mir in der Kinder-Softballliga gelang, mit dem Schläger einen Ball zu treffen, riss es die Leute begeistert klatschend von den Sitzen.

Glücklicherweise reagierte ich auf diese Programmierung durch meine Mutter mit einem unerschütterlichen Glauben an meine Intelligenz. Unglücklicherweise entwickelte ich aber auch die unverzeihliche Gewissheit, dass ich mich in der Schule niemals würde besonders anstrengen müssen. Ich lernte, dass ich mich zurücklehnen und trotzdem gute Noten erzielen konnte. Diese Glückssträhne hielt auf dem College am Rose-Hulman Institute of Technology und auch im Verlauf meines MBA-

Programms an der Indiana University an und ermutigte mich dazu (trotz jahrelanger suboptimaler akademischer Anstrengungen), an der UCLA zu promovieren. Dabei konnte ich nicht genau sagen, warum ich einen Doktortitel in Organizational Behavior anstrebte oder was ich damit machen wollte. Den Dingen einfach freien Lauf zu lassen, hatte mich schließlich bis hierher gebracht, dachte ich. Warum sollte ich mich also nicht einfach weiter gemütlich zurücklehnen und sehen, wohin es mich noch führen würde? An der UCLA hatte ich dann das Privileg, zum einen von Kommilitonen umgeben zu sein, die mir intellektuell überlegen waren, und zum anderen auf Professoren zu treffen, die nicht nur unendlich viel klüger waren als ich, sondern auch eine einschüchternde Präsenz besaßen und nicht davor zurückscheuten, mich für meine Eitelkeiten und Scheinheiligkeit zu demütigen – eine notwendige und wohlverdiente Strafe. Mit sechsundzwanzig Jahren lernte ich auf diese Weise endlich, dass ich nicht auf die UCLA ging, um einen Doktortitel zu erhalten, sondern um ihn mir zu *verdienen*. So viele Jahre hatte ich gebraucht, um die unbeabsichtigten Folgen der Programmierung meiner Mutter zu überwinden.

Wir alle werden in irgendeiner Weise von unseren Eltern programmiert. Mama und Papa können nichts dagegen tun (und meinen es ja meistens auch nur gut). Sie prägen unsere Überzeugungen, unsere sozialen Werte, die Art und Weise, wie wir andere Menschen behandeln, wie wir uns in Beziehungen verhalten und sogar, welche Sportmannschaften wir anfeuern. Und mehr als alles andere prägen sie unser Selbstbild. Von unseren ersten Säuglingstagen an, noch bevor wir krabbeln, laufen oder sprechen können, studieren sie unser Verhalten mit forensischer Präzision, um Hinweise auf unsere Talente und unser Potenzial zu erhalten. Dies tritt besonders deutlich zutage, wenn Geschwister vorhanden sind. Sobald nach und nach genügend »Hinweise« vorliegen, teilen uns unsere Eltern in verschiedene Persönlichkeiten ein: die Kluge, die Hübsche, der Starke, der Nette, die Verantwortungsbewusste – oder jede andere Beschreibung, die zum aktuellen Zeitpunkt womöglich zutreffend erscheint. Es ist, als ob sie unbewusst versuchten, uns in menschliche Archetypen zu verwandeln und sämtliche Nuancen auszulöschen. Wenn wir nicht aufpassen, akzeptieren wir diese Programmierung nicht nur, sondern passen auch unser Verhalten an sie an. Die Kluge verlässt sich eher auf ihre Intelligenz als auf ihr Fachwissen, die Hübsche verlässt sich auf ihr Aussehen, der Starke zieht seine Muskelkraft der Kraft der Überzeugung vor, der Nette gibt viel zu schnell nach und die Verantwortungsbewusste opfert sich stets pflichtschuldig auf. Wessen Leben leben wir eigentlich, wenn entscheidende Teile, auf die wir im Laufe unserer Entwicklung von geliebten Menschen geprägt wurden, bereits für uns vorherbestimmt wurden?

Die gute Nachricht ist, dass wir das Recht haben, unsere Programmierung zu löschen, wann immer wir wollen. Sie wird nur dann zum Problem, wenn sie uns an der freien Gestaltung unseres Lebens hindert. Wenn wir etwas Neues ausprobieren wollen – einen völlig neuen Karriereweg oder einen neuen Haarschnitt –, und diese Pläne dann doch nicht verwirklichen, indem wir Ausreden wie »Ich war noch nie gut in ________« oder »Das bin einfach nicht ich« vorschieben. Solange wir selbst (oder andere) den Wahrheitsgehalt solcher Ausflüchte nicht infrage stellen (»Wer sagt das?«), können wir uns nicht vorstellen, unseren Willen über Glaubenssätze zu stellen, die wir längst als unerschütterliche Tatsachen akzeptiert haben. Die größte Auswirkung, die unsere Programmierung auf uns ausübt, besteht darin, dass sie uns nicht erkennen lässt, wie wichtig es wäre, sie abzustreifen.

3. Wir lassen zu, dass unsere Verpflichtungen uns erdrücken

Vielleicht erinnern Sie sich an die schmerzliche Szene aus dem Film *Eine Wahnsinnsfamilie* von Ron Howard aus dem Jahr 1989, mit Steve Martin als Gil Buckman, dem geplagten Vater von drei Kindern, und Mary Steenburgen als seine ruhige und gelassene Frau Karen. Gegen Ende des Films, nachdem wir erfahren haben, dass ihr ältester Sohn Kevin emotionale Probleme hat und dass Gil gerade einen Job gekündigt hat, den er hasste, teilt Karen Gil mit, dass sie unerwartet mit ihrem vierten Kind schwanger ist. Mitten in einem angespannten Gespräch über diese neue Entwicklung muss Gil los, um das Little-League-Team seines Sohnes »für den letzten Platz in der Tabelle« zu coachen, worauf Karen ihn fragt: »Musst du denn wirklich schon gehen?« Auf halbem Weg zur Tür dreht sich Gil mit einem irren Blick in den Augen zu ihr um und zischt: *»Mein ganzes Leben ist ein einziges Muss.«*

Das Schöne an Verpflichtungen ist, dass sie uns dazu bewegen, unsere impliziten oder expliziten Versprechen anderen gegenüber einzuhalten. Das Elendige an Verpflichtungen ist, dass diese Zusagen oft im Widerspruch zu den Versprechen stehen, die wir uns selbst gegeben haben. In diesen Momenten des Zwiespalts neigen wir zu einer Überkorrektur und entscheiden uns zwischen den beiden Extremen Selbstlosigkeit und Egoismus – und enttäuschen am Ende entweder uns selbst oder diejenigen, die sich auf uns verlassen. Verpflichtungen zwingen uns dazu, bei unseren Aufgaben Prioritäten zu setzen. Sie sind eine Grauzone, in der es über die goldene Regel und »das Richtige zu tun« hinaus nur wenige Normen gibt, die uns leiten. Meiner Erfahrung nach gibt es keine Regeln für den Umgang mit Verpflichtungen; jede Situation ist anders.

Manchmal ist es richtig und edel, selbstlos zu sein. Wir steigen in das Familienunternehmen ein, anstatt aufregendere Karriereziele zu verfolgen. Wir bleiben in einem langweiligen oder verhassten Job, um die Rechnungen zu bezahlen und unsere Familie zu versorgen. Wir lehnen den Job in einer anderen Stadt, der ein wichtiger Schritt auf unserer Karriereleiter wäre, ab, weil wir unsere Familie nicht entwurzeln wollen. Es kann erfüllend sein, unseren Verpflichtungen gegenüber unseren Lieben nachzukommen.

Und trotzdem ist es manchmal auch okay, wenn wir unsere eigenen Wünsche und Bedürfnisse an die erste Stelle stellen, ganz egal, was andere davon halten. Solche Opfer und Kompromisse können quälend und kostspielig sein. Sie zu bringen und zu machen, ist nicht leicht, aber sie sind ehrenwert und zudem wichtig. Oder wie es der große Journalist Herbert Bayard Swope (Gewinner des ersten Pulitzer-Preises für Reportagen im Jahr 1917) einmal formuliert hat: »Ich kann Ihnen keine todsichere Formel für den Erfolg geben. Aber ich kann Ihnen eine Formel für das Scheitern geben: Versuchen Sie, es immer allen recht zu machen.«

4. Wir leiden unter einem Mangel an Vorstellungskraft

Zwischen zwei oder drei vernünftigen Ideen für das Leben, das man führen möchte, entscheiden zu müssen, sorgt bei vielen Menschen verständlicherweise für Verunsicherung. Andererseits können sich manche Menschen noch nicht einmal einen einzigen Weg für sich selbst vorstellen, geschweige denn gleich zwei oder drei.

Früher dachte ich, Kreativität sei eine Sache, bei der wir zwei eher unterschiedliche Dinge zusammenführen und in etwas Originelles verwandeln, dass wir Hummer mit Steak servieren und das Ganze dann Surf 'n' Turf nennen. Wir addieren A und B und daraus ergibt sich D. Doch dann sagte mir ein erfolgreicher Künstler, ich würde die Messlatte zu niedrig anlegen. Kreativität bedeute eher, dass wir A, F und L nehmen und daraus Z machen. Je größer der Abstand zwischen den einzelnen Teilen ist, desto mehr Fantasie ist nötig, um sie zu einem Ganzen zu vereinen. Nur die wenigsten von uns sind so kreativ, dass wir mühelos A mit F und L addieren und Z erhalten. Bei einigen von uns erschöpft sich die Kreativität schon in der Formel »A plus B ergibt D«. Und leider können sich manche von uns nicht einmal eine Welt vorstellen, in der sich A und B im selben Raum befinden.

Dass Sie dieses Buches lesen, beweist, dass Sie ein reges Interesse an Selbstoptimierung haben. Die Neugier regt unsere Fantasie an und sorgt dafür, dass wir etwas Neues ersinnen.

Falls Sie irgendwo auf der Welt an einer Universität studiert haben, geht es Ihnen vielleicht so wie den 30 Prozent der Amerikaner, die ein Studium abgeschlossen haben: Dann wissen Sie, wie es sich anfühlt, eine neue Identität zu entwickeln, die Ihre Chancen steigert, sich einen guten Platz in der Welt zu verdienen. Dann wissen Sie bereits, wie man sich einen Neuanfang ausmalen kann. Der Schriftsteller und Pulitzerpreisträger Richard Russo, Autor von *Diese gottverdammten Träume,* beschrieb diese Tatsache in Erinnerung an seine eigene Studienzeit folgendermaßen: »Schließlich ist das College der Ort, an dem wir uns neu erfinden, an dem wir uns von der Vergangenheit lösen, um zu der Person zu werden, die wir immer sein wollten, aber nicht werden konnten, weil uns Leute daran gehindert haben, die es besser wussten.« Er verglich das College bzw. die Universität mit dem »Eintritt in ein Zeugenschutzprogramm. Du *musst* eine oder zwei neue Identitäten ausprobieren. Es würde nicht nur den Zweck des Programms verfehlen, sondern es wäre geradezu gefährlich, wenn man dich hinterher immer noch leicht als dein früheres Ich identifizieren könnte«.

Denken Sie an Ihr Abschlussjahr in der Schule zurück. Wenn Sie sich für ein Studium entschieden haben, dann wage ich zu behaupten, dass Sie bei der Bewerbung um einen Studienplatz zum ersten Mal das Gefühl hatten, die Kontrolle über Ihre Zukunft zu haben. Obwohl in diesen Prozess, zumindest in den USA, ein großer Pool aus Berufsberatern, Zulassungstestunternehmen und Zulassungsbeauftragten der Hochschulen (und nicht zu vergessen die Eltern) involviert ist, hielten Sie trotzdem mit achtzehn Jahren erstmals selbst das Heft in der Hand. Sie dachten über Ihre Stärken und Schwächen nach. Sie überlegten, welche Kriterien Ihnen bei der Wahl des Studienorts wichtig waren: Entfernung, Größe, Prestige, Selektivität, Freizeitangebot, Klima, Kosten, finanzielle Unterstützung und andere Faktoren. Sie legten fest, bei wie vielen Unis Sie sich bewerben wollten. Sie schrieben die geforderten Aufsätze und besorgten sich Empfehlungsschreiben. Und dann warteten Sie auf die Entscheidung. Sofern die Hochschule Ihrer dritten oder vierten Wahl deutlich bessere Stipendien zu bieten hatte als die Hochschule Ihrer ersten Wahl, passten Sie Ihre Planung an, indem Sie die Kostenfrage entweder anderweitig lösten (durch die Aufnahme eines Darlehens oder indem Sie beschlossen, sich einen Nebenjob zu suchen) oder sich mit der weniger attraktiven Universität zufriedengaben und lieber das Stipendium annahmen.*

---

* Im schlimmsten Fall, wenn die Katastrophe eintrat und Sie von all Ihren favorisierten Hochschulen abgelehnt wurden, sodass Ihnen nur eine blieb, die sie als Sicherheitsnetz ausgewählt hatten, lernten Sie schnell, wie leicht Sie sich mit dieser »Tragödie« arrangieren und sich damit abfinden konnten. Sie lernten, aus Zitronen Limonade zu machen, und lernten die befreiende Wirkung einer nicht vorhandenen Wahl kennen. Diese Situation werden wir uns in Kapitel 4 näher ansehen.

Dann schrieben Sie sich an der Lehreinrichtung ein und stellten fest, dass dies Ihre Chance war, Ihre Jugendjahre hinter sich zu lassen und ein völlig neues Kapitel zu beginnen – ganz egal, ob Sie zuvor das It-Girl oder der Klassenclown waren, ein allseits beliebter Mensch oder ein neunmalkluger Streber. Um es mit Russos Worten zu sagen: Sie konnten den Erfolg oder Misserfolg Ihrer Studienzeit daran bemessen, ob Sie bei der Abschlussfeier immer noch als die Person erkennbar waren, die vier Jahre zuvor ihr Studium aufgenommen hatte. Sie haben es schon einmal getan, also können Sie es auch wieder tun.

5. Das Tempo des Wandels raubt uns den Atem

Wenn es Teil meines Jobs wäre, zentrale Aussagen über die Gesellschaft zu treffen (was nicht der Fall ist), dann würde ich voller Überzeugung folgende These (die ich von Rob Nail von der Singularity University gelernt habe) vertreten:

> *Das Tempo des Wandels, das Sie heute erleben, ist die langsamste Gangart des Wandels, die Sie jemals wieder erleben werden.*

Mit anderen Worten: Langsam ist heute, schnell ist morgen. Sie machen sich eine falsche, nostalgische Illusion, wenn Sie glauben, dass Sie irgendwann in naher Zukunft – wenn das »eilige« Projekt abgeschlossen ist oder wenn die Kinder erst einmal größer sind und Ihr Familienalltag nicht mehr so hektisch ist – zu einer langsameren Gangart zurückkehren können, in der Ihr Leben wieder entspannter verläuft und sich wieder langsamer verändert.

Das wird nicht passieren. Sie und Ihre Arbeitskollegen werden eben nicht die Füße hochlegen, sobald Sie das Eilprojekt abgeschlossen haben. Es wird garantiert ein weiterer dringlicher Job auftauchen, und Sie werden lernen, dass Ihre Normalgeschwindigkeit »Eiltempo« heißt. Das Gleiche gilt auch für Ihren privaten Alltag: Er wird nicht weniger hektisch werden, wenn die Kinder älter sind oder das Haus verlassen. Sie sind in einem Rad gefangen, das nicht aufhören wird, sich zu drehen. Es wird immer etwas geben, um das Sie sich unverzüglich kümmern müssen.

Vor einigen Jahren bestieg ich in Manhattan ein Taxi, um zum Flughafen zu fahren. Der Fahrer tuckerte langsam durch die Innenstadt und fuhr dabei zu keiner Zeit schneller als 20 Meilen pro Stunde. Als wir außerorts auf eine Schnellstraße auffuhren, auf der 55 Meilen pro Stunde erlaubt waren, beschleunigte er auf sage und schreibe 35 Meilen pro Stunde. Meine Bitte, ob er nicht noch etwas schneller fahren könne, lehnte er jedoch mit folgenden Worten ab: »Das ist nun mal die Geschwindigkeit, in der ich fahre. Wenn Sie möchten, kann ich jederzeit anhalten und Sie aussteigen lassen.« Es war, als hätte er das Autofahren in einer anderen Zeit gelernt und nie bemerkt, dass die Autos inzwischen schneller und die Straßen besser geworden waren und dass die Fahrgäste es heute eiliger hatten.

Unsere Unfähigkeit, uns an den zunehmend schnelleren Wandel anzupassen, hemmt uns auf dieselbe Weise, wie es unser Mangel an Vorstellungskraft tut. Wir verstehen nicht, was um uns herum geschieht. Und wenn wir nicht mithalten können, kommen wir außer Atem und fallen zurück. Und wenn wir zurückfallen, leben wir in der Vergangenheit der Menschen um uns herum.

6. Wir verschlafen unser eigenes Leben, indem wir andere Leben mitleben

Als ich Mark Tercek fragte, wann er endlich sein eigenes Leben leben würde, hätte ich genauso gut fragen können: »Warum lebst du das Leben eines anderen?« Denn dabei handelt es sich um zwei Seiten derselben Medaille, die man als »vicarious living« bezeichnet, eine Art »nachempfundenes« Leben, ein »Stellvertreter-Leben«. Es ist die alarmierendste Entwicklung, die ich in den letzten zwanzig Jahren beobachtet habe. Die sozialen Medien und eine bunte Mischung technischer Ablenkungen haben uns eine Fülle von Möglichkeiten eröffnet, das Leben anderer zu verfolgen, anstatt unser eigenes zu leben. Wir lassen uns von den Postings fremder Menschen in den sozialen Medien beeindrucken. Manchmal revanchieren wir uns, indem wir uns dort unsererseits darstellen, um sie ebenfalls zu beeindrucken, und dabei aber ignorieren, dass sie uns wahrscheinlich nicht dieselbe Aufmerksamkeit widmen, die wir ihnen zuteilwerden lassen. Eine der absurdesten Verkörperungen dieses Stellvertreter-Lebens ist die Entwicklung, dass wir oft nicht mehr selbst Videospiele spielen (die schon ihrerseits eine bloße Simulation des echten Lebens sind), sondern Geld bezahlen, um zuzusehen, wie professionelle Gamer in unseren Lieblingsvideospielen gegeneinander antreten. Wir sehen nicht mehr selbst zu, sondern wir sehen zu, wie andere für uns zusehen.

Von der Technologie betäubt, opfern wir unsere langfristigen Ziele und unsere Erfüllung den kurzfristigen Dopamin-Hochs, die das Feedback auf Facebook, Twitter und Instagram in uns auslöst. Und das ist nicht gesund. Genau wie beim zunehmenden Tempo des Wandels sehe ich auch bei dieser Entwicklung bisher nicht, dass sich dieses gesellschaftliche Problem in Zukunft wieder verlangsamen könnte, weil die Mehrheit von uns plötzlich aufhört, das unwiderstehliche Angebot der sozialen Medien zu nutzen. Nur wir selbst können kontrollieren, wie viel Raum wir Stellvertretern in unserem Leben geben.

Der Schaden, den dieser Trend anrichtet, besteht in immer größerer Ablenkung. Anstatt uns auf das zu konzentrieren, das wir wissentlich eigentlich selbst tun sollten, lassen wir uns, wie es schon T. S. Eliot einst für die Ewigkeit formulierte, »durch Ablenkung von der Ablenkung ablenken«. Daran sind nicht nur die sozialen Medien schuld. Unsere gesamte Welt ist zu einer Ablenkungsmaschinerie geworden: Ein warmer, sonniger Tag, ein Baseballspiel im Fernsehen, Eilmeldungen im Radio, ein Telefonanruf, ein Klopfen an der Tür, ein Notfall in der Familie, ein plötzliches Verlangen nach einem Donut ... jeder und alles kann uns von dem ablenken, was wir eigentlich tun sollten, und uns dazu bringen, das zu tun, was andere von uns erwarten – ein weiterer Beleg dafür, dass wir nicht unser eigenes Leben leben.

7. Unsere Rollbahn ist nicht mehr lang genug

Einmal erzählte mir ein Freund die Geschichte eines Mannes namens Joe, der ursprünglich Theaterstücke schreiben wollte, dann aber mit Mitte zwanzig entdeckte, dass seine wahre Leidenschaft dem Wein galt. Also wechselte Joe die Branche und wurde stattdessen Weinkritiker. Er wurde dafür bezahlt, Weine zu verkosten und etwas über sie zu lernen und darüber zu schreiben. Einen Teil des Honorars, das er dabei verdiente, investierte Joe fortan in den Kauf von Wein für private Zwecke. Damit begann er schon in den 1970er-Jahren, lange bevor die Preise für große Weine ins Unermessliche stiegen, weil es genug Milliardäre gab, die bereit waren, sie zu bezahlen. Dieser zeitliche Vorsprung ermöglichte es Joe, mit seinem bescheidenen Journalistengehalt eine Sammlung von fünfzehntausend Flaschen zusammenzutragen, um die ihn die Weinwelt beneidete. Anstatt mit seinen seltenen Weinen zu geizen, war er aber durchaus großzügig. Lud jemand Joe und seine Frau zu sich nach Hause zum Essen ein, bot er grundsätzlich an, den passenden Wein mitzubringen – ein Angebot, das nur ein Narr ausgeschlagen hätte. Denn Joe war so bekannt, dass er bei allen großen Winzern zum kleinen Kreis erlauchter Kenner zählte, denen jedes Jahr als Ersten Zugriff auf den begrenzten Vorrat neuer Jahrgänge gewährt wurde. Eines Tages, als Joe bereits Mitte sechzig war, erhielt er einmal mehr das jährliche Vorabangebot eines italienischen Spitzenwinzers namens Angelo Gaja. Joe rechnete nach und stellte fest, dass er gut neunzig Jahre alt werden müsste, bis das diesjährige Gaja-Angebot trinkreif sein würde. Also rief er Signor Gaja an und bat ihn, ihn von seiner Liste zu streichen. Dieselbe Bitte richtete er anschließend auch an die anderen Winzer, die ihn bis dato bevorzugt hatten. Er hatte genug von ihren Weinen in seinem Keller, um bis an sein Lebensende von ihnen trinken zu können. Als Weinsammler war Joe am Ende seiner »Rollbahn« angekommen.

Unsere »Rollbahn« ist ein Symbol für die Zeit, die wir uns selbst gesetzt haben, um unsere Ziele zu erreichen. Einige von uns – zum Beispiel Spitzensportler, Models, Balletttänzer und andere Leistungsträger, die auf ihre körperliche Kraft oder ihre Schönheit angewiesen sind, welche mit der Zeit nachlässt – können die Länge ihrer Rollbahn ebenso präzise berechnen wie Joe. Viele amerikanische Politiker, darunter Präsidenten und sechsunddreißig der fünfzig US-Gouverneure, haben nur begrenzte Amtszeiten, die auf den Tag genau festlegen, wie viel Zeit ihnen für die Umsetzung ihrer Agenda bleibt. Die meisten von uns – ob Künstler, Ärzte, Wissenschaftler, Investoren, Lehrer, Schriftsteller, Führungskräfte oder andere Menschen, die sich ihren Lebensunterhalt unter Einsatz von Gehirnschmalz verdienen – gehen hingegen davon aus, dass unsere jeweilige Rollbahn erst dann enden wird, wenn unsere Fähigkeiten erschöpft und unsere Wünsche erfüllt sind. Und dem Rest von uns mangelt es an den nötigen Informationen, um die Länge ihrer Rollbahn zu berechnen, oder zu erkennen, dass sie an ihrem Ende angelangt ist.

Es gibt zwei Fälle, in denen die Rollbahn ein Problem darstellt. Wenn wir jung sind, neigen wir dazu, ihre Länge zu überschätzen. Wir haben vielleicht nicht viel Geld, aber unsere Zeit erscheint uns unendlich, sodass wir es nicht besonders eilig haben. Also verschieben wir den Beginn unseres »echten Lebens« nach hinten, um attraktivere oder reizvollere Optionen auszuprobieren. Wir haben Zeit, ein sogenanntes Orientierungsjahr einzulegen. Dagegen ist natürlich nichts einzuwenden – es sei denn, dieses Jahr zieht sich durch unsere Unentschlossenheit oder Trägheit immer mehr in die Länge und wird zu einem Orientierungsjahrzehnt oder, schlimmer noch, zu einem »Orientierungsleben«.

Das andere Extrem – wenn wir alt sind – ist sogar noch problematischer: Dann glauben wir womöglich törichterweise, dass uns nicht mehr genug Zeit bleibt, um unseren nächsten Traum zu verwirklichen. Wir denken, wir haben unsere besten Jahre hinter uns. Dieses Phänomen erlebe ich immer wieder bei CEO-Klienten, die sich dem »Rentenalter« nähern. Sie jagen nicht mehr materiellen Erfolgen nach, sondern sind gerne bereit, dieses Kapitel ihres Lebens zu beschließen und den Staffelstab an die nächste Generation zu übergeben. Natürlich soll ihr Leben immer noch eine Bedeutung und einen Sinn haben, aber aufgrund einer katastrophalen Fehlinterpretation der Bedeutung ihrer Vergangenheit,

Gegenwart und Zukunft (siehe Kapitel 5) lassen sie sich, aufgrund ihres Alters die Möglichkeit für einen Neuanfang entgehen. Sie glauben, dass niemand einen Fünfundsechzigjährigen einstellen wird, wenn es so viele jüngere Bewerber gibt.* Sie starren auf eine kaputte Uhr und sind überzeugt, dass ihre Zeit abgelaufen ist.

Es kommt bei Erwachsenen jeden Alters vor, egal ob fünfundzwanzig, siebzig oder noch älter, dass sie die Länge ihrer Rollbahn falsch berechnen. Ich kenne Dreißigjährige, die nach einem dreijährigen Jurastudium gefolgt von einem sechsjährigen Streben nach einem Partnerposten in einer Kanzlei feststellen, dass der Anwaltsberuf nichts für sie ist. Dieser Sinneswandel ist heutzutage bei jungen Anwälten in Großunternehmen häufiger zu beobachten. Gelähmt von der Aussicht, ihre Karriere noch einmal ganz von vorne zu beginnen, quälen sich diese jungen Anwälte dann gleich in dreierlei Hinsicht: Erstens betrachten sie ihre frühe Ernüchterung als Katastrophe und nicht als Segen (denn schließlich entfliehen sie einem Job, der sie langweilt); zweitens können sie sich nicht vorstellen, was sie als Nächstes tun sollen; und drittens verkennen sie die Tatsache, dass sie immer noch zwei Drittel ihres Erwachsenenlebens vor sich haben. Das ist eine sehr lange Rollbahn, die auf manche Menschen einschüchternd wirkt. Ich behaupte dagegen, sie ist eine Lebensader.

Elterlicher Einfluss. Verpflichtungen. Mentale Blockaden. Gruppenzwang. Nicht genug Zeit. Träges Verharren auf dem Status quo. Es sind stets dieselben Hindernisse, die uns auf der Stelle treten lassen – während wir uns gleichzeitig nach einem neuen Weg sehnen, aber außerstande sind, den ersten Schritt auf diesem Weg zu tun. Doch diese Barrieren sind nur vorübergehende Hemmschwellen, die wir beiseiteschieben können, um weiterzukommen. Sie sind keine dauerhaften Ausschlusskriterien oder Glaubenssätze, die wir nicht umformulieren oder ersetzen könnten.

---

* Damit haben sie nicht ganz unrecht. Wir Menschen neigen dazu, das *Neue* dem *nachweislich Guten* vorzuziehen.

Wir besitzen ausgleichende Fähigkeiten, um gegen sie vorzugehen und uns unseren Weg zu bahnen. Ihre Identität ist kein großes Geheimnis. Es handelt sich um unsere verborgenen Kräfte wie etwa Motivation, Fähigkeit, Verstehen und Selbstvertrauen, die in jedem von uns schlummern und nur auf den richtigen Moment warten, um wachgerüttelt zu werden. Sie sind die Basiskomponenten unseres Potenzials. Und gelegentlich müssen wir daran erinnert werden, wie wir sie zu unserem eigenen Vorteil einsetzen können.

ÜBUNG
Nun unterbrechen wir unsere geplante Programmierung …

Diese Übung soll Ihnen dabei helfen, herauszufinden, worauf Sie programmiert wurden. Stellen Sie sich vor, Sie sind sechs Jahre alt und Ihre Eltern haben ihre besten Freunde zum Abendessen eingeladen. Zu späterer Stunde, als die Erwachsenen glauben, Sie lägen in Ihrem Bett und schliefen bereits, fragt einer ihrer Gäste, wie Sie wirklich sind.

Angenommen, Ihre Eltern würden ihr oder ihm wahrheitsgemäß antworten:

- Listen Sie die Adjektive auf, mit denen Ihre Eltern Ihr sechsjähriges Ich beschrieben hätten.
- Listen Sie die Adjektive auf, mit denen Sie sich heute selbst beschreiben würden.
- Was, wenn überhaupt, wäre heute anders? Inwiefern wäre es anders? Warum wäre es anders?

Haben Sie etwas bei dieser Übung gelernt, das Ihnen bei der Planung Ihres restlichen Lebens helfen wird?

KAPITEL 3

DIE CHECKLISTE FÜR DAS VERDIENEN

Im Jahr 1976, damals war ich siebenundzwanzig, schrieb ich meine Doktorarbeit über »Motivation, Ability, Understanding and Confidence«, also Motivation, Fähigkeit, Verstehen und Selbstvertrauen, die ich als diejenigen vier kognitiven und emotionalen Qualitäten herausgearbeitet hatte, die Menschen brauchen, um erfolgreich zu sein.

- *Motivation* definierte ich dabei als die Kraft, die uns dazu bringt, jeden Morgen aufzustehen und ein bestimmtes Ziel zu verfolgen, und diesen Antrieb auch dann aufrechtzuerhalten, wenn wir Rückschläge erleben.
- *Fähigkeit* hieß, über die allgemeine Eignung und die Fertigkeiten zu verfügen, die erforderlich sind, um ein Ziel zu erreichen.
- *Verstehen* bedeutete, zu wissen, was und wie etwas getan werden sollte – und auch, was nicht getan werden sollte.
- *Selbstvertrauen* beschrieb die Überzeugung, dass wir das, was wir uns vorgenommen haben, auch tatsächlich erreichen können, egal, ob wir es zuvor schon einmal getan haben oder es zum ersten Mal versuchen.

Diese vier Eigenschaften sind nach wie vor wesentliche Bestandteile des Erfolgs (was bei Weitem nicht so offensichtlich ist, wie Sie vielleicht glauben). Wenn Sie auch nur eine dieser Tugenden aus Ihrem Werkzeugkasten entfernen, steigt die Wahrscheinlichkeit, dass Sie scheitern werden, drastisch an. Dabei gilt es auch zu bedenken, dass es sich hier um Eigenschaften handelt, die sich auf bestimmte Aufgaben oder Tätigkeiten und nicht auf Ihr Leben im Allgemeinen beziehen. Es gibt beispielsweise nicht *den* Urtypus des motivierten Menschen; denn niemand von uns ist motiviert, stets alles zu tun. Unsere Motivation ist selektiv: Wir wollen das eine tun, das andere aber nicht. Das Gleiche gilt auch für unseren Fähigkeitslevel, unser Verstehen von etwas und unser Selbstvertrauen: Jede dieser Kräfte bezieht sich auf bestimmte Aufgaben, und niemand von uns ist in der Lage, alles zu tun, alles zu wissen oder jede Situation selbstbewusst zu meistern. So lautete meine These im Jahr 1976, als ich siebenundzwanzig war. Seitdem hat mich meine vierzigjährige Tätigkeit als Führungskräftecoach in der freien Wirtschaft allerdings gelehrt, dass diese vier Eigenschaften noch kein vollständiges Bild ergeben. Meine These war nicht falsch, aber sie war unvollständig.

Die Zeit hat mir gezeigt, dass Erfolg nicht allein auf Wünschen, Talent, Intellekt und Selbstbewusstsein gründet. Für jede Ihrer spezifischen Aufgaben und für jedes Ziel braucht es darüber hinaus auch äußere *Unterstützung* und einen empfänglichen *Markt*.

Natürlich gibt es zahlreiche persönliche Vorzüge, die Ihre Erfolgschancen erhöhen, zum Beispiel Kreativität, Disziplin, Belastbarkeit, Einfühlungsvermögen, Humor, Dankbarkeit, Bildung, Timing, Sympathie und so weiter. Doch egal ob junge oder ältere Klienten zu mir kommen, um meinen Rat bezüglich wichtiger Karriereentscheidungen einzuholen (sollen sie bleiben oder gehen? Ist der neue Job das Richtige für sie? Was sollen sie als Nächstes tun?): Ich frage sie immer nach den nun folgenden sechs Attributen, die es unbedingt zu berücksichtigen gilt. Ohne gute Antworten auf diese Fragen, gibt es keinen nächsten Schritt. Sie sind so elementar wie die Puls- und Blutdruckmessung, die Ihr Arzt im Rahmen Ihres jährlichen Check-ups als Erstes durchführt.

1. Motivation

Ihre Motivation ist der Grund, weshalb Sie sich darum bemühen, eine bestimmte Aufgabe erfolgreich zu bewältigen. Sie ist das »Warum« hinter allem, was Sie tun. Im August 1979 forderte Ted Kennedy den amtierenden Präsidenten Jimmy Carter heraus, der seine Wiederwahl anstrebte. Obwohl Politiker derselben Partei in Vorwahlen nur selten gegen amtierende Präsidenten antreten, galt Kennedy damals als großer Favorit auf den Sieg über den unpopulären Carter. Er kündigte seine Kandidatur in einem viel beachteten Fernsehinterview mit Roger Mudd von CBS an, das mit der offensichtlichen, dankbaren Frage begann: »Warum möchten Sie Präsident werden?« Wie Sie vielleicht wissen, ließ Kennedy diese gute Gelegenheit zu glänzen ungenutzt, indem er eine zusammenhanglose und abschweifende Antwort gab und den Leuten keinen wirklichen Grund lieferte, weshalb sie für ihn stimmen sollten – wodurch er seine Kampagne im Grunde genommen schon beendete, noch bevor sie überhaupt begonnen hatte.

Genau wie Millionen von Amerikanern, die das Interview verfolgten, dachte auch ich mir damals: »Es reicht nicht, Präsident werden zu wollen, weil man einfach nur die oberste Sprosse der politischen Karriereleiter erklimmen und dadurch seinen persönlichen Ehrgeiz befriedigen will. Wenn mir jemand sagt, dass er oder sie Präsident werden will, muss mir diese Person auch konkret schildern, was sie in diesem Amt erreichen will; egal ob es ihr um den Bau neuer Straßen, die Versorgung hungriger Kinder oder die Senkung der Zinssätze geht.« (Die Zinsen lagen damals bei 18 Prozent.) Stattdessen erfuhr ich weder, *warum* Kennedy ins Amt wollte, noch *wie* er es auszufüllen gedachte, sofern er ins Weiße Haus einziehen würde.

Unsere Motivation mag der hocheffiziente Treibstoff sein, der uns anspornt, unsere Ziele anzustreben. Sie lässt sich allerdings nicht losgelöst von der konkreten Erledigung der erforderlichen Aufgaben betrachten, ohne die wir unsere Ziele nicht erreichen. Das macht die Motivation zu einem der am häufigsten missverstandenen – und daher falsch verwendeten – Wörter im Lexikon der Zielverwirklichung.

Mehrmals pro Woche erlebe ich, dass Menschen über sich selbst oder über jemanden, den sie bewundern, sagen, sie seien bzw. er sei »motiviert, erfolgreich zu sein«, oder »motiviert, ein guter Chef zu sein« (oder ein guter Lehrer, Vater, Partner usw.). In diesem Zusammenhang hat »motiviert« jedoch keinerlei Bedeutung, denn ich kenne niemanden, der von sich sagt, er sei »motiviert, *keinen Erfolg zu haben*« oder »motiviert, ein *schlechter Chef* zu sein«. Wir verwechseln unsere Motivation gerne mit einem persönlichen *Wunsch*. Sie könnten genauso gut sagen: »Ich will erfolgreich sein« oder »Ich will ein guter Chef sein«. Wer will das nicht?

Motiviert zu sein ist mehr als nur ein emotional aufgeladener Zustand, in den wir verfallen, wenn wir uns ein Ziel setzen. Die Motivation beschreibt einen emotional aufgeladenen Zustand *in Verbindung* mit einem starken Impuls, alle notwendigen Aufgaben zu erledigen, die für das Erreichen unseres Ziels bewältigt werden müssen. Zu sagen, Sie seien motiviert, Geld zu verdienen, abzunehmen oder fließend Mandarin sprechen zu lernen, ist also falsch – auch wenn Sie glauben, diese Aussagen entsprächen der Wahrheit –, sofern Sie nicht auch konsequent alle großen und kleinen Dinge tun, die für das Erreichen solcher Ziele erforderlich sind.

Der wahre Prüfstein für unsere Motivation sind die Beweise, die belegen, dass wir es tatsächlich ernst meinen. Angenommen, Sie wollten einen Marathon in unter drei Stunden laufen: Besäßen Sie dann auch tatsächlich die nötige Motivation, um sämtliche Bedingungen zu erfüllen, die eine derart anstrengende körperliche Leistung voraussetzt? Wären Sie bereit, sechsmal pro Woche früh aufzustehen, um Ihre Kilometerziele zu erreichen? Und Ihre Ernährung umzustellen, um maximal leistungsfähig zu werden? Viele Stunden im Fitnessstudio zu verbringen, um Ihre Kraft und Flexibilität zu verbessern und die Verletzungsgefahr zu minimieren? Und genug gesunden Menschenverstand walten zu lassen, um einen Tag Pause zu machen, wenn Ihr Körper Ihnen signalisiert, dass er Ruhe und Erholung benötigt?

Sollte das nicht der Fall sein, dann würden Sie sich nur vormachen, Sie seien »motiviert«.

Als Coach, der erfolgreiche Menschen dabei unterstützt, sich zum Besseren zu verändern, ist es nicht meine Aufgabe, die Motivation zu beurteilen, auf die sich meine Klienten berufen. Meine Aufgabe ist es vielmehr, ihre Entschlossenheit auf die Probe zu stellen. Die Motivationen, die unser Leben bestimmen, haben oft zwei Seiten. Belohnungen wie Geld, Ruhm, Beförderungen, Auszeichnungen und Prestige können entweder dafür sorgen, dass wir uns noch mehr anstrengen, oder uns vor die Frage stellen, ob das »wirklich schon alles gewesen« sein soll. Die familiären Verpflichtungen, denen wir nachkommen, erfüllen uns entweder mit Stolz oder aber mit Bitterkeit angesichts der Opfer, die wir dafür bringen müssen. Übermäßiges Selbstbewusstsein und Wunschdenken lassen uns entweder alle Erwartungen übertreffen (was immer eine erfreuliche Überraschung ist) oder sie lassen uns ratlos zurück (indem wir uns fragen: »Was habe ich mir nur dabei gedacht?«). Es steht mir nicht zu, zu beurteilen, welche Gefühle richtig sind und welche falsch.

Ein falsches Verständnis von Motivation und die Überschätzung unserer Bereitschaft, alles Nötige zu tun, um unsere Ziele zu erreichen, sind womöglich die zwei größten Irrtümer, denen Sie bei der Gestaltung Ihres eigenen Lebens unterliegen werden. Sie sollten jedoch noch über ein paar weitere vermeidbare Fehler Bescheid wissen, die Sie bei der Suche nach Ihrer wahren Motivation begehen könnten.

Motivation ist keine Taktik, sondern eine Strategie. Unser *Motiv* ist der Grund, weshalb wir auf eine bestimmte Weise handeln. Unsere *Motivation* ist der Grund, weshalb wir *fortwährend* so handeln. Der Unterschied zwischen beiden besteht darin, ob wir spontan an einem sonnigen Nachmittag laufen gehen, um überschüssige Energie abzubauen, oder ob wir unsere Laufschuhe an sechs Tagen pro Woche, Monat um Monat, schnüren, weil wir fit werden, abnehmen oder für ein Rennen trainieren wollen. Wenn Sie Ihrer Motivation auf den Grund gehen, sollten Sie sie daran bemessen, ob sie sich langfristig als nachhaltig erweist – und dabei vor allem realistisch beurteilen, ob Sie sich in der Lage sehen, auch angesichts von Risiken, Unsicherheiten, Ablehnung und Schwierigkeiten an Ihrem Ziel festzuhalten. Stellen Sie sich zwei

Fragen: Wie haben Sie in der Vergangenheit auf Widrigkeiten reagiert? Warum wird es dieses Mal anders sein?

Sie können mehr als nur eine Motivation haben. Die herausragende amerikanische Schriftstellerin Joyce Carol Oates nennt in ihrem Essay »This I Believe. Five Motives for Writing« nicht nur einen, sondern gleich fünf Gründe, weshalb sie schreibt: (1) *Erinnerung* (»Ein Denkmal für eine Region der Welt setzen, in der ich gelebt habe«); (2) *Zeugnis ablegen,* weil die meisten Menschen dies nicht selbst tun können; (3) *Selbstdarstellung* als »Anker« gegen die Kompromisse, die wir als Erwachsene eingehen müssen; (4) *Propaganda (oder »Moralisieren«)* , um »Sympathie« für ihre Figuren zu wecken; und (5) eine Liebe für das *ästhetische Objekt* des gedruckten Buchs. Wenn ihr eine dieser Motivationen fehlt, sorgt eine andere dafür, dass sie weiterschreibt. Erfolgreiche Menschen können zwei oder mehr gegensätzliche Gedanken gleichzeitig im Kopf jonglieren. Das Gleiche gilt auch für Ihre Motivationen.

Trägheit ist keine Motivation. Ich kenne Rentner, die in Florida leben und praktisch jeden Tag Golf spielen. Ist es die Liebe zum Spiel oder der brennende Wunsch, ihr Handicap zu verbessern, der sie dazu bewegt, zahllose Stunden damit zu verbringen, einen kleinen, weißen Ball über einen sehr großen Rasen zu schlagen? Oder ist es Trägheit? Wissen sie womöglich nur nicht, wie sie ihren Tag ansonsten verbringen sollen? Wenn Sie feststellen, dass jeder Tag Ihres Lebens gleich verläuft, könnten Sie sich dieselbe Frage stellen: Lebe ich mein derzeitiges Leben, weil es mich erfüllt, oder weil ich mir kein anderes Leben vorstellen kann? Es ist wichtig, dass Sie ehrlich antworten, auch wenn Sie Ihre Antwort möglicherweise schmerzen wird.

Doch wie können wir uns auf eine bestimmte Motivation festlegen? Die Erfahrung hat mich gelehrt, dass es mindestens eine universelle Motivation gibt, die unseren Wunsch nach einem verdienten Leben beschreibt, und sie lautet so: *Ich möchte ein Leben führen, das mir so viel Erfüllung und so wenig Reue wie möglich beschert.*

2. Fähigkeit

Ihre Fähigkeit, Ihr Können, beschreibt das Leistungsniveau, das Sie besitzen müssen, um die von Ihnen gewählte Aufgabe erfolgreich zu bewältigen. Im Idealfall wissen Sie, was Sie gut und was Sie schlecht können, und nehmen sich Aufgaben, die Ihr Können übersteigen, nur deshalb vor, weil Sie sich selbst herausfordern wollen. Ansonsten bleiben Sie in der Komfortzone Ihrer gesicherten Fähigkeiten. Wenn Sie ein herausragendes Talent besitzen, das Sie von anderen abhebt, sollte es im Idealfall mit Motivation einhergehen. Denn es sollte Ihnen nicht schwerfallen, motiviert bei einer Sache zu bleiben, in der Sie sich auszeichnen. Und doch tut es das.

Meine Freundin Sanyin Siang, Mitbegründerin und Direktorin des Coach K Center on Leadership & Ethics an der Duke University, ist davon überzeugt, dass jeder von uns mindestens ein Talent besitzt, das wir für selbstverständlich halten, sodass es uns überrascht, wenn wir feststellen, dass es für alle anderen unerreichbar ist. Diesen Sachverhalt bezeichnet sie als »Kompetenzbürde« (»liability of expertise«). Das absolute Gehör. Eine außergewöhnlich gute Augen-Hand-Koordination. Enorme Schnelligkeit. Die Fähigkeit, Kendrick Lamars Rap-Texte nach einmaligem Hören Wort für Wort wiederzugeben. In Sanyins Augen sind solche Talente eine Bürde, weil sie uns so leichtfallen. Infolgedessen fühlen sich nicht voll und ganz verdient an, weshalb wir nicht würdigen, dass sie uns auf vielfältige Weise zu etwas Besonderem machen. Es ist, als hätten wir eine Superkraft, von der wir niemals Gebrauch machen würden.

Das ist eine beunruhigende Erkenntnis. Wenn wir Fähigkeiten, die uns leichtfallen, nicht annehmen können, was ist dann die Alternative? Sollen wir lieber Karriere in Bereichen machen, in denen wir keine herausragenden Fähigkeiten besitzen, in denen wir nur Mittelmaß und nichts Besonderes sind? Das würde ich ebenfalls nicht empfehlen.

Aber wir definieren »Fähigkeit« an dieser Stelle zu eng – als gäbe es nur das eine Extrem einer außergewöhnlichen Begabung und das andere Extrem der absoluten Mindestbefähigung für die Erledigung einer Arbeit. Emotionale und psychologische Elemente – Temperament, Hartnäckigkeit, Überzeugungskraft, Gelassenheit – spielen eine ebenso entscheidende Rolle bei der Erhebung unserer Fähigkeit, etwas zu tun oder zu vollbringen. Gut mit Ablehnung umgehen zu können, ist beispielsweise für Verkäufer und Schauspieler eine essenzielle Fähigkeit, ganz egal, wie eloquent ihre Kundenansprache oder wie bewegend ihr Vortrag auch sein mag. Onkologen arbeiten jahrzehntelang in Labors und warten darauf, dass sich ein Behandlungsverfahren gegen Krebs endlich als wirksam erweist, ohne jede Garantie, dass ihre Bemühungen jemals zu einem Durchbruch führen werden. Es ist ihr Vermögen, heldenhaft dem wiederholten Scheitern zu trotzen, und nicht ihr biochemisches Fachwissen, das ihre Fähigkeit, ein Heilmittel zu finden, ausmacht. Wenn Sie Ihren Lebensunterhalt mit dem Schreiben von Romanen verdienen wollen, ist Ihre Bereitschaft, sich Tag für Tag allein an den Schreibtisch zu setzen, ebenso wichtig wie Ihr Talent für das Entwickeln von Handlungen, Figuren und Dialogen. Wenn Sie gut mit Einsamkeit umgehen können, zieht es Sie jeden Morgen verlässlich an Ihren Schreibtisch.

Meine Mutter war von den 1950er-Jahren bis in die 1970er-Jahre als Grundschullehrerin im ländlichen Kentucky tätig. Wenn sie die Zeugnisse ihrer Schüler schrieb, gab sie ihnen stets in drei Kategorien eine Note: Leistung, Anstrengung und Verhalten. Daneben gab es auch noch ein separates Kästchen für die Anwesenheit. Wie es scheint, wussten die Pädagogen damals, dass die Befähigung eines Schülers nicht nur von der Kenntnis der richtigen Antworten in einem Test abhängt. Auch seine Bemühungen, sein gutes Benehmen und seine Anwesenheit zählten. Im Erwachsenenalter hat sich diesbezüglich nicht viel für uns verändert: Unser Fähigkeitslevel, unsere Befähigung zu etwas, ist kein isoliertes Talent, sondern umfasst ein Portfolio von Fertigkeiten und Persönlichkeitsmerkmalen, die zu dem Leben passen müssen, das wir führen wollen.

3. Verstehen

Etwas zu verstehen heißt, zu wissen, was zu tun ist und wie es zu tun ist. In meiner Doktorarbeit, die sich mit dem Verhalten in Gruppen befasste, näherte ich mich dem Begriff Verstehen aus der Perspektive der Rollenwahrnehmung an, indem ich es durch das Prisma von Ordnung und Rang betrachtete. Verstehen die Menschen, welche Rolle sie innerhalb der Hierarchie einnehmen? Als Ingenieur besitzen Sie beispielsweise mehr oder weniger über dieselbe Befähigung wie alle anderen Ingenieure in Ihrer Abteilung. Genau wie Ihre Kollegen sind auch Sie ein kleines Rädchen in einer großen Maschinerie. Gemäß der Art und Weise, wie wir uns vor fünfzig Jahren mit dem Verhalten in Organisationen beschäftigt haben, bedeutet »Verstehen« in diesem Fall, dass Sie wissen, welche Aufgabe Ihnen innerhalb einer Maschinerie zukommt – und dass Sie nicht von Ihrer Rolle abweichen. Zwischen Ihnen und Ihren Vorgesetzten gibt es kein *Miss*verständnis bezüglich Ihrer Verantwortlichkeiten. Sie bleiben immer in Ihrer Spur. Bei Notärzten oder Polizeibeamten, die während des Schichtdiensts viele verschiedene Aufgaben erfüllen müssen, kann diese Spur komplexer und überfüllter sein. Doch jeder erfolgreiche Notarzt weiß, dass es bei seiner Arbeit darum geht, Schmerzen zu lindern und Verletzungen zu heilen. Und jedem erfolgreichen Polizisten ist bewusst, dass er Menschen schützen soll. Auch sie bleiben in ihren Spuren.

Als ich begann, mit Führungskräften in Einzelcoachings an der Verbesserung ihrer zwischenmenschlichen Fähigkeiten zu arbeiten, änderte sich meine Meinung. Zwar maß ich Rollen immer noch große Bedeutung bei, erkannte gleichzeitig aber auch den Wert sogenannter »weicherer« Eigenschaften an, wie etwa Timing, Dankbarkeit, Freundlichkeit, die Fähigkeit zuzuhören und vor allem das Vertrauen in die Goldene Regel. Sie alle sind Werte, die uns in jeder Situation leiten; auch bei unserem Streben nach einem Leben, das wir wirklich verdienen. Damit ich diese Tatsache erkannte, war ein kleines, aber schmerzhaftes Aha-Erlebnis nötig.

Ich war eingeladen worden, bei einem Dinner zu Ehren der Spitzenmanager eines Versicherungsunternehmens zu sprechen, und ich hatte mein Publikum völlig falsch eingeschätzt. Ich hielt eine viel zu heitere Rede und bedachte nicht, dass die Adressaten meiner Ansprache mit ihrem Unternehmen vor Kurzem einen schweren Rückschlag erlitten hatten.

Hinterher teilte mir der CEO mit, ich hätte ihn und sein Team vor den Kopf gestoßen. Dadurch war der Abend für ihn zu einer Enttäuschung geworden (und seine Kritik anzuhören, war mir eine einzige Qual). Der Fehler lag natürlich allein bei mir, und es handelte sich um einen Fehler darin, wie ich die Situation verstanden oder begriffen hatte. Ich hatte meine Rolle missverstanden und angenommen, dass man mich eingeladen hatte, um einerseits als Coach und andererseits als Entertainer zu agieren. Doch in Wirklichkeit hatte man mich einzig und allein als Gast des Unternehmens geladen. Das war die Rolle, die man mir zugedacht hatte, und ich hatte das Haus quasi mit schmutzigen Schuhen betreten.

Um die Situation zu retten, bedurfte es weicher Eigenschaften – in diesem Fall hieß das, dass ich den Fokus auf die Enttäuschung des CEO richten musste anstatt auf meine persönliche Scham – sowie eine schonungslose Analyse des Augenblicks. Ich musste den CEO, der mir gegenüberstand, besser lesen, als ich zuvor den Saal gelesen hatte. Zuerst wollte ich ihm anbieten, dass ich beim nächsten Mal kostenlos sprechen würde, aber angesichts meiner miserablen Leistung hatte ich nicht den Eindruck, dass der CEO ein weiteres Engagement in Betracht ziehen würde. Als Nächstes erwog ich, einfach gar nichts zu tun und zu hoffen, dass die Zeit diese Wunde heilen würde. Doch dann kam mir auf einmal die Plattitüde in den Sinn, dass Kunden jeden Fehler verzeihen, wenn sie sehen, dass man sich darum bemüht, ihn schnell zu beheben. Woraufhin mir schlagartig die Goldene Regel in den Kopf schoss. Was würde ich erwarten, wenn die Rollen vertauscht wären und ich mich in der Position des unzufriedenen CEO befände? Nun verstand ich, was zu tun war. Obwohl das Honorar für meinen Auftritt sehr hoch war – so viel, wie manche Leute in einem Jahr verdienen –, sagte ich dem CEO: »Dieser Vortrag geht aufs Haus.« Als einige Tage später der Scheck eintraf, schickte ich ihn mit einer kurzen Entschuldigung zurück. Ich hatte verstanden, dass wir beide einen sauberen Schlussstrich ziehen wollten, ich sogar mehr als er.

Etwas zu verstehen bedeutet auch, den Unterschied zwischen »gut« und »nicht gut genug« zu kennen – und zu akzeptieren, dass wir in jeder Situation das eine oder das andere sein können.

4. Selbstvertrauen

Selbstvertrauen ist der Glaube daran, dass Sie erfolgreich sein können. Wir erlangen es durch einen nicht klar definierten Mix aus Übung, Wiederholung, ständiger Verbesserung und einer Reihe erfolgreicher Ergebnisse, die sich gegenseitig stärken. Selbstsicher fühlen wir uns meistens dann, wenn wir vor einer Herausforderung stehen, die wir in der Vergangenheit schon einmal erfolgreich gemeistert haben, zum Beispiel in der Öffentlichkeit zu sprechen. Eine seltener beachtete Quelle unseres Selbstbewusstseins ist der Besitz einer besonderen Fähigkeit, die andere Menschen nicht haben. Einmal habe ich einen befreundeten Marathonläufer – kein Profi, aber jemand, der sehr intensiv trainiert und den andere Amateurläufer bei einem Rennen im Auge behalten – gefragt, wie viele Kilometer er pro Woche laufen muss, um seine Ziele zu erreichen. »Es geht nicht um die gelaufenen Kilometer«, war seine Antwort. »Du musst Schnelligkeit entwickeln, damit du dir sicher sein kannst, dass du jeden überholen kannst, wenn es darauf ankommt. Schnelligkeit macht dich selbstbewusst. Und dieses Selbstbewusstsein macht dich noch schneller.«

Ich wusste, dass Selbstvertrauen bei Sportarten wie Golf oder Baseball, die ein gewisses Geschick erfordern, wichtig war. Die Geschichte des Sports kennt viele Sportler, die ihr Selbstvertrauen verlieren und von heute auf morgen nicht mehr das Fairway treffen oder keinen Curve Ball mehr über das Schlagmal werfen können. Doch ich hatte nicht erwartet, dass es auch beim Langstreckenlauf eine Rolle spielen würde, in einer Disziplin, in der es, so dachte ich, um Kraft und Ausdauer ging und weniger um athletische Fähigkeiten. Aber ich kann die Argumentation meines Freundes nachvollziehen. Wenn Sie schnell sind und daran glauben, dass Sie Ihre Schnelligkeit jederzeit abrufen können, entsteht ein positiver Kreislauf, der zu noch größerer Schnelligkeit und dadurch zu noch größerem Selbstvertrauen führt.

Das ist das Schöne an Selbstvertrauen. Es ist das Produkt all Ihrer positiven Vorzüge und Entscheidungen und revanchiert sich, indem es Sie in diesen Bereichen noch stärker macht. Im Allgemeinen gilt Folgendes: Wenn Sie Motivation, Fähigkeit und Verstehen besitzen, ist mangelndes Selbstvertrauen bedauerlich und fast sogar unentschuldbar. Denn Sie haben es sich verdient, selbstbewusst zu sein.

5. Unterstützung

Unterstützung ist die externe Hilfe, die Sie benötigen, um zu Erfolg zu gelangen. Sie eilt Ihnen, wie die Kavallerie, aus drei Quellen zu Hilfe.

Unterstützung können Sie von einer *Organisation* erhalten, zum Beispiel in Form von Geld, Ausrüstung oder sogar Bürofläche, oder jeder anderen Sache, die Sie für eine wertvolle Ressource halten. In Organisationen mit begrenzten Ressourcen ist diese Art der Unterstützung nicht leicht zu bekommen. Sie müssen sich Ihren Anteil am Kuchen verdienen.

Unterstützung kann von *Einzelpersonen* kommen, zum Beispiel in Form von Anleitung, Coaching, Unterweisung, der Übertragung von Verantwortung oder der Stärkung Ihres Selbstvertrauens. Bei solchen Unterstützern kann es sich um Ihre Lehrerin, Ihren Mentor, Ihre Chefin oder eine beliebige andere Autoritätsperson handeln, die Sie sehr schätzt. Letzteres ist meiner Meinung nach das größte Glück, das man im Berufsleben haben kann (man muss dieses Glück allerdings auch zu schätzen wissen). Einst habe ich den jüngsten Partner einer großen Anwaltskanzlei gefragt, wie er es geschafft hat, noch vor seinem fünfunddreißigsten Geburtstag Leiter der Abteilung für Arbeitsrecht zu werden. Er antwortete mir: »Ich habe meine vorherige Firma wegen eines toxischen Chefs verlassen, der aktiv versuchte, mir zu schaden. Der Partner, dem ich hier unterstellt war, ist das genaue Gegenteil. Er sagte mir vom ersten Tag an, dass er sich in fünf Jahren zur Ruhe setzen und mich zu seinem Nachfolger aufbauen wollte. Wenn ich tat, was er mir sagte, würde der Job mir gehören. Seine Unterstützung hat den entscheidenden Unterschied gemacht.«

Unterstützung kann auch von einer bestimmten *Gruppe* kommen. Das Eigenartige an einer Unterstützergruppe ist nicht, dass wir sie brauchen, um unsere Ziele zu erreichen, sondern wie ungern wir zugeben, dass wir sie brauchen. Diese Verleugnung macht Sinn, wenn man bedenkt, wie sehr unser Erfolg von den zentralen Aspekten unserer Motivation, unserer Fähigkeit, unseres Verstehens und unseres Selbstvertrauens abhängt. Diese Eigenschaften entwickeln wir still und heimlich in Eigenregie – und ignorieren dabei, welche Rolle unsere Umgebung spielt. Die Verleugnung ist auch im Kontext eines verdienten Lebens nachvollziehbar. Sich etwas zu »verdienen« (sei es eine Gehaltserhöhung, Respekt oder unser gesamtes Leben) impliziert eine gewisse Unabhängigkeit – als kämen unsere Leistungen ohne die Hilfe anderer zustande und wären deshalb umso ruhmreicher und ehrenvoller.

Diese Vorstellung ist illusorisch. Wir alle brauchen Hilfe. Diese Tatsache zu akzeptieren, ist ein Zeichen von Weisheit und kein Zeichen von Schwäche. Und die Hilfe anderer anzunehmen, ist eine essenzielle Fähigkeit. Insbesondere dann, wenn Sie gewerblich oder freiberuflich als Solo-Selbstständiger arbeiten. In Organisationen – Unternehmen, Behörden oder Non-Profit-Gesellschaften – sind Unterstützergruppen fester Bestandteil der Infrastruktur. CEOs haben ihren Vorstand, Manager haben ihre wöchentlichen Meetings, und selbst die Belegschaft, die sich selbst überlassen ist, bildet instinktiv eigene kleine Zellen, in denen man sich gegenseitig unterstützt. Feedback, Ideen und Ermunterung sind immer verfügbar, wenn Sie sie brauchen. Wenn Menschen, die einem Unternehmen vor Kurzem den Rücken gekehrt und sich selbstständig gemacht haben, Ihnen sagen, sie vermissten »die Kollegialität« eines großen Unternehmens, meinen sie damit eigentlich, dass sie die Unterstützung vermissen.

Ich verrate Ihnen ein nicht ganz so schmutziges Geheimnis supererfolgreicher Menschen: Die klügsten und erfolgreichsten Menschen, die ich kenne, sind diejenigen, die sich am eifrigsten eine eigene Unterstützergruppe aufbauen und die sich am stärksten auf die Hilfe ihrer Gruppe verlassen (und sich nicht scheuen, das auch zuzugeben). Ich weiß das, weil ich einige von ihnen coache. Teil ihrer Unterstützergruppe zu sein, ist Teil meiner Arbeit. Ich sehe, wie oft sie außerhalb ihrer Organisation Rat und Trost suchen. Ich sehe, wie sie diesen Rat nutzen und wie sich dieses Verhalten direkt auf ihren Erfolg auswirkt. Für sie ist eine Unterstützergruppe wie der nächsthöhere Gang eines Fahrzeugs, der dafür sorgt, dass die Fahrt noch reibungsloser und schneller verläuft. Wenn dieses Vorgehen für diese Menschen funktioniert, warum sollte es nicht auch für Sie funktionieren?

Alle können Teil Ihrer Unterstützergruppe werden, sogar das ein oder andere Familienmitglied. Ein halbes Dutzend Personen ist eine überschaubare Zahl; wenn es mehr werden, wird es zu unübersichtlich oder die Unterstützung doppelt sich. Je nachdem, wie komplex und vielfältig Ihr Leben ist, können Sie auch mehrere Unterstützergruppen für verschiedene Anlässe aufbauen. Die Zusammensetzung ihrer Mitglieder kann sich im Laufe der Zeit verändern, weil auch Sie sich verändern und die Welt sich immer weiterdreht. Nur eines möchte ich Ihnen raten: Seien Sie nie die am meisten verehrte oder erfolgreichste Person in Ihrer Gruppe (schließlich suchen Sie Hilfe und keine Fangemeinde) und auch nie das am wenigsten erfolgreiche Mitglied. Ein Platz irgendwo in der Mitte ist genau richtig.

6. Der Markt

Die folgende Situation ist mir in Familien schon so oft begegnet, dass sie praktisch alltäglich ist: Eine Schwester und ein Bruder wachsen im selben Haushalt auf, durchlaufen dasselbe Schulsystem und haben dann aber völlig unterschiedliche berufliche Ziele. Die Schwester möchte einen akademischen Beruf ergreifen und beispielsweise Ingenieurin werden. Der Bruder, nicht weniger zielstrebig oder ehrgeizig als sie, der jedoch einen idyllischeren, weniger vorgezeichneten Weg bevorzugt, verzichtet auf einen traditionellen Collegeabschluss und strebt stattdessen ein Leben als Messerschmied an. Die angehende Ingenieurin schließt ihr Studium ab und bietet ihre Fähigkeiten in einem etablierten, wenn auch hart umkämpften industriellen Ökosystem an. Sie hat einen reibungslosen Start ins Berufsleben, weil es einen soliden Markt in Form von Herstellerfirmen, Hightech-Unternehmen und Designfirmen gibt, der ihre Dienste benötigt. Ingenieure sind immer gefragt. Anders als Messerschmiede. Wenn das Timing des Bruders nicht stimmt, beginnt er seine Karriere womöglich zu einem Zeitpunkt, an dem der Markt für seine Fähigkeiten gerade gesättigt ist oder durch eine Innovation zum Erliegen kommt. Der Markt, der ihn eigentlich mit offenen Armen empfangen sollte, ist unberechenbarer und anfälliger für sich ändernde Verbrauchervorlieben, als er es erwartet hat. Vielleicht verschwindet er sogar direkt vor seinen Augen.

Zwei Menschen aus derselben Kinderstube, die genau wussten, welches Leben sie für sich erschaffen wollten. Zwei unterschiedliche Ergebnisse, abhängig vom Markt für ihre jeweiligen Fähigkeiten.

Es ist romantisch, zu glauben, wir könnten unsere sehnlichsten Träume verfolgen, ohne Rücksicht auf unseren Lebensunterhalt nehmen zu müssen. Tatsache ist, dass die überwiegende Mehrheit von uns nicht nur *gezwungen* ist, sich ihren Lebensunterhalt zu verdienen (und sei es nur, um unsere Rechnungen zu bezahlen und unsere Familie zu versorgen), sondern dass die meisten von uns aufgrund von Erziehung oder Neigung auch gar nicht umhinkönnen, ihr Gefühl der Erfüllung und des Selbstwerts an eine materielle Entlohnung zu knüpfen. Wenn wir nicht gerade ein Vermögen geerbt haben, können wir uns den Luxus einer Zweitkarriere, in der Geld keine Rolle spielt, erst dann leisten, wenn wir in unserer Erstkarriere genug davon angehäuft haben. Jeder, der auf einen Gehaltsscheck angewiesen ist, weiß das.

Trotzdem gründen Tag für Tag Tausende von Amerikanern neue Unternehmen, drücken wieder die Schulbank, ziehen in einen anderen Teil des Landes oder kündigen ihren bequemen Job, um sich selbstständig zu machen – immer in der Hoffnung, ihre Aussichten auf ein erfülltes Leben zu verbessern, doch ohne sich ganz pragmatisch zu fragen: Gibt es einen Markt für mein Produkt oder meine Dienstleistung, wenn ich jetzt ein Unternehmen gründe, einen höheren Abschluss mache, in eine andere Stadt ziehe oder nicht mehr in einem großen Unternehmen arbeite? Auch einer meiner besten Freunde beging vor Jahren denselben Fehler. Als Top-Strategieexperte eines bekannten Beratungsunternehmens verdiente er zwar ein siebenstelliges Gehalt, war aber trotzdem davon überzeugt, dass er noch mehr erreichen könnte, wenn er sich selbstständig machen würde. Mehrere von uns Mitgliedern seiner Unterstützergruppe warnten ihn vor dem offensichtlichen Risiko, das er mit seinem Weggang aus diesem großen Unternehmen eingehen würde: nämlich, dass seine Glaubwürdigkeit und die Liste prestigeträchtiger Klienten, auf die er sich in seiner aktuellen Position berufen konnte, sofort schwinden würde, wenn er sein eigenes Geschäft aufziehen würde. Doch er schlug unsere Warnungen in den Wind. Bedauerlicherweise konnte er auf dem Markt nicht Fuß fassen. Die Klienten, auf die er sich verlassen hatte, entschieden sich, lieber weiterhin dem großen Unternehmen treu zu bleiben. Mein Freund hat sich nie von dieser Fehlentscheidung erholt.

Wenn es für das, was Sie anbieten, keinen Markt gibt (und Sie nicht zufälligerweise einer dieser seltenen Visionäre sind, die aus dem Nichts einen neuen Wirtschaftszweig erschaffen), werden Ihnen all Ihre Fähigkeiten, Ihr Selbstvertrauen und Ihre Unterstützung nicht dabei helfen können, diese Hürde zu überwinden. Oder wie Yogi Berra einst sagte: »Wenn die Fans nicht ins Stadion kommen wollen, kann sie niemand dazu zwingen.«

* * *

Dies sind die vier internen und die zwei externen Faktoren, die Sie berücksichtigen und prüfen müssen, um zu beurteilen, wie Ihre Chancen für den erfolgreichen Abschluss einer anspruchsvollen Aufgabe oder das Erreichen eines Ziels stehen. Ein erfahrener Koch wird Ihnen sagen, dass die erste und wichtigste Voraussetzung beim Kochen das Konzept des *Mise en Place* ist: die Bereitstellung und Vorbereitung aller nötigen Zutaten für ein Gericht. Auf diese Weise können Sie anschließend sofort mit der Zubereitung beginnen. Wie die meisten Checklisten ist das *Mise en Place* das langweiligste Organisationstool von allen, aber gleichzeitig ist es auch ein Mindset, das die Motivation eines Kochs, seine Fähigkeit, sein Verständnis der Tätigkeit und vor allem sein Selbstvertrauen an einem Punkt vereint. Sobald alles an seinem Platz ist, kann der Koch das tun, was er am besten kann: gewöhnliche Zutaten in etwas Außergewöhnliches verwandeln. Betrachten Sie diese Checkliste als Ihr persönliches *Mise en place*, bevor Sie sich einer Herausforderung stellen, die Ihnen wichtig ist. Beantworten Sie aufrichtig die folgenden Fragen: Bin ich motiviert, es zu tun? Und von meinem Können her in der Lage, es zu tun? Verstehe ich, wie ich meine Fähigkeiten einsetzen muss, um die Aufgabe zu meistern? Stimmen mich meine bisherigen Leistungen zuversichtlich, dass ich es schaffen kann? Habe ich Unterstützung? Gibt es einen Markt, der meinen Aufwand zu schätzen weiß?

Sie müssen jeden dieser sechs Faktoren aufeinander abstimmen, damit sie sich gegenseitig verstärken können. Denn es handelt sich dabei nicht um separate Gänge eines A-la-carte-Menüs. Sie können nicht in fünf von ihnen stark und beim letzten schwach sein. Jeder dieser Faktoren ist breit genug gefasst, um Ihre ganz speziellen Qualitäten einzubeziehen, wodurch alle zusammen eine ideale Reihe grundlegender Fragen bilden, die Sie sich stellen können, wenn Sie vor großen Veränderungen stehen. Indem Sie über jede einzeln nachdenken, finden Sie heraus, ob Sie alle Kriterien erfüllen oder nicht. Lassen Sie uns beispielhaft die Checkliste von Marie, einer Freundin von mir, durchgehen, die vor drei Jahren ein Unternehmen gegründet hat, das Nudelsoßen herstellt. Sie kam ursprünglich aus der Lebensmittelbranche, war inzwischen im Ruhestand, und ihre selbstgemachte Soße war so gut, dass Freunde ihr immer wieder rieten: »Die solltest du verkaufen.« Also tat sie es. Bitte sagen Sie mir, ob bei ihr alle Faktoren aufeinander abgestimmt sind:

Motivation: »Es macht mir Spaß, ein besonderes Produkt herzustellen, das die Kunden zu schätzen wissen. Ich tue das für die Bestätigung, und nicht wegen des Geldes. Zumindest jetzt noch nicht.«

Fähigkeit: »Mein erster Job nach dem Studium bestand in der Entwicklung von Rezepten für Lebensmittelunternehmen. Ich weiß, wie man ein Rezept schreibt und etwas Authentisches, aber Neues kreiert.«

Verstehen: »Niemand wird mit dem Wissen geboren, wie man ein Start-up betreibt. Das lernt man nach und nach. Ich halte mich an die Faustregel: Wer zweimal denselben Fehler macht, ist selber schuld.«

Selbstvertrauen: »Ich habe für die Marke drei verschiedene Produkte entwickelt. Es ist nicht illusorisch zu glauben, dass ich auch noch zündende Ideen für ein viertes und ein fünftes Produkt haben werde. Das wird garantiert passieren.«

Unterstützung: »Wir haben letztes Jahr an einem Accelerator-Wettbewerb teilgenommen und wurden als eines von fünf kleinen Unternehmen ausgewählt, die sechs Monate lang ein Mentoring von Experten aus der Lebensmittelindustrie erhielten, vor allem mit dem Ziel, Investoren zu gewinnen, was für uns bislang aber noch nicht interessant ist. Wenn ich etwas nicht weiß, rufe ich meine Mentoren an.«

Markt: »Die Menschen werden immer fertige Soßen für Nudeln, Pizza, gefüllte Paprika und für ihr Chili brauchen. Wir produzieren für das Premiumsegment. Wir sind nicht darauf angewiesen, dass alle unsere Soßen kaufen, sondern nur der richtige Teil des Markts – und diese Leute finden uns.«

Ich fragte Marie, ob sie das Gefühl hat, dass ihre Ausrichtung stimmt. »Ich habe sofort gespürt, dass meine Ausrichtung stimmt«, lautete ihre Antwort, »denn ich hatte Spaß an der Sache. Als wir nach zwei Jahren schließlich einen kleinen Gewinn erwirtschaftet hatten, begann ich mich allerdings zu fragen, worin der Sinn all dieser Arbeit bestand, wenn ich mir immer noch kein Gehalt auszahlte. Was war eigentlich mein Ziel? Einer unserer Mentoren sagte mir, dass Start-ups entweder stetige Gewinnzuwächse anstreben oder dass sie den Plan verfolgen, ihr Unternehmen gewinnbringend zu verkaufen. Ich entschied, dass wir das Ziel verfolgen sollten, jemanden zu finden, der uns aufkauft, sodass wir anschließend entweder mit einem größeren finanziellen Spielraum weitermachen oder uns etwas ganz Neuem zuwenden könnten. Diese Entscheidung brachte mir Klarheit und gab mir ein Ziel. Ich fühlte, dass unsere Ausrichtung nun wieder stimmte.«

Marie hatte auf alle Fragen die richtigen Antworten. Können Sie dasselbe über das Leben sagen, das Sie gerade führen?

ÜBUNG
Suchen Sie nach Schnittmengen in Ihrer Umgebung

Eine erfolgreiche Fotografin hat zu jeder Zeit die Möglichkeit, sich beruflich neu zu orientieren und beispielsweise Kamerafrau oder Regisseurin zu werden, sie kann allerdings nicht in die Gehirnchirurgie wechseln. Das Filmen und die Regiearbeit sind, was die erforderlichen Qualifikationen und Kenntnisse anbelangt, mit der Fotografie verwandt (Arbeit mit Kameras, Menschen und Ideen), die Neurochirurgie hingegen nicht. Das macht benachbarte Branchen zu einem Punkt, den wir berücksichtigen sollten, wenn wir unsere Checkliste für die Gestaltung eines verdienten Lebens durchgehen.

Während die Faktoren Motivation, Fähigkeit, Verstehen, Selbstvertrauen, Unterstützung und Markt – in der richtigen Ausrichtung – absolute Must-have-Faktoren sind, sind Schnittmengen mit unserer Umgebung ein wünschenswerter Bonusfaktor.

Wenn wir von unserem Leben oder unserer Karriere frustriert sind und uns nach etwas Befriedigenderem sehnen, kann es beruhigend wirken, uns eine Existenz auszumalen, die das absolute Gegenteil unseres derzeitigen Lebens darstellt. Am besten stehen die Erfolgschancen in der Regel aber für diejenigen, die sich nicht allzu weit von dem Gebiet entfernen, in dem sie über Fachwissen, Erfahrung und die nötigen Beziehungen verfügen. Das soll nicht heißen, dass wir uns in unserem Leben zwingend auf kleine und schrittweise Veränderungen beschränken müssen. Die Veränderung, die wir vornehmen, darf gerne riesengroß sein. Aber sie bedarf einer gewissen Schnittmenge – einer, wenn auch indirekten, Verbindung zu unserer bisherigen Erfolgsbilanz.

Jim Yong Kim ist der klügste Kopf, den ich kenne. Er ist Harvard-Absolvent, Doktor der Medizin sowie Doktor der Anthropologie, ein Experte für globale Gesundheit und Infektionskrankheiten, Mitbegründer von Partners in Health, Lehrstuhlinhaber an der Harvard Medical School, Direktor der WHO-Abteilung HIV/AIDS sowie ein MacArthur

Fellow und in dieser Eigenschaft Gewinner des sogenannten »Genie-Preises« – und er taucht zuverlässig auf den jährlich neu veröffentlichten Listen einflussreicher Leader auf. Kein Wunder, dass das Dartmouth College Dr. Jim, als er 2009 fünfzig Jahre alt wurde, als nächsten Universitätspräsidenten haben wollte. Dr. Jim und ich besprachen die Vor- und Nachteile dieses Angebots. In Dartmouth würde er sich mit Dozenten, Geldgebern und einer bekanntlich mitunter schwierigen Studentenschaft auseinandersetzen müssen – eine deutliche Abkehr von seiner bisherigen beruflichen Karriere, in der er sich hauptsächlich mit Krisen im öffentlichen Gesundheitswesen befasst hatte. Andererseits hatte er bei allem, was er jemals getan hatte, stets Erfolg gehabt. Er wäre mehr zu Hause und nicht mehr so oft unterwegs. Es wäre ein guter Lebensmittelpunkt für seine Familie, zu der zwei kleine Söhne gehörten. Und er war mit dem Hochschulbetrieb an Eliteuniversitäten vertraut. Ich ermutigte ihn, den Job anzunehmen. Er würde ihm eine interessante Herausforderung bieten.

Doch ich hatte vergessen, nach Schnittmengen zu seinem bisherigen Tätigkeitsfeld zu suchen. Würde ihm die Position Gelegenheit geben, seine wissenschaftlichen Fachkenntnisse einzusetzen, und würde sie ihn ebenso sehr motivieren, wie seine früheren Aufgaben es getan hatten? Natürlich wurde er den Aufgaben seines neuen Amts voll und ganz gerecht, aber obwohl er Dartmouth und seine Studenten liebte, gab es ihm nicht die Möglichkeit, sein gesamtes Talent einzubringen.

Nach dreijähriger Präsidentschaft wurde ihm die Leitung der Weltbank angeboten, einer gigantischen Organisation in Washington, D.C. Erneut besprachen wir die Vor- und Nachteile dieser Offerte. Auf den ersten Blick wirkte dieser Karriereschritt, als würde sich Dr. Jim damit noch weiter von seinen Kernkompetenzen entfernen, als er es durch die Übernahme der Universitätspräsidentschaft bereits getan hatte. Schließlich verfügte er beim Thema internationale Finanzen nur über ein begrenztes Wissen. Allerdings ist die Weltbank kein Finanzinstitut wie JPMorgan Chase. Bei dieser Organisation handelt es sich um eine globale Partnerschaft, die Geld an Entwicklungsländer verteilt, um die Armut zu bekämpfen. Global. Partnerschaft. Armut. Diese Worte definierten Dr. Jims Leben. Für ihn waren Armut und Gesundheitskrisen nicht nur benachbarte Themengebiete. Für ihn waren sie ein und dasselbe Thema. Würde er den Job annehmen, hätte er die Möglichkeit, der Mission der Weltbank zur Armutsbekämpfung eine neue Richtung zu geben, indem er bestimmte Krankheiten bekämpfen könnte, von denen die Ärmsten der Armen besonders stark betroffen sind. Dieses Mal musste ich ihn nicht erst dazu überreden, diesen Schritt zu wagen. Er wusste, dass er voll und ganz in seinem Element sein würde. In seiner siebenjährigen Tätigkeit als Präsident der Weltbank konnten durch die von Dr. Jim mitgestalteten Programme schätzungsweise zwanzig Millionen Menschenleben gerettet werden. Ich würde viel dafür geben, um mir solch ein Verdienst auf meine Fahnen zu schreiben.

Die meiste Zeit können wir gut einschätzen, ob unsere Fähigkeiten zu einer sich bietenden Gelegenheit passen. Die Schnittmenge ist nur dann ein schwer zu definierendes Konzept, wenn eine vor uns liegende Chance wie ein Wagnis erscheint – wenn sie unerwartet stark von dem abweicht, der wir waren, und dem, der wir gerne werden möchten. Aber wenn eine Schnittmenge existiert und wenn wir sie finden, wird dieses Wagnis schnell zu einer sicheren Bank. Um Ihre Schnittmenge mit dem Leben zu finden, das Sie für sich aufbauen, müssen Sie eine Stärke finden, die für ein erfolgreiches neues Leben unverzichtbar ist. Vor ungefähr fünfzig Jahren galt es beispielsweise als abwegig, dass ein Spitzensportler oder -trainer nach dem Ende seiner Profikarriere in die Rolle eines Reporters oder Kommentators bei TV-Übertragungen von Sport-Events schlüpfte. Diese Zeiten sind längst vorbei, denn inzwischen haben die Verantwortlichen erkannt, dass Athleten wahre *Experten* in ihrer jeweiligen Disziplin und damit extrem glaubwürdig sind, wenn sie vor der Kamera mit anderen Sportlern darüber sprechen. Die Schnittmenge, die hier zum Tragen kommt, bilden die Insiderkenntnisse in der jeweiligen Sportart – die meisterliche Beherrschung des Inhalts – und nicht die Performance vor der Kamera, die sie immer noch lernen können.

TUN SIE FOLGENDES: Listen Sie ungefähr zwanzig Personen auf, mit denen Sie im Rahmen Ihrer beruflichen Tätigkeit am häufigsten kommunizieren, zum Beispiel über einen Zeitraum von drei Monaten. Gibt es eine herausragende Fähigkeit oder persönliche Eigenschaft, die Sie mit den aufgeführten Personen gemeinsam haben und die Sie am meisten schätzen? Wenn ja, ist es die Art von Fähigkeit, mit der Sie es auch in einem völlig anderen Bereich weit bringen könnten? Damit möchte ich sagen: Stimmt die Person, die Sie werden wollen, mit der Person überein, die Sie bereits sind? Die Tätigkeit eines Creative Directors in einer Werbeagentur wirkt auf den ersten Blick nicht wie die perfekte Vorbereitung auf den Beruf eines Drehbuchautors, aber wenn Sie die Schnittmenge dieser beiden Rollen erkennen, ergibt der Schritt in diese Richtung durchaus Sinn: Beide erfordern ein Talent für das Erzählen von Geschichten. Das Gleiche gilt für den Vertrieb: Wenn Sie ein guter Verkäufer sind, bildet diese Fähigkeit eine Schnittmenge mit jeder Karriere, die Überzeugungskraft und das Talent erfordert, Menschen dazu zu bringen, sich von ihrem Geld zu trennen. Sobald Sie erkennen, welche Eigenschaft Sie von anderen Menschen abhebt, werden Sie auch einen Blick für all die Betätigungsfelder entwickeln, in denen Sie mit dieser Fähigkeit punkten könnten. Durch das Identifizieren von Schnittmengen eröffnet sich Ihnen eine Fülle neuer Möglichkeiten.

KAPITEL 4

DIE BEFREIENDE WIRKUNG, KEINE WAHL ZU HABEN

WANN IMMER ES möglich ist, vermeide ich es, Entscheidungen zu treffen. Würden Sie meinen Kleiderschrank öffnen, würden Sie dort ein Regal mit mehr als fünfzig grünen Poloshirts erblicken. Und in einem anderen Regal würden Sie siebenundzwanzig identische Khakihosen vorfinden. Auf dem Boden würden Sie ein halbes Dutzend Paar braune Lederslipper sehen, deren Zustand je nach Tragedauer ein wenig variiert.*

Ein grünes Polohemd, khakifarbene Hosen und Slipper: Meine Dienstkleidung ähnelt der Montur eines typischen Luftfahrtingenieurs aus dem Jahr 1976. Für diesen Look habe ich mich ganz bewusst entschieden, nachdem die Redakteurin Larissa MacFarquhar in einem Porträt über mich, das sie für das Magazin *The New Yorker* schrieb, angemerkt hatte, dass sie mich während der gesamten Zeit, in der sie mit mir in Kontakt stand, nie in einem anderen Outfit gesehen hatte. Schon bald zeigten sich Klienten, die den Artikel gelesen hatten, enttäuscht, wenn ich nicht in einem grünen Polohemd und einer khakifarbenen

* Vor einigen Jahren hatte ich drei Manager der Holdinggesellschaft BellSouth zu Gast in meinem Haus. Auf einer kleinen Führung kamen wir auch an meiner Ankleide vorbei. Als sie die Reihe identischer Khakihosen erblickten, hörte ich, wie einer von ihnen zu den anderen sagte: »Gott sei Dank, ich dachte schon, er hat nur *eine* Hose.«

Hose erschien. Also tat ich ihnen den Gefallen. Und irgendwann wurde mir klar, dass meine Dienstuniform einem Akt der Befreiung gleichkam. Wenn ich meine Tasche für eine Geschäftsreise packte, was oft drei- oder viermal pro Woche der Fall war, musste ich mich nicht mehr fragen, was ich anziehen sollte. Egal, welches Treffen anstand oder vor welchem Publikum ich auftrat: immer tat ich es in grünen Polos und Khakihosen – eine Entscheidung mehr, die ich nicht mehr zu treffen brauchte. Und allmählich wurde dieses Outfit in meinem kleinen Kosmos hochrangiger Führungspersönlichkeiten und Personalmanager zu meinem Markenzeichen, ähnlich wie bei (bitte entschuldigen Sie den anmaßenden Vergleich) Tiger Woods, der an Sonntagen auf den Finalrunden von Golfturnieren stets ein rotes Polohemd und eine schwarze Hose trägt.

Im Gegensatz zu Tiger ging es mir nicht um die Etablierung eines persönlichen Branding. Es war lediglich ein Beispiel dafür, dass ich mir in einer nebensächlichen Angelegenheit die Freiheit genommen hatte, keine Entscheidung treffen zu müssen.

Im Lauf der Zeit ist das Vermeiden von Entscheidungen, zumindest was kleine Entscheidungen angeht, die mir nicht wichtig sind, zu einer meiner höchsten Prioritäten geworden. Ich nehme mir praktisch für jeden Fremden Zeit, der sich die Mühe macht, mich zu kontaktieren, indem ich mir sage: »Dieses Gespräch wird mich nicht dümmer machen.« Wenn ich einen neuen Assistenten brauche, stelle ich den erstbesten Bewerber mit der passenden Qualifikation ein. Im Restaurant frage ich den Kellner: »Was würden Sie bestellen?« (Ein zusätzlicher Vorteil: eine wirksame Vorbeugung gegen das Phänomen der »Kaufreue«, auch als »Buyer's Remorse« bekannt. Schließlich können Sie keine Entscheidung bereuen, die Sie nicht treffen mussten.)

Das bedeutet weder, dass ich faul bin, noch dass ich unentschlossen bin, sondern lediglich, dass ich unwichtigen Entscheidungen bewusst aus dem Weg gehe, um meine grauen Zellen für wichtige und folgenreichere Entscheidungen zu schonen, die gelegentlich recht kurzfristig auftauchen – zum Beispiel die Frage, ob ich einen neuen Coaching-Klienten annehmen und damit eine achtzehnmonatige Verpflichtung eingehen soll. Manche Menschen – ich denke da unter anderem an CEOs, Regisseure und Innenarchitekten – lieben es, Entscheidungen zu treffen. Sie genießen die Macht, per Heben oder Senken ihres Daumens über einen Kauf, die Haarlänge eines Schauspielers oder einen bestimmten Grauton als Wandfarbe zu entscheiden. Ich tue das nicht. Und vielleicht tun Sie es auch nicht.

Umfassende Untersuchungen haben allerdings ergeben, dass der Prozess der Entscheidungsfindung täglich den Löwenanteil unserer geistigen Energie beansprucht – und uns so sehr erschöpft, dass wir letztlich mitunter schlechte Entscheidungen treffen. Die harmlose Entscheidung, was es zum Frühstück geben soll, die blitzschnelle Entscheidung, ob ein Anruf angenommen oder das Klingeln ignoriert wird, oder die zeitaufwendige und oft nervenaufreibende Recherche nach einem neuen Auto, die Probefahrt und das Feilschen mit dem Händler – unser Leben wird von immer neuen Entscheidungen beherrscht.*

Egal, wie Sie Ihr Leben leben, Sie müssen immer Entscheidungen treffen. Um ein verdientes Leben zu leben, müssen Sie bei Entscheidungen ein gutes Gespür für ihre Größenordnung, die erforderliche Disziplin und die nötige Opferbereitschaft treffen.

In den 1960er-Jahren – damals besuchte ich die zehnte Klasse der Highschool in Valley Station – ließ uns unsere Englischlehrerin nach jeder umfangreicheren Lektüre einen Aufsatz über ein beliebiges Thema

---

* Wenn ich Sie bitten würde, über alle Entscheidungen Buch zu führen, die Sie an einem einzigen Tag treffen mussten, mit wie vielen Entscheidungen würden Sie dann rechnen? (Die erste wäre dabei natürlich Ihre Entscheidung, ob Sie meiner Aufforderung nachkommen oder sie ignorieren, gefolgt von Ihrer Wahl eines geeigneten Mediums zur Protokollierung Ihrer Entscheidungen – ein Blatt Papier, ein Block, ein Notizbuch oder ein digitales Gerät? – sowie die Wahl der passenden Tintenfarbe Ihres Füllers, sofern Sie sich tatsächlich für einen Füller und nicht für einen Bleistift oder für die Dokumentation per Smartphone entscheiden … sehen Sie, worauf ich hinauswill?) Ein kleiner Hinweis: Ich bin ein extremer Entscheidungsverweigerer und selbst ich habe mit dem Zählen aufgehört, als ich noch vor 16 Uhr bei mehr als dreihundert Entscheidungen angekommen war.

schreiben. Ihre einzige Bedingung war, dass der Aufsatz in irgendeiner Weise Bezug auf einen gerade durchgenommenen literarischen Stoff haben musste, also ein Buch, ein Theaterstück oder eine Kurzgeschichte. Die Ergebnisse dieser Aufgabe bezeichnete unsere Lehrerin als »Freestyles«. In der elften Klasse führte unser neuer Englischlehrer diese Praxis fort, gab uns allerdings konkrete Themen vor. Ich fragte ihn, warum er uns keine »Freestyles« mehr schreiben ließ. Seine Antwort: »Damit tue ich den meisten deiner Klassenkameraden einen Gefallen. Viele Schüler beklagen sich seit Jahren, dass sie keine Ideen haben. Die Freiheit, ein eigenes Thema zu wählen, ist das Letzte, was sie haben wollen.«

Ich hatte jahrzehntelang nicht mehr an diesen Lehrer gedacht, bis mir ein anderer Lehrer, Alan Mulally, von den »Business Plan Review«-Meetings erzählte, die er 2006 als neuer CEO bei der Ford Motor Company eingeführt hatte, um die Geschäftsentwicklung in sämtlichen Unternehmensbereichen zu verfolgen. Bei diesen BPRs, wie sie genannt wurden, handelte es sich um präzise strukturierte wöchentliche Treffen der sechzehn Topmanager des Autokonzerns, die jeden Donnerstagmorgen um sieben Uhr im Thunderbird-Konferenzraum der Ford-Zentrale in Dearborn stattfanden.

Es galt Anwesenheitspflicht und wer nicht persönlich teilnehmen konnte, musste sich per Telefon zuschalten. Stellvertreter waren nicht zugelassen. Alan eröffnete diese Meetings Woche für Woche auf dieselbe Weise: »Mein Name ist Alan Mulally. Ich bin der CEO der Ford Motor Company. Unsere Mission ist es, …« Daraufhin skizzierte er Fords Businessplan für die nächsten fünf Jahre, stellte Prognosen und beschrieb die aktuelle Unternehmensperformance, wobei er jeden Datenpunkt, der in seinen Verantwortungsbereich fiel, entweder mit den Farben Grün (planmäßige Entwicklung), Gelb (sich verbessernde, aber noch nicht planmäßige Entwicklung) und Rot (nicht planmäßige Entwicklung) bewertete. Für seinen gesamten Vortrag benötigte er fünf Minuten. Anschließend musste jeder Manager Alans Vorgaben Punkt für Punkt folgen und nach einer kurzen Vorstellung mit Namen und Position innerhalb von fünf Minuten den Businessplan und die Fortschritte der Projekte präsentieren, für die er oder sie verantwortlich war – einschließlich einer Bewertung der gegenwärtigen Entwicklung seines Bereichs per Farbcodierung. Im Rahmen dieser Meetings legte Alan größten Wert auf ein höfliches, kollegiales Verhalten sämtlicher Teilnehmer: keine Urteile, keine Kritik, keine Unterbrechungen und keine zynischen Zwischenrufe. »Habt Spaß, aber niemals auf Kosten anderer«, lautete sein Credo. Die BPR sollte ein psychologischer Schutzraum sein.

Zunächst fiel es den Ford-Führungskräften schwer zu glauben, dass diese Meetings wirklich ohne jeden Zynismus und ohne Urteile auskommen würden – einer der Gründe, weshalb sie zunächst davor zurückscheuten, eines ihrer Projekte mit Rot zu bewerten: Sie fürchteten den Spott ihrer Kollegen.

Doch Alan erstickte jeglichen Sarkasmus schon in der ersten Woche im Keim, indem er zuwiderhandelnde Mitarbeiter sofort zur Rede stellte. Diese Botschaft kam bei allen Führungskräften an. Bis sie allerdings bereit waren, bestimmte Entwicklungen mit Rot zu bewerten und auf diese Weise zuzugeben, dass ihr Verantwortungsbereich Schwachstellen aufwies, dauerte es ein wenig länger. Niemand wollte Alans Versprechen, dass ihre Transparenz keine negativen Folgen haben würde, auf die Probe stellen. Als der Leiter der Nordamerika-Abteilung schließlich jedoch einen Monat nach Alans Amtsantritt den Mut aufbrachte und eine stillgelegte kanadische Produktionsanlage als rote Entwicklung bewertete, lobte Alan ihn für seine Ehrlichkeit und seine Umsicht – eine Reaktion, die nicht unbemerkt blieb. In diesem Moment wusste Alan, dass er zu seinem Führungsteam durchgedrungen war. Das galt allerdings nicht für alle Manager.

Bedenken Sie, dass Alan seinem Team mit Ausnahme der wöchentlichen zweistündigen Donnerstagssitzung in den restlichen 166 Arbeitsstunden völlig freie Hand ließ. Er verstand sich als Unterstützer und nicht als Mikromanager, und er war überzeugt, dass die Transparenz und der Anstand, die er in seinen BPRs einforderte, früher oder später auch Einzug in die allgemeine Ford-Unternehmenskultur halten würden. Mit dieser Haltung setzte er einen Wandlungsprozess in Gang. Trotzdem teilten ihm zwei seiner leitenden Angestellten mit, dass sie mit seiner Philosophie nicht umgehen konnten, indem sie gewissermaßen zugaben, dass es sich falsch und unglaubwürdig anfühlte, wenn sie nett zu ihren Mitarbeitern waren. Alan bedauerte in beiden Fällen, dass sie sich so fühlten, unterstrich jedoch, dass die Entscheidung bei ihnen lag, und nicht bei ihm. Sie kannten die Regeln, die keine Ausnahmen zuließen. Nicht er feuerte sie, sondern sie feuerten sich selbst.

Lesern meines Buches *Triggers* wird aufgefallen sein, dass ich nicht zum ersten Mal auf die Methoden von Alan Mulally verweise. Ich halte seine BPR für ein brillantes Managementinstrument. In meinen Augen ist es die effektivste Strategie, um die Pläne, die Mitarbeiter entwickeln, und die Ausführung dieser Pläne aufeinander auszurichten. Sie ist ein Geniestreich, der die Übernahme von Verantwortung fördert und an dem sich mehr Manager ein Beispiel nehmen sollten. In den letzten Jahren habe ich das strenge Korsett der BPR vor allem aber auch deshalb schätzen gelernt, weil es prägnante psychologische Lektionen vermittelt, bei denen es weniger um unsere Entscheidungen geht, sondern vielmehr um deren Folgen, nämlich wie wir mit der Verantwortung für diese Entscheidungen umgehen. Besonders in Zusammenhang mit der Gestaltung eines Lebens, das Sie wirklich verdienen, sind diese Lektionen besonders relevant.

Alans Regeln für das Verhalten während der BPR waren ein Geschenk an seine Führungskräfte und nicht, wie diese zunächst befürchteten, ein drakonischer Versuch, sie zu kontrollieren. Alan schenkte seinem neuen Team etwas, was ich »die befreiende Wirkung, keine Wahl zu haben« nenne. Sie konnten sich entweder positiv verhalten oder sich einen neuen Job suchen. Auch wenn es den Anschein hat, als habe er ihnen zwei Wahlmöglichkeiten gegeben, war das ganz und gar nicht der Fall. Schließlich hätten diese Führungskräfte Ford jederzeit aus eigener Kraft verlassen können, noch bevor Alan die erste BPR einberief. Alan war nicht derjenige, der sie dazu zwang, das Unternehmen zu verlassen. Er gab ihnen lediglich nur eine einzige Wahlmöglichkeit – nämlich, sich in der BPR positiv zu verhalten und wohlwollend zu kommunizieren – was praktisch keine Wahl ist. Er führte ein neues Spiel ein, und sie mussten entweder bereit sein, mitzuspielen, oder aus dem Spiel ausscheiden.

Das war der »Keine Wahl«-Teil der »Freiheit, keine Wahl zu haben«. Alan förderte den Teil mit der »befreienden Wirkung« indem er die BPR zu einer *wöchentlichen* Routine erklärte.

An dieser Stelle ist es wichtig, zu verdeutlichen, was man bei Ford unter Alan Mulallys Führung unter dem Begriff »Plan« verstand. Der Sinn der wöchentlichen »Business Plan Review«-Meetings war kein Geheimnis. Er offenbarte sich bereits im offiziellen Namen dieses Treffens: *to review the business plan*, den Businessplan für das Unternehmen zu überprüfen. Bei Ford war »der Plan« einfach alles; und es gab viele Pläne: den Gesamtplan für den Mutterkonzern und sechzehn weitere Pläne innerhalb dieses ersten Plans, einen für jeden der sechzehn Bereichsleiter. Alle haben an der Ausarbeitung dieser Pläne mitgewirkt. Es gab keinerlei Verwirrung. Jeder dieser Pläne wurde zu Beginn der fünfminütigen Präsentation Wort für Wort, wie ein Mantra, wiedergegeben. Und zwar jede Woche. Alle Teilnehmer der BPR kannten die Mission, ihre individuellen Ziele, was zu tun war, um diese Ziele zu erreichen, und wann der Moment gekommen war, an dem von einem Erfolg gesprochen werden konnte.

Denken Sie einmal darüber nach, welche Dynamik die BPR auf diese Weise in Gang setzte. Indem Alan den Führungskräften nur eine einzige Option gab – zur BPR zu erscheinen, den Plan zu kennen, über die Fortschritte zu berichten, völlige Transparenz zu praktizieren, höflich zu sein – sicherte er sich ihr Engagement und ermutigte sie dazu, dieses Engagement auch öffentlich zur Schau zu stellen. Er förderte ihr Verantwortungsbewusstsein, sowohl gegenüber der Gruppe als auch gegenüber sich selbst. Jede Woche mussten sich alle Führungskräfte anhören, welche Fortschritte ihre Kollegen in den vergangenen sieben Tagen gemacht haben – und diese Fortschritte dann mit ihren eigenen vergleichen. Für ambitionierte Führungskräfte, die an interne und externe Bestätigung gewöhnt sind, war die BPR ein respekteinflößendes und gleichzeitig hoch motivierendes Umfeld, in dem sie entweder selbstverschuldete Scham oder wohlverdiente Zufriedenheit empfinden konnten. Diese Entscheidung fiel ihnen nicht schwer.

Die Tatsache, dass die Bereichsleiter gezwungen waren, Woche um Woche ihre aktuellen Zahlen zu präsentieren, sorgte dafür, dass sich die Abläufe in ihren Bereichen beschleunigten und intensivierten. Nichts durfte auf die lange Bank geschoben werden und sie durften sich durch nichts ablenken lassen. Sie mussten sich strikt an den Plan halten.

Alan hoffte, dass sie ihm jeden Donnerstag Fortschritte präsentieren würden: dass es ihnen gelingen würde, einige ihrer vormals roten Projekte auf den Status »Gelb« und einige ehemals gelbe Projekte auf den Status »Grün« zu bringen. Doch wenn das nicht der Fall war, sprang er ihnen nicht gleich ins Gesicht. Stattdessen lobte er sie für ihre Ehrlichkeit, denn ein paar rote Bereiche machten sie nicht zu schlechten Managern. Sie hatten die Chance, es am folgenden Donnerstag besser zu machen. Und wenn sie weiterhin rote Zahlen meldeten, konnten sie es vielleicht einfach nicht alleine schaffen, also sorgte er dafür, dass sie Unterstützung erhielten. Und früher oder später schafften sie den Durchbruch. Die Bereichsleiter wussten das. Genau wie die Teilnahme an den BPRs verpflichtend war, hatten sie auch keine andere Wahl, als sich zu verbessern.

Dieses überwältigende Gefühl der wöchentlichen Dringlichkeit, das in anderen Bereichen des Lebens nicht existiert, übte eine befreiende Wirkung auf diese Führungskräfte aus, und gab ihnen die Kontrolle über ihre Zukunft. Sie wussten, was von ihnen erwartet wurde und dass nur sie allein für ihre Leistung verantwortlich waren. Wenn sie einen »grünen« Status vermelden konnten, der zuvor noch »gelb« bzw. »rot« gewesen war, fühlte sich ihr Erfolg völlig verdient an. Und das war das Geschenk von Alans BPR: Er gab seinen Führungskräften die Möglichkeit, ihr volles Potenzial zu entfalten. Wenn Sie nur eine einzige Wahlmöglichkeit haben, dann ist die einzig akzeptable Reaktion darauf, sie anzunehmen und nutzen.

Und wenn es Alan mit diesem Ansatz gelingen konnte, einen angeschlagenen, hochverschuldeten Industriekonzern in einer hart umkämpften Branche wieder auf Erfolgskurs zu bringen, dann kann dieser Ansatz auch neu interpretiert und auf ein wenig erfüllendes Leben angewendet werden, um es in ein verdientes und erfüllendes Leben zu verwandeln. Darauf werden wir in Teil zwei dieses Buchs eingehen. Doch zunächst wollen wir uns noch ein wenig eingehender mit dem Thema der »Wahl« befassen.

Ich habe immer gedacht, dass die glücklichsten Menschen auf der Welt, zumindest was die berufliche Karriere angeht, diejenigen sind, die ehrlich sagen können: »Ich werde für das bezahlt, was ich auch ohne Bezahlung mit Freuden tun würde.« Musiker, Gamer, Nationalpark-Ranger, Modedesigner, Restaurantkritiker, professionelle Pokerspieler, Tänzer, Personal Shopper, Geistliche. Sie alle sind hervorragend in dem, was sie lieben, und sie lieben das, was sie hervorragend können – und die Welt ist bereit, sie dafür zu bezahlen. Ganz unabhängig davon, ob sie viel oder wenig verdienen, bereuen sie nur selten den Weg, den sie gewählt haben – weil es der einzige Weg ist, den sie für sich selbst sehen konnten. Mit anderen Worten: Sie hatten keine Wahl.

Auf diese Liste weniger besonders Glücklicher folgt die Reihe erfolgreicher Menschen, die auf die Frage, wie sie es so weit gebracht haben, antworten: »Es war das Einzige, was ich gut konnte.« Diesen Satz habe ich schon oft gehört, zum Beispiel von Marketinggenies, Gärtnern, Softwareentwicklern und Journalisten. Sie sind nicht so glücklich, dass sie ihre Arbeit umsonst tun würden, aber die Leichtigkeit, mit der sie ihren beruflichen Weg gewählt haben, ist identisch mit der, die ein Gamer oder ein Geistlicher empfunden hat. Sie glaubten, Sie hätten keine andere Wahl.

Der Aufbau eines verdienten Lebens beginnt mit einer Entscheidung: Sie sichten alle Ideen, die Sie für Ihre Zukunft haben (vorausgesetzt, Sie haben Ideen) und entscheiden sich für eine, die sich von allen anderen abhebt. Das ist leichter gesagt als getan. Denn vielleicht sind Sie der rastlose, kreative Typ Mensch mit einer Unmenge von Ideen, der sich nicht auf eine einzige Idee festlegen kann, die er weiterentwickeln möchte. Vielleicht sind Sie aber auch das genaue Gegenteil: Sie haben keine Ideen und verfallen stattdessen automatisch in einen Zustand der Trägheit.

Wo sollen wir in einer solchen Situation anfangen? Wie können wir uns für eine bestimmte Zukunft entscheiden, für die Opfer, die wir dafür bringen müssen, für die Menschen, mit denen wir sie teilen wollen, und für den Ort, an dem wir sie gestalten wollen? Wie können wir sicher sein, dass uns unsere Wahl die größtmögliche Chance auf Erfüllung bietet, und dass wir sie nicht bereuen werden?

Für viele besteht der erste Schritt darin, sich selbst eine Frage zu stellen. Zum Beispiel: *Was möchte ich als Nächstes tun?* oder *Was würde mich glücklicher machen?* Woraufhin ich Ihnen sage: Nicht so schnell! Sie zäumen das Pferd von hinten auf. Sie müssen zunächst ein paar Vorbereitungsmaßnahmen treffen – und jede dieser Maßnahmen wird Ihnen dabei helfen, Ihre zahllosen Wahlmöglichkeiten auf eine einzige Option zu reduzieren, die Ihnen keine andere Wahl lässt.

Die Gestaltung eines Lebens, das Sie wirklich verdienen, ist in erster Linie eine Frage der Größenordnung – Sie müssen sich auf die großen und wichtigen Dinge konzentrieren, die Sie auf Kurs halten, und über die kleinen, unwichtigen Dinge hinwegsehen, die keinen Einfluss auf das Ergebnis haben. Das Geheimnis eines verdienten Lebens lautet wie folgt: *Es wird in Extremen gelebt.* Sie investieren Ihre maximale Energie in die Dinge, die Sie tun müssen, und nur minimale Energie in die, die Sie für unnötig halten.

Diese Lektion habe ich erst mit vierzig gelernt. Wenn ich mit meinen dreiundsiebzig Jahren auf die Erfüllung zurückblicke, die ich erfahren durfte, und auf das wenige Bereuen, das ich verspüre, dann glaube ich, dass ich mir mein Leben wirklich verdient habe. Diesen Umstand verdanke ich einer Gewissensprüfung, die ich vor über drei Jahrzehnten durchgeführt habe, als mir 1989 klar wurde, dass mein eher willkürlicher, aber ziemlich geradliniger Karriereweg *nicht* in dem beschaulichen Leben einer typischen Fünftagewoche und eines freien Wochenendes münden würde, das ich mir vorgestellt hatte. Damals hatten Lyda und ich noch zwei kleine Kinder und eine hohe Hypothek. Zum ersten Mal in meinem Leben dachte ich darüber nach, mich als Unternehmenscoach selbstständig zu machen – und fortan ohne das Sicherheitsnetz einer Organisation und ohne den Rückhalt von Partnern zu arbeiten. Wenn ich mit diesem Schritt erfolgreich sein würde, würde ich zukünftig viel reisen und meine Familie noch öfter alleine lassen, was mir Sorgen bereitete. Die Tatsache, dass ich im Begriff war, ein Risiko einzugehen und Neuland zu betreten, war der Grund, weshalb ich mich einer Gewissensprüfung unterzog.

Also führte ich eine Kosten-Nutzen-Analyse durch, um herauszufinden, was ein solches Leben mir bieten und abverlangen würde. Besaß ich die seelischen und emotionalen Ressourcen, um mich alleine zu behaupten und glücklich zu sein? Und war ich bereit, meine maximale Energie über einen langen Zeitraum hinweg konsequent in diese Ressourcen zu investieren, andere Prioritäten hintenanzustellen und mich nicht ablenken zu lassen? Mit anderen Worten: War ich bereit, den Preis zu zahlen, der nötig war, um auf diesem neuen Weg zum Erfolg zu gelangen?

Damit wollte ich nicht meine Motivation, meine Befähigung, mein Verstehen oder mein Selbstvertrauen hinterfragen. Ich war zweifellos imstande, diesen Job auszufüllen. Ich wollte vielmehr herausfinden, wie viel ich dafür opfern müsste. Ich ermittelte meine Prioritäten und hinterfragte meine Bereitschaft, Zugeständnisse zu machen. Würde ich in der Lage sein, ein Gleichgewicht in einem Leben zu finden, das manche Menschen als extrem unausgeglichen bezeichnen würden?

Um Antworten auf meine Fragen zu finden, listete ich die sechs Faktoren auf, die meiner Meinung nach darüber bestimmen, ob wir das Gefühl haben, ein erfülltes Leben zu führen:

- Erfolg
- Engagement
- Glück
- Bedeutung
- Sinn
- Beziehungen

Zunächst hakte ich schnell die abstrakten Faktoren Sinn, Engagement, Erfolg, Bedeutung und Glück ab, denn sie bildeten die einzelnen Glieder einer vertrauten Kette: *Sinn* hieß, einen Grund für das zu haben, was ich tat, was dafür sorgen würde, dass ich mich voll und ganz dafür *engagieren* würde, was wiederum meine Chancen steigern würde, *erfolgreich* an mein Ziel zu gelangen und meinem Leben eine *Bedeutung* sowie ein flüchtiges *Glücksgefühl* zu geben. Ich zweifelte nicht daran, dass mein neuer Job all diese Bedingungen erfüllen würde. Investieren Sie maximale Energie in eine Sache, dann wird der Rest sich fügen.

Was übrigblieb, war der Faktor *Beziehungen,* nämlich meine Familie. Meine Sorge galt den Auswirkungen, die das ständige Reisen auf meine Beziehung zu Lyda und zu unseren Kindern haben würde.

Während ich über all diese Fragen nachdachte, wurde mir auf einmal klar, dass ich in diesem Fall nicht vor einer typischen, zwei Optionen umfassenden Alles-oder-nichts-Entscheidung stand, die es vielen von uns so schwer macht. Dass ich hier nicht die freie Wahl hatte, ob ich reisen oder zu Hause bleiben wollte. Denn die Lage sah so aus: (a) Zu diesem Zeitpunkt war diese Idee die beste Idee, die ich hatte, um mein eigenes Leben zu leben: Sie richtete sich an meiner Ausbildung aus, an meinen Interessen und an meinem Wunsch, Menschen auf sinnvolle Weise zu helfen. (b) Es war befriedigend, dass die Menschen hören wollten, was ich zu sagen hatte, und dass ich damit meinen Lebensunterhalt verdienen konnte. Und, am wichtigsten: (c) Regelmäßiges Reisen war ein nicht verhandelbarer Teil dieses Jobs, genau wie bei Fernfahrern oder Flugbegleitern.

Mit anderen Worten: Ich war nicht zwischen zwei Wahlmöglichkeiten hin- und hergerissen, sondern ich hatte nur eine einzige Wahl. Und wie ich schon sagte, bedeutete dies, dass ich eigentlich gar keine Wahl hatte. Die einzige Frage, die sich mir stellte, war die Frage der Größenordnung. Wie umfangreich würden meine Reiseverpflichtungen ausfallen? Wie viele Tage auf der Straße würden als »maximale Investition« durchgehen, und mit welchen Konsequenzen musste ich rechnen, wenn ich meine Anwesenheit zu Hause »minimieren« würde? Ich stand nicht vor der schwierigen Wahl zwischen einer Karriere als Unternehmenscoach und einer unbekannten Alternativkarriere. Dieser Zug war längst abgefahren. Ich war lediglich dabei, die Bedingungen und den Umfang eines Tauschgeschäfts auszuhandeln.

Wenn ein verdientes Leben ein von Opfern und Kompromissen begleitetes Leben des produktiven Overkills bedeutet – in dem wir uns voll und ganz auf das konzentrieren, was uns wirklich wichtig ist –, dann war dies der Moment, in dem ich ernsthaft begann, mir mein Leben zu verdienen. Ich hatte keine andere Wahl.

ÜBUNG
Ändern Sie das Drehbuch

Die erste Hürde, die wir auf dem Weg zu einem verdienten Leben nehmen müssen, ist, dass wir entscheiden müssen, wie dieses Leben aussehen soll. Wenn Sie diesbezüglich keine eigenen Ideen haben, müssen Sie sich auf Ihr Glück oder auf die Hilfe und die Erkenntnisse anderer Menschen verlassen. Aber wie können Sie erkennen, dass Ihnen eine lebensverändernde Idee in den Schoß gefallen ist? Wie können Sie verhindern, dass Sie sich aufgrund von Trägheit, einem bequemen Arrangement im Status quo, Ihrer mangelnden Vorstellungskraft oder aufgrund eines anderen Hindernisses die Chance Ihres Lebens entgehen lassen, die Ihnen geschenkt wurde? Wie wird eine Chance zu einer alles verändernden Erleuchtung, und nicht zu einer verpassten Gelegenheit? Die Antwort auf diese große Frage müssen Sie für sich selbst finden.

TUN SIE FOLGENDES: Ich kann Sie zwar nicht dazu zwingen, kreativer zu werden, oder zu erkennen, wenn das Glück zum Greifen nahe ist, aber ich kann Ihnen eine Übung anbieten, die Ihnen anhand von zwei Schritten hilft, aus eigener Kraft an diesen Punkt zu gelangen:

1. Tun Sie für sich selbst, was Sie für andere getan haben. Können Sie sich daran erinnern, wie oft Sie anderen bereits lebensverändernde Ratschläge gegeben haben? Vielleicht haben Sie zwei Menschen zu einem Blind Date überredet, und die beiden haben am Ende geheiratet. Vielleicht haben Sie eine Freundin auf ein Stellenangebot aufmerksam gemacht, das perfekt für sie war. Vielleicht hat Ihnen eine Freundin für eine beiläufige Bemerkung gedankt, die Sie vor Jahren in ihrer Gegenwart gemacht haben und die sie heute als Wendepunkt in ihrem Leben betrachtet. Vielleicht haben Sie einen Mitarbeiter entlassen, weil Sie überzeugt waren, ihm damit einen Gefallen zu tun, und später hat er sich bei Ihnen bedankt und zugegeben, dass Sie recht hatten und seine Entlassung das Beste war, das ihm passieren konnte. Vielleicht haben Sie in einem anderen Menschen etwas Besonderes erkannt (anstatt einen Mangel) und ihm gesagt, dass er zu so viel mehr fähig ist.

In jedem dieser Fälle haben Sie etwas in anderen gesehen, was diese nicht selbst sehen konnten. Damit erübrigt sich die Frage, ob Sie in der Lage sind, sich einen neuen Weg vorzustellen – denn bei anderen Menschen ist Ihnen das bereits gelungen. Tun Sie das Gleiche für sich selbst.

2. Beginnen Sie mit einer einfachen Frage. »Was will ich für den Rest meines Lebens tun?« »Was kann ich tun, wenn ich etwas Bedeutendes tun will?« »Was würde mich glücklich machen?« Das sind keine einfachen Fragen. Es sind tiefgründige, vielschichtige Fragen, die Sie sich im Lauf Ihres Lebens immer wieder stellen sollten (bei denen Sie jedoch nicht mit einfachen oder schnellen Antworten rechnen dürfen). Einfache Fragen befassen sich immer nur mit einem einzigen Faktor – denn für fast alle wichtigen Lebensentscheidungen benötigen wir in der Regel keine vier oder fünf stichhaltigen Gründe. Ein einziger Grund genügt. Wir heiraten eine Person, weil wir sie lieben, und diese Erklärung allein reicht aus, um jeden anderen Grund in den Hintergrund zu drängen, ob er nun dafür spricht oder dagegen.*

»Liebst du ihn?« ist eine einfache Frage. Genau wie »Wer ist dein Klient?« und »Wird das funktionieren?« und »Können wir uns das leisten?« und »Was haben wir falsch gemacht?« und »Ist das dein Ernst?«. »Wovor läufst du davon?« ist eine einfache Frage. Genau wie »Wo willst du hin?«. Jede einfach formulierte Frage, die eine tiefe, inbrünstige Prüfung der Tatsachen sowie Ihrer Fähigkeiten und Absichten erfordert,

---

* Ich spreche aus Erfahrung. Nach fünfunddreißig Jahren in San Diego zogen Lyda und ich nur aus einem einzigen Grund nach Nashville: Dort leben unsere Enkelkinder. Die Tatsache, dass sich Nashville als großartiger Ort zum Leben erwiesen hat, ist lediglich ein Bonus; eine bessere Lebensqualität oder andere Gründe spielten bei unserer Entscheidung keine Rolle.

und die die unverblümte Wahrheit zutage fördert, eignet sich als einfache Frage.

Die häufigste Frage, die ich Menschen stelle, wenn ich sie bei ihrem nächsten großen Schritt im Leben berate, ist so einfach wie es nur geht: »Wo möchten Sie leben?« Sie ist so simpel, dass wir sie uns fast niemals selbst stellen. Aber weil wir alle ein Bild unseres idealen Orts im Kopf haben, beantworten wir sie, ohne zu zögern. Und dann beginnt das eigentliche Nachdenken über unsere Zukunft: Was würden wir in unserer Vorstellung den ganzen Tag an diesem idealen Ort tun? Können wir dort eine sinnvolle Tätigkeit finden? Wie würde es den Menschen, die wir lieben, mit diesem Schritt gehen?

Wenn wir Kinder oder Enkelkinder haben, könnten wir es dann ertragen, weit von ihnen entfernt zu leben? Die Wahl unseres idealen Ortes verrät zudem auch viel über unseren idealen Lebensstil. Menschen, die mit »Hawaii« oder »in den Schweizer Alpen« antworten, haben nicht die gleiche Vorstellung vom Leben wie Menschen, deren Antwort »New York« oder »Berlin« lautet. In den Schweizer Alpen können Sie sich keine Broadway-Show ansehen, und in Berlin können Sie keine Bergwanderung machen. Wodurch wir auch schon bei der nächsten einfachen Frage wären: »Was werde ich dort Tag für Tag tun?« Das ist der Wert einer einfachen Frage: Sie zwingt uns, äußerst einfache Antworten zu finden, die wiederum weitere Fragen aufwerfen, die beantwortet werden müssen. Auf diese Weise entdecken wir, wie wir wirklich zu unserem jetzigen Leben stehen und wie es eigentlich aussehen soll. Manchmal stellen wir fest, dass wir mit dem Status quo zufrieden sind. Und ein anderes Mal stellen wir fest, dass wir überhaupt nicht zufrieden sind. Das ist der Moment, an dem sich unsere Kreativität Bahn bricht.

KAPITEL 5

ASPIRATION: STELLEN SIE IHRE ZUKUNFT ÜBER IHRE GEGENWART

Bis zu diesem Moment haben wir ein verdientes Leben mit dem Finden eines erfüllenden Berufs gleichgesetzt und festgestellt, dass es vielen von uns schwerfällt, sich für eine Lebensaufgabe zu entscheiden und sich ihr voll und ganz zu widmen. »Wir zittern, bevor wir unsere Wahl im Leben treffen«, schrieb Isak Dinesen, »und wenn wir sie getroffen haben, zittern wir aufs Neue, aus Furcht, dass wir falsch gewählt haben.«

Für viele Menschen ist die Entscheidung für einen Karriereweg jedoch kein quälendes Dilemma, weil ein verdientes Leben für sie nicht in einer Beziehung zu dem steht, was sie tun, um ihren Lebensunterhalt zu verdienen. Die Werte und Fähigkeiten, nach denen sie streben, haben nur wenig mit beruflicher Anerkennung oder materiellem Zugewinn zu tun.

Ich kenne Menschen, deren erklärte Mission im Leben es ist, anderen »zu dienen«. Je mehr sie anderen helfen können, desto sinnvoller und bedeutsamer erscheint ihnen ihr Leben. Anderen zu dienen entspricht in ihren Augen im wahrsten Sinne des Wortes einem Zugewinn an Sinn und Bedeutung – eine Form des Reichtums, die für sie wesentlich reizvoller ist als die herkömmlichen Trophäen in Form von Geld, Status, Macht und Ruhm.

Ich kenne andere Menschen, die sich mehr darauf konzentrieren, ihre eigene Person zu perfektionieren, als andere zu unterstützen (und das ist nichts Schlechtes). Ständige Selbstoptimierung ist ihr höchstes Ziel im Leben und sie messen jede Aufgabe – ob es darum geht, ihren Blutdruck zu senken oder ihre emotionale Intelligenz zu steigern – an einem inneren Ideal, dem sie sich zwar annähern können, das sie aber niemals erreichen. Doch je näher sie ihm kommen, desto verdienter fühlt sich das Streben danach an.

Ich kenne auch Menschen, deren Aspiration, deren größte Bestrebung, die spirituelle oder moralische Erleuchtung ist – ein Gefühl der Zufriedenheit mit ihrem Platz in der Welt, unabhängig vom Vorhandensein materieller Besitztümer beziehungsweise eben wegen ihres Nichtvorhandenseins. Je weniger sie an materiellen Dingen festhalten, desto näher fühlen Sie sich der Erleuchtung.

Und ich kenne viele Menschen, vor allem mittleren oder fortgeschrittenen Alters, die ihre Erfüllung an der Freude und dem Gefühl der Bestätigung bemessen, das sie verspüren, wenn sie bei einem großen Familientreffen auf ihre Kinder, Enkel und Urenkel blicken und erkennen, wie viele anständige und produktive Nachkommen sie der Welt geschenkt haben. Sie verdienen sich ihr Leben durch ihr Bemühen, verantwortungsvolle Patriarchen und Matriarchen zu sein, ein Amt auf Lebenszeit, das sie sich trotzdem jeden Tag und in jedem Alter immer wieder aufs Neue verdienen müssen.

Dies sind nur einige der Tugenden und weichen Werte (»weich«, weil sie nicht messbar sind), die wir mit der Zeit zu perfektionieren versuchen, während wir nach Erfüllung streben. Sie heben einen Unterschied hervor, den wir erst wahrnehmen, nachdem wir ihn zum ersten Mal gehört haben: Zu entscheiden, *was Sie jeden Tag tun wollen*, ist nicht dasselbe wie zu entscheiden, *wer Sie im Hier und Jetzt sein wollen*, und auch nicht dasselbe wie zu entscheiden, *was für ein Mensch Sie werden wollen.*

Ich war mir dieses Unterschieds nicht bewusst, bis ich anfing, dieses Buch zu schreiben und darüber nachzudenken, ob ich meine Ratschläge eigentlich auch selbst beherzigt hatte: Habe ich ein verdientes Leben gelebt? Wenn ja, war der Teil, den ich mir verdient hatte, von dem bestimmt worden, was ich Tag für Tag tat, oder von meinem Streben, die Person zu werden, die ich sein wollte, oder von dem Menschen, der ich werden wollte? Oder bemaß sich mein Verdienst daran, dass es mir gelungen war, diese drei Dimensionen in mein Leben zu integrieren, weshalb ich mich in einem warmen Gefühl der Erfüllung sonnen und zu mir selbst sagen konnte: »Mission erfüllt!«? Konnten zwei Menschen mit identischer Herkunft und einem identischen Karrierestart jeweils ein verdientes Leben führen, selbst wenn sie unterschiedliche Werte und Tugenden anstrebten? Was bringt uns unserer Erfüllung näher: was wir *werden* wollen oder was wir tagtäglich tun – oder wer wir *zu jedem beliebigen Zeitpunkt sein wollen*? Die Antwort auf diese letzte Frage, so wurde mir klar, verbarg sich in einer meiner ältesten Freundschaften.

Ich bin ein Einzelkind, aber wenn ich einen Zwillingsbruder von einer anderen Mutter hätte, dann wäre Frank Wagner diese Person. Frank und ich nahmen 1975 zur selben Zeit unser Studium auf, hatten dieselben Dozenten in denselben Kursen, promovierten im selben Fachgebiet der Psychologie, hatten zu Beginn unserer Karriere dieselben Mentoren, entschieden uns beide für denselben Beruf des Führungskräftecoachs und ließen uns beide im Süden Kaliforniens nieder, immer nur zwei Autostunden voneinander entfernt. Wir sind beide seit über vierzig Jahren verheiratet und haben beide zwei Kinder. Wir sind im selben Alter. Und wir vertreten dieselben Ansichten, wenn es darum geht, Menschen bei der Änderung ihres Verhaltens zu helfen. Wenn ich potenzielle Klienten ablehnen muss, empfehle ich ihnen stets, sich stattdessen an Frank zu wenden. Es gibt kaum einen Unterschied in der Art und Weise, wie wir uns auf unsere Karriere vorbereitet haben, wie wir unser Familienleben organisiert haben, und in dem, was wir beruflich machen wollten.

Doch das war es dann auch mit unseren Gemeinsamkeiten.

Die Entscheidung, wer wir werden wollen, ähnelt in vielerlei Hinsicht der Entscheidung für ein Weltbild, ein Credo, ein Leitmotiv, das wir zugrunde legen, wenn wir auf unsere Vergangenheit blicken, und wenn wir festlegen, wie unsere Gegenwart und Zukunft aussehen sollen. Franks Leitmotiv – seine Ideologie, wenn Sie so wollen – war stets das *Gleichgewicht*. Er strebte nach einem ausgewogenen Leben, in dem alle Facetten, die einen guten Charakter ausmachen, gleich viel Raum und

Zuwendung erhalten. Er nahm seinen Beruf durchaus ernst, aber niemals auf Kosten anderer persönlicher Bestrebungen, wie zum Beispiel seiner Rolle als involvierter Ehemann und Vater, seiner körperlichen Fitness oder seiner Hobbys, die Gartenarbeit und das Surfen. Es war, als habe er jeden Aspekt seines Lebens – seine Pflichten, seine Gesundheit, seine außerberuflichen Leidenschaften – in gleich große Portionen aufgeteilt, um ein perfektes Gleichgewicht zu erzielen. Man könnte sagen, er war ein Extremist, wenn es darum ging, nicht in Extreme zu verfallen. Das radikalste Beispiel für sein Streben nach Balance war sein Körpergewicht. Sein Idealgewicht beträgt 80 Kilogramm, und seit einem halben Jahrhundert ist sein Gewicht niemals mehr oder weniger als ein Kilo von diesem Idealmaß abgewichen. Zeigt die Waage 79 Kilogramm an, isst er ein paar Tage lang etwas mehr, um wieder auf seine 80 Kilogramm zu kommen. Steht der Zeiger auf 81, isst er eine Zeit lang etwas weniger.

Verglichen mit Franks entschlossenem Bemühen, sämtliche Aspekte seines Lebens im Gleichgewicht zu halten, wurde (und wird) mein Leben stets von einem heillosen Durcheinander aus Disziplinlosigkeit und Chaos bestimmt. Ich habe meine Arbeit immer geliebt. Arbeitstage waren die besten Tage und an freien Tagen habe ich mich stets gelangweilt. Ich brauchte keine Urlaube, Hobbys und Wochenendrunden auf dem Golfplatz als Ventil oder Ausgleich zu meiner Arbeit. Wenn mich meine Arbeit glücklich machte, so dachte ich, machte mich das auch zu einem glücklichen Ehepartner und Elternteil, was nichts Schlechtes sein konnte. Als meine Kinder dann aber in die Pubertät kamen – die vermeintlich schwierigste Zeit für Eltern – reduzierte ich die Zahl meiner Dienstreisen in einem Jahr von zweihundert Tagen außer Haus auf nur noch fünfundsechzig Tage, weil ich mir einbildete, dass man mich daheim nun mehr brauchen würde. Die Reaktion meiner damals dreizehnjährigen Tochter Kelly am Ende dieses Jahres? »Dad, du hast es übertrieben. Du verbringst zu viel Zeit mit uns. Es ist in Ordnung, dass du reist. Wir kommen schon klar.«

Frank und ich waren zwei Freunde, die mit demselben Lebenslauf und denselben Chancen in ihre berufliche Laufbahn gestartet waren, aber mit unterschiedlichen Plänen, um Erfüllung zu finden. Während Frank nach einem ausgewogenen Leben strebte, konnte ich gut mit einem extremen Ungleichgewicht leben. Keiner von uns verurteilt den anderen für seine Entscheidungen. Wir gestalteten und lebten unser eigenes Leben. Heute, mit Anfang siebzig, empfindet keiner von uns Reue. Wir sind beide davon überzeugt, dass wir uns unser Leben verdient haben. In unserem lebenslangen Rennen in Richtung Erfüllung (und glauben Sie mir, es ist ein Rennen, denn es vergeht so schnell) haben wir uns beide eine Goldmedaille verdient. Wie das?

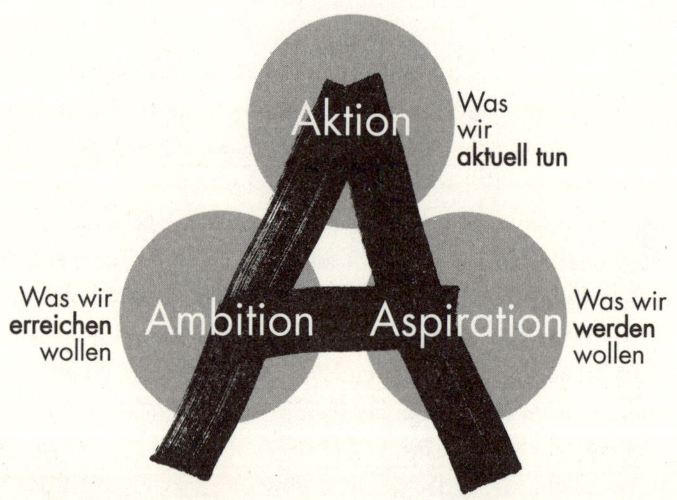

Die Antwort besteht aus einem Trio unabhängiger Variablen – Aktion, Ambition und Aspiration –, die jeden unserer Fortschritte auf dem Weg in Richtung des Lebens beeinflusst, das wir für uns selbst anstreben.

- ***Aktion (das Handeln):*** Nach meiner Definition beschreibt eine Aktion das, **was wir jetzt im Moment tun.** Sie bezieht sich auf all die konkreten Dinge, die wir im Laufe des Tages machen: Fragen beantworten, Rechnungen bezahlen, telefonieren und auch das vergleichsweise inaktive stundenlange Fernsehen am Sonntagnachmittag. Ob wir aktiv oder passiv handeln ist stets Ausdruck einer bewussten Entscheidung. Der Zeithorizont unseres Handelns beschreibt den unmittelbaren Moment, und lässt sich deshalb ganz einfach so ausdrücken: *Es ist jetzt geschehen. Wir haben es soeben getan.* Manchmal handeln wir im Dienst unserer Ambitionen oder Aspirationen. Diesbezüglich war Frank ein Meister seines Fachs. Zum Beispiel, weil sein unmittelbares Handeln im Rahmen jeder Mahlzeit davon bestimmt wurde, inwieweit sein Gewicht in diesem Moment von seinem Idealgewicht abwich. Entsprechend aß er jeweils weniger oder mehr. In anderen Lebensbereichen war er genauso diszipliniert. Ich hingegen handelte wesentlich unkontrollierter. Nur, wenn es um meine Arbeit ging, war ich Frank in Sachen Disziplin ebenbürtig. Die Wahrheit ist, dass eine Aktion bei den meisten von uns eine ziellose Handlung darstellt, die wir aus einer Laune heraus vornehmen, oder, schlimmer noch, aufgrund eines erklärten Ziels (wir nehmen zum Beispiel Urlaub, um unsere Batterien aufzuladen, nehmen uns dann aber doch Arbeit mit).

- ***Ambition (das ehrgeizige Ziel):*** Eine Ambition ist das, **was wir erreichen wollen.** Sie beschreibt unser Streben nach einem definierten Ziel. Sie unterliegt einer zeitlichen Begrenzung und endet in dem Moment, in dem wir dieses Ziel erreichen. Sie ist messbar. Unsere Ambition ist kein Einzelphänomen: Wir können eine Vielzahl von Zielen gleichzeitig verfolgen – berufliche, private, körperliche, geistige und finanzielle Ziele. Sie bildet den womöglich größten gemeinsamen Nenner erfolgreicher Menschen.
- ***Aspiration (das höhere, übergeordnete Ziel):*** Unsere Aspiration beschreibt, **wer wir werden wollen.** Sie steht für unser Streben nach einem Ziel, das größer ist als jedes definierte oder zeitlich begrenzte Ziel. Wir streben danach, anderen zu dienen, bessere Eltern zu sein, beständiger einen bestimmten Lebensstil zu pflegen oder auf eine bestimmte Weise mit anderen Menschen umzugehen. Frank, der sich voll und ganz einem ausgewogenen Leben verschrieben hat, ist dies bereits im jungen Erwachsenenalter hervorragend gelungen. Ich war nicht so schnell und musste erst mein sechstes Lebensjahrzehnt erreichen, bis ich einen höheren Sinn in meinem Leben identifizieren

konnte. Anders als bei unseren Ambitionen existiert in Bezug auf unsere Aspiration keine eindeutig gekennzeichnete Ziellinie. Sie ist ein kontinuierlicher Prozess mit einem unbegrenzten Zeithorizont. Sie ist nicht messbar. Sie ist ein Ausdruck eines höheren Lebenssinns. Unser Streben mag sich im Laufe der Zeit verändern, aber es hört niemals auf, ob wir es nun in Worte fassen oder nicht. Wir hören erst auf, nach etwas zu streben, wenn wir aufhören zu atmen.

Es ist verlockend, die Ambition mit der Aspiration gleichzusetzen. Aber für mich sind sie nicht dasselbe. Unsere Ambition beschreibt das Streben nach einem bestimmten, ehrgeizig verfolgten Ziel mit einer klar definierten Ziellinie: Wir sind X und wir wollen Y erreichen. Wenn wir Y erreicht haben, endet diese spezifische Ambition, bis uns das nächste ambitionierte Ziel in den Sinn kommt. Unsere Aspiration, unser höheres Ziel, ist wiederum ein kontinuierlicher Akt der Selbstverwirklichung und Selbstbestätigung. Hier wird aus X nicht einfach Y. Hier entwickelt sich X zu Y, dann zu Y plus, und dann möglicherweise zu Y im Quadrat.

Unsere Ambition und unsere Aspiration bilden kein Duopol, das unsere Fähigkeit, ein verdientes Leben zu führen, bestimmt. Ohne die dritte Variable, die Aktion, können sie keine Wirkung entfalten. Ich bezeichne sie nur deshalb als unabhängige Variablen, weil wir sie isolieren können, um ihre einzigartigen Eigenschaften zu verstehen. Ich kann ein Protokoll über sämtliche Handlungen (Aktionen) führen, denen ich innerhalb eines Tages oder einer Woche nachgehe, und ich kann sie analysieren, um herauszufinden, was ich mit meiner Zeit anfange, indem ich die Stunden zähle, in denen ich produktiv oder abgelenkt oder faul war oder Besorgungen gemacht habe. Doch all das ist bedeutungslos, wenn ich diese Daten nicht mit einem Sinn verbinden kann, der von meinem ehrgeizigen Ziel (Ambition) und meinem höheren, übergeordneten Ziel (Aspiration) geleitet wird. Jede positive, dauerhafte Selbstoptimierung, die wir uns in unserem Leben verdienen, ist das Ergebnis von Aktionen in Verbindung mit Ambitionen und Aspirationen. Wenn diese drei unabhängigen Variablen ineinandergreifen und sich gegenseitig unterstützen, dann kann uns nichts aufhalten. Dann erwartet uns eine erfüllte Zukunft ohne Reue. Leider tritt dies nicht so oft ein, wie wir es uns wünschen. Und die Definition ist leichter zu verstehen als umzusetzen.

Ich werde in Kapitel 6 ausführlicher auf die Faktoren Aktion und Ambition eingehen, weil sie entscheidend mitbestimmen, welche Risiken wir eingehen und vor welchen wir weglaufen. In diesem Kapitel werden wir uns jedoch zunächst auf die Aspiration konzentrieren – um herauszufinden, wie radikal sie sich von der Ambition unterscheidet und weshalb so viele von uns zwar ihre Ambitionen, nicht aber ihre Aspirationen benennen können.

Der Grund, warum es uns so schwerfällt, unser eigenes Leben zu gestalten, oder warum wir sogar davor zurückschrecken, überhaupt irgendetwas (egal was) zu verändern, liegt darin, dass wir im Vorfeld nicht wissen, wie sich das neue Leben, das wir uns vorstellen, anfühlen wird und ob es uns gefallen wird. Denn ein Lebensabschnitt endet nicht abrupt, sobald ein neuer Lebensabschnitt beginnt. Wir verwandeln uns nicht innerhalb eines Tages von unserem alten in ein neues Ich, sondern wir durchlaufen vielmehr einen langen, schrittweisen Prozess, der uns ab und an einen flüchtigen Ausblick auf unsere Zukunft erlaubt. Es ist dieser Prozess, den Agnes Callard, Professorin für Philosophie an der University of Chicago, als »Aspiration« bezeichnet (ihr Buch zu diesem Thema trägt den passenden Titel *Aspiration: The Agency of Becoming*).

Nehmen wir zum Beispiel die Entscheidung, Kinder zu bekommen. Dabei handelt es sich um eine große Lebensentscheidung, die sich von allen anderen Entscheidungen unterscheidet, weil sie nicht nur ein neues Leben für uns als Eltern erzeugt, sondern buchstäblich das neue Leben unseres Kindes erschafft. Bevor wir Eltern werden, können wir unsere Kinderlosigkeit genießen, indem wir zum Beispiel vierzehn Stunden pro Tag arbeiten, an den Wochenenden zum Klettern gehen oder abendliche Kochkurse besuchen. Wir wissen, dass die Geburt eines Kindes unseren Lebensstil einschränken wird – und es ist möglich, dass wir den Verlust unserer uneingeschränkten Freiheit bereuen werden. Aber weder wissen wir es ganz sicher noch können wir die Erfüllung vorhersehen, die wir empfinden, wenn wir unser Baby stundenlang in unseren Armen wiegen, bis es einschläft, oder wenn wir all die anderen Aufgaben erledigen, die wir in unserem vorelterlichen Leben gefürchtet haben. Die Aspiration ist die Brücke zwischen Kinderlosigkeit und Elternschaft. Die neun Monate der Schwangerschaft, die von Vorfreude, Angst, Vorbereitungen, pränatalen Tests und Selbstfürsorge geprägt sind, sind Teil unseres Prozesses des Strebens nach diesem höheren Ziel, in dessen Verlauf wir die Gefühle und Werte ausprobieren, die wir uns eines Tages anzueignen hoffen. Es ist, als machten wir ein Sommerpraktikum, um einen neuen Job auszuprobieren – mit dem Unterschied, dass die Schwangerschaft in einer gewaltigen lebenslangen Verpflichtung mündet. Professor Callard empfiehlt, die Entscheidung für die Elternschaft nicht als ein singuläres Ereignis zu betrachten, bei dem wir beschließen, ein Kind zu bekommen. Sie ist ein Prozess: »Eine alte Person strebt danach, zu einer neuen Person zu werden.« In ihren Augen hat unser Streben etwas Heldenhaftes, weil wir lediglich eine »antizipierende und indirekte Auffassung« des Guten haben, nach dem wir streben. Wir streben danach, ohne jegliche Garantie, dass wir bekommen, was wir uns erhoffen, oder dass wir damit glücklich sein werden, wenn wir es bekommen.

Nach Professor Callards Definition ist unsere Aspiration »der rationale Prozess, mit dem wir uns um etwas Neues bemühen«. Sie versetzt uns in die Lage, uns Werte, Fähigkeiten und Wissen anzueignen. Doch das Aneignen dieser Dinge geschieht nicht unmittelbar. Es braucht Zeit und Geduld. Wir haben die Möglichkeit, unsere Zehen ins Wasser zu tauchen, um zu sehen, ob es uns gefällt, bevor wir zu einer langen Schwimmeinheit aufbrechen – großenteils zu unseren eigenen Bedingungen, ohne Eile und ohne Druck. In diesem Sinne lässt sich der Prozess unseres Strebens nach einem höheren, nach einem übergeordneten Ziel mit der Recherchearbeit einer Journalistin für eine neue Story vergleichen. Weder kennt sie von Beginn an die ganze Geschichte noch weiß sie, wohin sie führen wird, solange sie nicht alle Recherchen und Interviews abgeschlossen hat, noch weiß sie um die Bedeutung der Geschichte, bevor sie nicht ihr gesamtes Material zusammengetragen und die Story geschrieben hat. Zum Schreiben gehören Streichungen,

Überarbeitungen, Zwischenkorrekturen, frustrierende Unterbrechungen und neue Anläufe, und manchmal auch die Entscheidung, die Geschichte fallenzulassen. Nichts davon weiß die Journalistin, wenn sie ihre Arbeit aufnimmt. Je mehr Wörter und Seiten sie schreibt, desto näher kommt sie der Erfüllung ihres ursprünglichen Vorhabens. Es ist dieser Akt des Strebens, der ihr Erfüllung statt Reue beschert – ein Akt, der eine Brücke schlägt zwischen der alten Person, die eine Absicht verfolgt, und der neuen Person, die diese Absicht verwirklicht.

Es gibt noch einen weiteren Unterschied zwischen unseren Ambitionen und unseren Aspirationen, der unsere Aufmerksamkeit verlangt. Verwirklichte Ambitionen vermitteln uns ein Glücksgefühl, das wir nicht festhalten und schützen können. Wir werden befördert, gewinnen die Vereinsmeisterschaft oder laufen den Marathon in unter drei Stunden. Wir feiern unseren Erfolg. Und für einen kurzen Moment sind wir glücklich (oder, was wahrscheinlicher ist, nicht ganz so glücklich, wie wir erwartet hatten). Dann verfliegt dieses Gefühl, und indem wir unsere innere Peggy Lee beschwören, fragen wir uns: »Is that all there is?« War das wirklich schon alles?

Ein Freund erzählte mir einst folgende Geschichte aus seiner Schulzeit: Im Alter von neun Jahren wurde er von seiner alleinerziehenden, berufstätigen Mutter auf eine Internatsschule für Jungen geschickt, die entweder Waisen oder, wie in seinem Fall, »Halbwaisen« waren. Er lebte das ganze Jahr hindurch mit zwölfhundert anderen Jungen auf dem Schulgelände, wobei alle Kosten gedeckt waren. Zum ersten Mal in seinem Leben hatte er gute Lehrer, die sich darum bemühten, ihm eine solide Schulbildung zuteilwerden zu lassen, sodass er ebenfalls begann, ernsthaft nach guten Leistungen zu streben. An einer Rückwand in der Aula der Schule hatte der Schulgründer eine Ehrentafel anbringen lassen, auf der auf rechteckigen, in zwei Spalten angeordneten Plaketten die Namen der jeweils besten zwei Schüler sämtlicher Abschlussjahrgänge seit 1934 festgehalten waren.

»Meine einzige Ambition in der Highschool war es«, berichtete mein Freund, »als bester oder zweitbester Schüler meines Jahrgangs abzuschließen und auf diese Weise meinen Namen auf dieser Wand zu verewigen. Es war mein Ziel, an dieser Schule einen bleibenden Eindruck zu hinterlassen. Eine Woche vor meinem Abschluss, nachdem die letzten Prüfungsnoten vorlagen, rief der Direktor der Schule einen Klassenkameraden und mich in sein Büro und gratulierte uns zu unseren Leistungen als Jahrgangsbeste. Und das war auch schon alles. Es gab keine Medaille, keine gerahmte Urkunde, kein Foto für die Lokalzeitung, kein Angebot, bei der Abschlussfeier zu sprechen. Es gab nicht einmal eine Plaketten-Zeremonie an der Ehrentafel. Unsere Namen wurden irgendwann nach unserem Abschluss auf der Wand verewigt. Zu diesem Zeitpunkt lebte ich bereits einhundert Meilen entfernt bei meiner Mutter, hatte einen Sommerjob angenommen und freute mich aufs College. Ich habe meine ganze Jugend einer einzigen Ambition hingegeben und den Triumph meines Erfolgs genau zehn Minuten lang genossen – in der Zeit, die ich im Büro des Direktors verbrachte. Besonders lustig an der Sache ist, dass ich meine Plakette auf der Ehrentafel noch nie gesehen habe.«

Sicher haben auch Sie seit Ihrer Kindheit Dutzende Male ähnlich empfunden. Sie haben ein Ziel verfolgt, es schließlich erreicht oder verfehlt, eine flüchtige Gefühlsregung auf einem Spektrum von Euphorie über Gleichgültigkeit bis hin zu Scham verspürt und anschließend weitergemacht, als wäre nichts geschehen. Als wären Sie per Anhalter gefahren, wobei Ihre Ambition das Fahrzeug war, das Sie mitgenommen und an Ihr unmittelbares Ziel gebracht hat. Bei der Ankunft sind Sie aus dem Fahrzeug ausgestiegen, haben sich umgesehen und sich entschieden, ob Sie dort bleiben oder ein anderes Fahrzeug abpassen wollen, das Sie zum nächsten Ziel bringen soll. Das ist die Dauerschleife eines ambitionierten Lebens, wenn auch – und das festzuhalten, ist wichtig – nicht zwingenderweise eines glücklichen oder erfüllten Lebens.

Unsere Aspirationen, bei denen es darum geht, zu lernen, »sich für etwas Neues zu interessieren«, lenken den Blick auf etwas, das dauerhafter ist als unsere Ambitionen, etwas, bei dem es sich mehr lohnt, es zu entwickeln und zu schützen. Professor Callard nennt als Beispiel das Bestreben, sich größere Kenntnisse über klassische Musik anzueignen. Lassen Sie uns also auf diesen Vorschlag eingehen.

Sie beschließen, dass die Beschäftigung mit klassischer Musik ein lohnendes Projekt ist. Ihre Gründe dafür mögen rühmlich sein (klassische Musik gilt als hohe Form der Kunst, und Sie möchten unbedingt herausfinden, ob ihre größten Schöpfer – Bach, Mozart, Beethoven, Verdi – wirklich so genial sind, wie immer behauptet wird). Ihre Gründe mögen praktischer Natur sein (Sie möchten, dass man Sie für kultiviert hält, und deshalb eine weitere Bildungslücke schließen). Oder Sie handeln aus egoistischen Gründen (Sie möchten mit Ihren gebildeteren Freunden mithalten). Oder Sie haben in einem Film ein berühmtes klassisches Stück gehört, zum Beispiel Pachelbels »Canon« oder Barbers »Adagio for Strings«, und möchten mehr davon. Der zentrale Punkt ist in jedem Fall, dass Ihre Neugier geweckt wurde und dass Sie bereit sind, Mühe zu investieren, ohne zu wissen, ob sie sich auszahlen wird. Sie können nicht vorhersagen, ob Sie das Thema faszinieren oder langweilen wird, oder ob Sie das neue Wissen, das Sie sich aneignen wollen, tatsächlich als wertvoll empfinden werden. Also lesen Sie Bücher, hören sich Aufnahmen an, besuchen Konzerte, schließen sich einer Community an, die Ihr Interesse teilt – und im Verlauf mehrerer Jahre erwerben Sie nach und nach ein beneidenswertes Grundlagenwissen, das Sie einige Jahre zuvor nicht für möglich gehalten hätten. Das ist das Geschenk Ihres Strebens: Selbst wenn Sie sich irgendwann einem anderen »Selbstkultivierungsprojekt« zuwenden, beispielsweise der Tischlerei, werden Sie immer über Ihr Grundlagenwissen in klassischer Musik verfügen, als handelte es sich um eine Fähigkeit oder einen moralischen Wert, der ein Teil Ihrer Identität geworden ist. Anders als das kurzzeitige Glück, das Sie empfinden, wenn Sie ein ambitioniertes Ziel erreicht haben, wird sich solch eine Grundlage nicht verflüchtigen. Sie ist etwas, worauf Sie für den Rest Ihres Lebens aufbauen können.

Zu verstehen, was Aspirationen sind, macht einen riesigen – und dennoch häufig unterschätzten – Unterschied in Bezug auf unsere Fähigkeit, unser eigenes Leben zu gestalten. Ich werde immer wieder Zeuge, wie Menschen, vor allem junge Menschen, davor zurückschrecken, einen riskanten Karriereschritt zu wagen, weil sie die Gewissheit haben wollen, dass das Ergebnis positiv sein und dass sich das Risiko auszahlen und lohnen wird. Dabei erkennen sie nicht, dass eine Entscheidung, die mit einem garantierten Ergebnis einhergeht, per Definition kein Risiko darstellt. Und sie sind sich nicht bewusst, dass das Streben nach etwas – zum Beispiel Anwalt zu werden – ein schrittweiser Prozess ist, der allmählich seinen eigenen Wert offenbart und dessen Wert mit ein wenig Glück für den Rest unseres Lebens weiter steigen wird.

Wenn wir Anwalt werden wollen, müssen wir an der juristischen Fakultät studieren. Und während wir über Jahre Seminare und Vorlesungen besuchen und bis spät in die Nacht lernen, geraten wir auf Umwege und uns begegnen Überraschungen und Schwierigkeiten, die zu einem Ergebnis führen, das wir uns am ersten Tag unseres Studiums nicht hätten vorstellen können. Entweder wir lassen uns ganz auf das Jurastudium ein oder wir gelangen zu dem Schluss, dass es nicht das Richtige für uns ist. Nur wenn wir ein übergeordnetes Ziel anstreben – indem wir den Prozess unseres Strebens genießen, ertragen oder verachten –, erkennen wir, welchem Ergebnis wir den Vorzug geben. Wir müssen uns auf die Erfahrung des Strebens einlassen, um herauszufinden, welche Erfüllung sie für uns in Zukunft bereithalten oder nicht bereithalten wird. Wir können sie uns nicht einfach nur vorstellen.

So oder so handelt es sich um eine betörend schlichte Dynamik. Der beste Fall: Weil wir danach streben, Anwalt zu werden, lernen wir, das Recht zu lieben. Weil wir das Recht lieben, widmen wir uns seinem Studium mit noch größerer Hingabe und werden dadurch ein noch besserer Anwalt. Der schlimmste Fall: Wir finden etwas anderes, dem wir unser Leben widmen können.

Dies macht das Streben zu einem der wirksamsten Mechanismen zur Vermeidung von Reue in unserem Leben. Reue zu vermeiden ist natürlich nicht der Sinn dieses Strebens, aber es ist ein integrierter Bonus. Denn mit jedem Fortschritt unseres Strebens kommen wir der Erkenntnis, ob unsere Bemühungen befriedigend oder vergeblich sein werden, ein wenig näher, was gleichzeitig bedeutet, dass wir unseren Kurs jederzeit, und vor allem dann, wenn wir unglücklich sind, ändern können – bevor wir ihn bereuen.

Nehmen wir zum Beispiel an, dass Sie in Ihrem Streben nach mehr Wissen über klassische Musik auf halber Strecke ausgebremst werden, weil Sie feststellen, dass Sie weder die erhoffte Freude noch die erwartete Wertschätzung empfinden, oder dass Sie keine Lust haben, Ihr Vorhaben, sich klassische Stücke anzuhören, Konzerte zu besuchen und das Notenlesen zu lernen, fortzusetzen. Die Herausforderung, die Sie sich gesucht haben, ist zu einer lästigen Pflicht geworden, und Sie haben genug gelernt. Es gibt nichts, was Sie in diesem Fall davon abhalten würde, einen Schlussstrich unter diese Aspiration zu ziehen, und zwar lange bevor Sie die verschwendete Zeit und Energie bereuen müssten. Und Sie müssen sich auch nicht dafür schämen oder Ihre Abkehr als Niederlage werten. (Die besten Generäle beherrschen sowohl den Rückzug als auch den Angriff.) Im Gegensatz zu Ihren Ambitionen, die sich nicht so leicht vor anderen verbergen lassen, sind Ihre Aspirationen, in deren Rahmen Sie nach verborgenen Fähigkeiten und Werten streben, private Angelegenheiten. Nur Sie allein wissen, was Sie vorhaben. Nur Sie allein beurteilen das Ergebnis. Nur Sie allein spüren, wie Sie langsam, aber sicher ein neues Ich erschaffen. Nur Sie allein verdienen sich das Gefühl der Erfüllung, das sich einstellt, während Sie daran arbeiten, sich für etwas Neues zu begeistern. Und nur Sie allein haben die Macht, Ihrem Streben jederzeit ein Ende zu setzen.

Ich bin mir der Ironie bewusst, dass ich die Aspiration einerseits als unverzichtbaren Motivationsfaktor preise, der uns dazu bringt, unsere edelsten Instinkte zu vervollkommnen, aber andererseits auch sage, dass sie eine wertvolle Bremsfunktion beinhaltet, die uns, ähnlich wie ein Frühwarnsystem, sagt, wann wir innehalten und das, was wir tun, überdenken sollten. Lassen Sie sich von dieser Doppelrolle nicht verwirren. Die Aspiration ist Ihr bester Freund, egal ob sie Sie motiviert oder ob sie Ihnen sagt, dass Sie aufhören sollen, Ihre Zeit zu verschwenden. Ihren Weisungen zu folgen, ist sicherlich besser, als ein lang gehegtes Ziel zu erreichen und sich dann zu fragen: »War das wirklich schon alles?«

* * *

Meine Klienten und andere Coaches verstehen das, wenn ich ihnen das Aktion-Ambition-Aspiration-Modell erläutere. Zunächst begreifen sie, dass die »Drei A« (wie ich sie gerne nenne) drei unabhängige Variablen sind, die nicht zwingend miteinander in Verbindung stehen. Wir müssen diese Verbindung erst herstellen. Sie verstehen, dass Aktionen für allzu viele Menschen lediglich willkürliche und nicht zielgerichtete Handlungen sind, die keinem anderen Ziel als der Befriedigung von Impulsen oder unmittelbaren Bedürfnissen dienen. Menschen kochen Abendessen, weil sie Hunger haben. Menschen arbeiten, weil sie Geld brauchen. Menschen sehen sich die Spiele ihrer Lieblingsmannschaften in ihrer Stammkneipe an, weil ihre Freunde das auch tun. Solche gerechtfertigten Handlungen müssen nicht zwingend trost- und freudlos sein. Aber wo ist das Ziel oder der höhere Zweck, den sie verfolgen? Dann lege ich meinen Klienten und Coaching-Kollegen die folgende Tabelle vor:

Tätigkeit	**AKTION**	**AMBITION**	**ASPIRATION**
Zeithorizont	Sofort	Zeitlich befristet	Grenzenlos
Profil	Was Sie tun	Was Sie erreichen möchten	Was Sie werden möchten
Definition *(Schreiben Sie so viel Sie wollen)*	....	....	....
	....	....	....
	....	....	....
	....	....	....
	....	....	....
	....	....	....
	....	....	....
	....	....	....

Ich gehe durch den Raum und bitte sie, die Tabelle auszufüllen, Ich bin gespannt, wie viele von ihnen bereits erfolgreich eine bestimmte Handlung mit einem ambitioniert verfolgten Ziel zugunsten eines übergeordneten Ziels in ihr Leben integrieren konnten. Erfolgreichen Führungskräften fällt es meistens leicht, die Begriffe Aktion und Ambition zu definieren, aber bei der Aspiration fällt ihnen häufig nicht das Geringste ein, als hätten sie sich noch nie damit beschäftigt. Das überrascht mich allerdings nicht.

Die allermeisten erfolgreichen Geschäftsleute, die ich kenne, führen ein von Ambitionen dominiertes Leben. Weil sie hoch motiviert sind, bestimmte Ziele zu erreichen, verfügen sie über die nötige Disziplin, ihre Aktionen ihren Ambitionen unterzuordnen. Beide stehen in Einklang miteinander.* Wenn sie allerdings nicht vorsichtig sind, kann ihre Disziplin, insbesondere in einem wettbewerbsorientierten Umfeld, in dem Erfolge am Erreichen bestimmter Vorgaben gemessen werden, leicht in Zielbesessenheit umschlagen. Ähnlich wie Politiker, die im Wahlkampf mit ihren Aspirationen (ihren höheren Idealen) werben, dann aber – weil Politik nun einmal chaotisch und kompromittierend ist – geprägt von ihren Ambitionen (ihrem Bedürfnis, die nächste Wahl zu gewinnen) regieren, besteht auch bei Führungskräften die Gefahr, dass sie ihre Werte und den ursprünglichen Grund für das Ausrufen eines Ziels vergessen – nämlich, dadurch zum Erreichen ihrer Aspiration beizutragen. Genau wie der knallharte Politikbetrieb Politiker korrumpieren kann, kann ihr Arbeitsumfeld auch Führungskräfte korrumpieren. Ein nur allzu geläufiges Beispiel: Aufgrund ihrer Zielbesessenheit vernachlässigen die betroffenen Führungskräfte diejenigen Menschen, für die sie angeblich die ganze Arbeit tun: die Menschen, die sie lieben.

---

* Ich kenne nicht viele Führungskräfte, für die die Würdigung als überragende Führungskraft nicht ganz oben auf der Liste ihrer Ambitionen steht. Ihnen bringe ich unter anderem bei, bei der Arbeit auf allzu barsche Urteile und Kommentare zu verzichten – weil wahrhaft überragende Führungskräfte kein toxisches Umfeld erzeugen, sondern sich bemühen, selbst gegenüber Kollegen, die die Erwartungen nicht erfüllen und deshalb vielleicht mehr liebevolle Strenge verdient hätten, stets freundlich und großzügig zu sein. Wenn sie aus der Rolle fallen und vergessen, dass ihr tägliches zwischenmenschliches Verhalten einem größeren Karriereziel dienen soll, werde ich erneut hinzugezogen, um sie an ihre Ambitionen zu erinnern und ihnen dabei zu helfen, ihr Handeln darauf auszurichten.

Sie haben sich in ihren Ambitionen verstrickt, in ihren ambitioniert verfolgten Zielen, ganz unabhängig davon, ob sie ein höheres definiert oder ihre höheren Werte artikuliert haben. Sie agieren, als würde es sich lediglich um Schießübungen handeln.

Viele meiner Coaching-Kollegen, bei denen es sich in der Regel um wohlmeinende und idealistische Menschen handelt, füllen die Tabelle anders aus. Sie sind sich über ihre Aspirationen, ihre höheren Ziele, im Klaren – beispielsweise präsent zu sein, anderen zu dienen oder die Welt zu verbessern –, aber sie wissen nicht genau, wie sie handeln und welche Ziele sie verfolgen müssen, um sie zu verwirklichen. Sie sind nicht gewillt, die schweren, unbequemen Dinge zu tun, die im Online-Zeitalter erforderlich sind, um ihre Reichweite zu vergrößern und mehr Menschen zu helfen – darunter vor allem der performative Akt des »Händeschüttelns« mit potenziellen Klienten über die sozialen Medien, das Schreiben von Artikeln und die Auftritte als Speaker. Natürlich verdienen sie sich ihren Lebensunterhalt und natürlich tun sie Gutes. Aber sie bleiben hinter ihren Aspirationen zurück, weil sie sie nicht ausreichend mit ihren Aktionen und Ambitionen verknüpft haben. Viele von ihnen haben überhaupt noch nie definiert, wie ihre Aktionen und Ambitionen aussehen sollten.*

In diesem kurzen Exkurs über die Würdigung höherer, übergeordneter Ziele habe ich mir den besten Punkt für den Schluss aufgespart – weil er so gut zu dem Punkt passt, den ich in Kapitel 1 genannt habe. Dort hatte ich Sie dazu ermuntert, das vom Buddhismus inspirierte »Jeder Atemzug«-Paradigma als neuen Weg zu sehen, durch den Sie her-

---

* Zum aktuellen Zeitpunkt, im August 2021, würde ich die Tabelle mit Blick auf meine Aspiration so ausfüllen: »In der Zeit, die mir noch bleibt, so vielen Menschen wie möglich bestmöglich helfen.« Meine zeitlich befristete Ambition lautet: »Im Jahr 2022 ein Buch mit dem Titel *Lebe das Leben, das du wirklich verdienst* veröffentlichen.« Meine Aktion lautet: »Den ganzen Tag an meinem Schreibtisch verbringen und zu schreiben.« In diesem Fall sind alle Faktoren aufeinander abgestimmt. Mein aktuelles Handeln steht im Einklang mit meiner Ambition für das kommende Jahr, welches wiederum meinem übergeordneten Ziel dient, so vielen Menschen wie möglich zu helfen.

ausfinden können, wer Sie sind und wo Ihr Platz im Kontinuum Ihrer Zeit auf Erden ist.

Ihr Selbst besteht aus unzählig vielen verschiedenen Ichs, darunter Ihr früheres, Ihr gegenwärtiges und Ihr zukünftiges Ich, die mit jedem neuen Atemzug vom einen zum anderen übergehen. Zu den vielen Vorzügen der Aspiration zählt auch, dass Sie der Antrieb ist, der dieses Paradigma am besten unterstützt und verdeutlicht. (Dass »Aspiration« vom lateinischen Begriff *aspirare* stammt, was so viel bedeutet wie »atmen«, ist ein wunderbarer Begleitumstand.)

Erinnern Sie sich noch an den einundzwanzigjährigen Curtis Martin, der trotz seiner Vorbehalte beschloss, in der National Football League zu spielen, um auf diese Weise in seine Zukunft zu investieren? Er handelte nicht aus Liebe zum Spiel. Er wusste nicht, ob er in der NFL, wo die durchschnittliche Karrieredauer eines Runningback drei Jahre beträgt, Erfolg haben würde. Er riskierte Gehirnerschütterungen, Hirnschäden und dauerhafte körperliche Beeinträchtigungen – das wäre, als würden Sie in den Krieg ziehen, obwohl Ihnen niemand für Ihren Dienst danken würde. Aber für ihn war es ein akzeptables Risiko. Indem er ein neues Ich nach seiner NFL-Zeit anstrebte, löste er sich von all seinen früheren Ichs und wurde, aufgrund der neuen Werte und der Selbsterkenntnisse, die er im Rahmen seiner elfjährigen Karriere erwarb – einer Karriere, die ihm einen Platz in der Hall of Fame sicherte –, zu einem völlig neuen Menschen, den er so nicht erwartet hatte.

In ihrem innersten Wesen ist die Aspiration ein Akt, bei dem Sie Ihre Zukunft über Ihre Gegenwart stellen. Betrachten Sie sie als eine Übertragung der Macht vom Alten zum Neuen. Egal für wie risikoscheu Sie sich halten: Indem Sie nach etwas streben, entscheiden Sie sich dafür, sich auf ein kleines Glücksspiel einzulassen. Dabei setzen Sie Ihr Geld, in Form Ihrer Zeit und Energie, darauf, dass Ihr zukünftiges Ich eine Verbesserung zu Ihrem gegenwärtigen Ich darstellen wird. Wundern Sie sich nicht, wie hartnäckig und erfindungsreich Sie versuchen werden, diese Wette zu gewinnen. Denn so verdienen Sie sich Ihr Leben.

ÜBUNG
Die Heldenfrage

Wir alle brauchen Helden. Dieses Bedürfnis ist so stark, dass jede Erzählung, die uns begegnet – ob Kurzgeschichte, Film oder Witz – eine klar erkennbare Heldenfigur enthalten muss, wenn Sie unsere Aufmerksamkeit fesseln soll. Wenn wir keine Helden (oder Antihelden) finden, versiegt unser Interesse. Helden existieren, um von uns bewundert zu werden und um uns zu inspirieren. Das ist kein strittiger Gedanke. Trotzdem benötigte ich die Hilfe meiner Freundin Ayse Birsel, einer türkischstämmigen Industriedesignerin, um unsere Faszination für das Heroische noch einen Schritt weiterzudenken – über die Bewunderung und Inspiration hinaus bis hin zu unserer Aspiration.

Alles begann mit einer einfachen Frage, die man mir stellte, nachdem ich die Teilnehmer eines Seminars mit dem Titel »Design the Life you Love« (Gestalte das Leben, das du liebst), das Ayse regelmäßig veranstaltete, stundenlang dazu ermuntert hatte, bei ihren Entscheidungen, was sie als Nächstes tun wollten, noch mehr Mut und Kühnheit zu beweisen. Irgendwann drehte einer der Teilnehmer den Spieß um.

»Wenn Sie glauben, dass es so einfach ist, dann sagen Sie mir doch, wie Ihr nächster Schritt aussieht!«

Weil ich nicht die leiseste Idee hatte, versuchte Ayse, eine meisterhafte Problemlöserin, mir unter die Arme zu greifen.

»Am besten beginnen wir mit einer einfachen Frage«, sagte sie. »Wer sind deine Helden?«

Die Antwort fiel mir leicht. »Alan Mulally, Frances Hesselbein, Jim Kim, Paul Hersey, Peter Drucker. Und natürlich Buddha«, zählte ich auf.

»Warum?«, fragte sie daraufhin.

»Nun, zum einen natürlich, weil ich Buddhist bin. Und Drucker, der erst spät in seinem Leben zu einem Mentor wurde, war der größte Pionier der Managementlehre des 20. Jahrhunderts.«

»Okay, aber was ist so ›heldenhaft‹ an ihnen, außer der Tatsache, dass du ihre Ideen magst?«

»Sie haben alles, was sie wussten, an so viele Menschen wie möglich weitergegeben, damit sie es ebenfalls weitertragen konnten. Obwohl Buddha schon seit sechsundzwanzig Jahrhunderten tot ist und Peter 2005 im Alter von fünfundneunzig Jahren starb, haben ihre Ideen überlebt«, lautete meine Antwort.

Woraufhin sie mich fragte: »Warum versuchst du dann nicht, mehr wie deine Helden zu sein?«

Das war der Moment, in dem ich erkannte, dass ich mehr tun konnte, als meine heldenhaften Lehrmeister lediglich zu bewundern. Ich konnte ihre Ideen übernehmen. Ich konnte, wenngleich in bescheidenem Maße, danach streben, das zu werden, was mich am meisten an ihnen beeindruckte. Dies war der Anfang meiner Aspiration, mein Wissen mit anderen zu teilen, auch wenn ich nicht sofort wusste, wie ich dieses Vorhaben in die Tat umsetzen sollte. Doch Ayse hatte die Saat gelegt, und sie ging auf. So kam es, dass ich, lange nachdem ich zu dem Schluss gekommen war, dass es in meinem Leben kein »nächstes großes Ding« mehr geben würde und dass die Tage des Strebens nach höheren Zielen bereits hinter mir lagen, quasi »versehentlich« meine kleine Gemeinschaft von Gleichgesinnten ins Leben rief, die »100 Coaches« (auf die ich in Kapitel 10 eingehen werde). Und wenn ich das kann, dann können Sie es auch.

TUN SIE FOLGENDES: Wir stellen unsere Helden auf viel zu hohe Podeste und betrachten sie nur selten als Vorbilder, denen wir nacheifern können. Mit den vier Schritten in dieser Übung können Sie diesen Fehler korrigieren:

- Schreiben Sie die Namen Ihrer Helden auf.
- Beschreiben Sie mit jeweils einem Wort die Werte und Tugenden, die Sie an ihnen schätzen.
- Streichen Sie ihre Namen durch.
- Schreiben Sie Ihren eigenen Namen an ihre Stelle.

Warten Sie dann darauf, dass Ihr nächstes großes Ziel, Ihre nächste Aspiration, in Erscheinung tritt.

ÜBUNG
Lösen Sie Ihre Dichotomien auf

Auch zu dieser Übung hat mich Ayse Birsel inspiriert (und auch hier geht es um das Durchstreichen von Wörtern, also zücken Sie schon einmal Ihren Stift). Als sie 2015 ihre »Design the Life You Love«-Seminare ins Leben rief, bat sie mich, zu einem ihrer ersten Events in New York ein paar Freunde mitzubringen – um die leeren Plätze zu füllen, weil sich nur sechs Personen angemeldet hatten. Ich brachte siebzig Leute mit. Falls das große Publikum Ayse nervös machte oder einschüchterte, ließ sie es sich nicht anmerken. Doch ich wusste auch, dass es der eigenen Persönlichkeit wesentlich mehr abverlangte, eine Stunde oder länger vor einem Publikum von mehreren Dutzend Fremden zu sprechen als vor gerade einmal sechs Personen. Sechs Personen sind eine Dinnerparty, sechs Dutzend sind ein Publikum. Also beschloss ich, ihr dabei zu helfen, in die richtige Stimmung zu kommen.

Ayse hatte mir einmal offenbart: »Wenn ich auf einer Insel stranden würde und nur ein einziges kreatives Werkzeug mitnehmen könnte, wäre es die Auflösung von Dichotomien.« Ihr liebster Teil des Produktdesigns war es, Lösungen für Entweder-oder-Entscheidungen zu finden, die ihre Kunden ihrem geschulten Auge überließen, zum Beispiel ob ein Design klassisch oder modern, klein oder funktional sein sollte, ob es sich um ein eigenständiges Produkt handeln oder Teil einer erweiterbaren Produktlinie sein sollte und andere Entscheidungen wie diese. Im Idealfall ist das fertige Design dann stets eine Mischung aus beidem – ein klassisches Design unter Verwendung moderner Materialien, wie der Ford F-150 Pickup, dessen traditionelle Stahlkarosserie durch Aluminium ersetzt wurde. Doch die Dichotomien unseres alltäglichen Verhaltens scheinen eher nach einer echten Auflösung zu verlangen als nach einer erzwungenen Integration. Optimist oder Pessimist? Teamplayer oder Einzelkämpfer? Aktiv oder passiv? Entscheiden Sie sich für das eine oder das andere. Sie können nicht beides sein.

Da ich mich an ihre Vorliebe für Dichotomien erinnerte, nahm ich Ayse kurz vor Beginn des Seminars zur Seite und sagte ihr Folgendes:

»Ich weiß nicht, ob du in deinem Leben jemals die Dichotomie ›extrovertiert oder introvertiert‹ aufgelöst hast. Heute ist jedenfalls nicht der Tag, an dem du dich für ›introvertiert‹ entscheiden solltest. Lass uns ein bisschen singen.« Und dann stimmte ich »There's No Business Like Show Business« an. Erstaunlicherweise kannte sie den Text und stimmte mit ein. Nachdem wir lachend die letzten Zeilen des Lieds gesungen hatten, sagte ich zu ihr: »Erinnere dich an dieses Gefühl. Dein Publikum ist nicht für ein weiteres Arbeitsmeeting hierhergekommen. Jetzt ist Showtime angesagt.«

Für die Hälfte von uns ist die Welt schwarz und weiß, doch für die andere Hälfte gibt es auch Grautöne. Genau wie Ayse gehöre ich zur ersten Gruppe (der vorangegangene Satz ist der beste Beweis dafür). Wenn es Ihnen wie mir geht, dann wissen Sie, dass Ihnen Entscheidungen nicht automatisch leichter fallen, wenn Sie die Welt als endlose Aneinanderreihung von Dichotomien betrachten. Damit reduzieren Sie lediglich Ihre zahllosen Möglichkeiten auf nur noch zwei Optionen. Doch Sie müssen sich immer noch für eine davon entscheiden. Dass Sie das berücksichtigen, ist besonders zu Beginn Ihres Aspirationsprozesses sehr wichtig. Sofern Sie Ihre Persönlichkeit nicht komplett auf den Kopf stellen wollen, sollten Ihre Aspirationen nicht in völligem Widerspruch zu Ihren grundlegenden Vorlieben, Tugenden und Eigenarten stehen. Stattdessen müssen Sie die Dichotomien identifizieren, die immer wieder aufs Neue in Ihrem Leben auftauchen, vor allem dann, wenn sie eine wiederkehrende Ursache von Problemen oder Misserfolgen sind (etwa Prokrastination vs. Rechtzeitigkeit). Anschließend müssen Sie sie auflösen und sich entscheiden, welche Hälfte Sie sich zu eigen machen möchten.

TUN SIE FOLGENDES: Listen Sie als Erstes so viele interessante Dichotomien auf, wie Ihnen nur einfallen. (Ich habe für den Anfang vierzig Stück niedergeschrieben. Sie können sie gerne um Ihre eigenen Ideen ergänzen.)

Nehmen Sie dann einen Stift zur Hand und streichen Sie jede Dichotomie, die nicht wirklich auf Sie zutrifft, komplett durch, sodass sie nicht mehr lesbar ist.

Befassen Sie sich nun mit den verbleibenden Dichotomien, um herauszufinden, welche Hälfte jedes Paares Ihre Persönlichkeit widerspiegelt. Sind Sie ein Anführer oder ein Mitläufer? Ein Partylöwe oder ein Mauerblümchen? Präsent oder abgelenkt? Bitten Sie Partnerpersonen oder Freunde um ihre Einschätzung, wenn Ihnen das weiterhilft. Streichen Sie dann jeweils die Hälfte der Paarung durch, die nicht auf Sie zutrifft. Am Ende sollte ein Blatt mit geschwärzten Wörtern vor Ihnen liegen, das aussieht wie die von der Regierung redigierte Fassung der Memoiren eines CIA-Agenten.

Schritt 1
Erstellen Sie eine Liste

Glas halb leer	Glas halb voll
Loslassen	Festhalten
Talent	Harte Arbeit
Voreingenommen	Unvoreingenommen
Berühmt	Anonym
Geduld	Ungeduld
Konservativ	Progressiv
Drinnen	Draußen
Stadt	Land
Ernst	Lustig
Anführer	Mitläufer
Geber	Nehmer
Innerer Kern	Äußerer Rand
Vernunft	Gefühl
Vertrauensvoll	Misstrauisch
Nachdenklich	Impulsiv
Risikoscheu	Risikofreudig
Geld ist wichtig	Geld ist nicht wichtig
Zeitmangel	Geldmangel
Ausgeglichen	Unausgeglichen
Leise	Laut
Man soll mich mögen	Man muss mich nicht mögen
Kurzfristig	Langfristig
Die eigene Kultur	Die eigene Kultur
Akzeptierend	Ablehnend
Entschlossen	Unentschlossen
Partylöwe	Mauerblümchen
Ironisch	Aufrichtig
Proaktiv	Reaktiv
Status quo	Fortschritt
Tiefgründig	Oberflächlich
Angestellt	Selbstständig
Verheiratet	Ledig
Reisen	Von zu Hause arbeiten
Interne Bestätigung	Externe Bestätigung
Es ist nicht fair	Ich habe meinen Frieden damit gemacht
Prokrastinieren	Rechtzeitig erledigen
Konfrontieren	Vermeiden
Pragmatisch	Verträumt
Präsent	Abgelenkt
Verzögerte Bedürfnisbefriedigung	Unmittelbare Bedürfnisbefriedigung

Schritt 2
Streichen Sie Paarungen durch (so, dass sie nicht mehr lesbar sind!), die Ihnen nicht wichtig sind

Glas halb leer	Glas halb voll
Loslassen	Festhalten
Talent	Harte Arbeit
Voreingenommen	Unvoreingenommen
Berühmt	Anonym
Geduld	Ungeduld
Konservativ	Progressiv
Drinnen	Draußen
Stadt	Land
Ernst	Lustig
Anführer	Mitläufer
Geber	Nehmer
Innerer Kern	Äußerer Rand
Vernunft	Gefühl
Vertrauensvoll	Misstrauisch
Nachdenklich	Impulsiv
Risikoscheu	Risikofreudig
Geld ist wichtig	Geld ist nicht wichtig
Zeitmangel	Geldmangel
Ausgeglichen	Unausgeglichen
Leise	Laut
Man soll mich mögen	Man muss mich nicht mögen
Kurzfristig	Langfristig
Die eigene Kultur	Die eigene Kultur
Akzeptierend	Ablehnend
Entschlossen	Unentschlossen
Partylöwe	Mauerblümchen
Ironisch	Aufrichtig
Proaktiv	Reaktiv
Status quo	Fortschritt
Tiefgründig	Oberflächlich
Angestellt	Selbstständig
Verheiratet	Ledig
Reisen	Von zu Hause arbeiten
Interne Bestätigung	Externe Bestätigung
Es ist nicht fair	Ich habe meinen Frieden damit gemacht
Prokrastinieren	Rechtzeitig erledigen
Konfrontieren	Vermeiden
Pragmatisch	Verträumt
Präsent	Abgelenkt
Verzögerte Bedürfnisbefriedigung	Unmittelbare Bedürfnisbefriedigung

Schritt 3
Streichen Sie pro verbleibendem Paar j weils einen der beiden Begriffe durch (ni mehr lesbar!)

Glas halb leer	Glas halb voll
Loslassen	Festhalten
Voreingenommen	Unvoreingenomme
Berühmt	Anonym
Ernst	Lustig
Anführer	Mitläufer
Geber	Nehmer
Vertrauensvoll	Misstrauisch
Risikoscheu	Risikofreudig
Zeitmangel	Geldmangel
Ausgeglichen	Unausgeglichen
Man soll mich mögen	Man muss mich nic mögen
Kurzfristig	Langfristig
Entschlossen	Unentschlossen
Partylöwe	Mauerblümchen
Proaktiv	Reaktiv
Status quo	Fortschritt
Tiefgründig	Oberflächlich
Angestellt	Selbstständig
Verheiratet	Ledig
Reisen	Von zu Hause arbeiten
Interne Bestätigung	Externe Bestätigung
Es ist nicht fair	Ich habe meinen Fr den damit gemach
Konfrontieren	Vermeiden
Verzögerte Bedürfnisbefriedigung	Unmittelbare Bedür nisbefriedigung

Die Begriffe, die am Ende übrigbleiben, offenbaren die Qualitäten, die Sie ausmachen. Gegen das Bild, das sie von Ihnen zeichnen, können Sie nichts einwenden. Denn Sie haben es selbst gezeichnet. Diese Qualitäten haben nicht nur Einfluss auf das, was Sie anstreben, sondern auch darauf, ob Sie es sich verdienen werden oder nicht. Bonusübung: Zeigen Sie Ihr fertiges Blatt den Menschen, die Sie am besten kennen (wenn Sie sich trauen) – um wertvolles Feedback zu erhalten.

KAPITEL 6

CHANCE ODER RISIKO: GEWICHTEN SIE RICHTIG?

ERINNERN SIE SICH noch an Richard, den jungen Taxifahrer, den Sie auf der ersten Seite der Einführung kennengelernt haben und der einen kolossalen Fehler machte, den er sein ganzes Leben lang bereut hat? Als Richard mir die traurige Geschichte erzählte, dass er nicht wie vereinbart zu seinem ersten Date mit einer wunderbaren jungen Frau erschienen war, die er eine Woche zuvor auf einer Fahrt vom Flughafen zu ihren Eltern kennengelernt hatte, konnte ich seine Entscheidung absolut nicht nachvollziehen. Aber nachdem ich im Lauf der Jahre immer wieder darüber nachgedacht und auch mit Richard darüber gesprochen hatte, glaube ich, dass ich inzwischen weiß, warum er drei Blocks vom Haus der Dame entfernt erst zu Stein erstarrte und dann umkehrte, um sie nie mehr wiederzusehen. Richards Fehlverhalten war nicht das Ergebnis eines plötzlichen Anfalls von Lampenfieber oder von Feigheit; das waren lediglich die Auswirkungen, nicht aber nicht die Ursachen für seine Fehlentscheidung. Sein Fehler bestand darin, dass er die Chance und das Risiko, die das erste Date für ihn darstellte, nicht richtig gewichtet hat. Er hat dem Risiko ein zu großes und seinen Chancen ein zu geringes Gewicht beigemessen – und dadurch seine Chance verpasst.

Mit dieser unglücklichen Fehleinschätzung ist er nicht allein. Uns allen passiert ständig dasselbe.

Wir werden im Folgenden noch einmal auf Richards Fehler zu sprechen kommen, aber lassen Sie uns zunächst einen etwas genaueren Blick auf die Beziehung zwischen Chance und Risiko werfen – und erörtern, weshalb es uns so oft misslingt, die beiden vernünftig gegeneinander abzuwägen, mit der Folge, dass wir schlechte Entscheidungen treffen.

* * *

Chance und Risiko sind die beiden wichtigsten Variablen, die Sie immer berücksichtigen sollten, wenn Sie über eine »Investition« nachdenken – egal, ob es um den Einsatz materieller Ressourcen oder um Ihre Zeit, Energie oder Loyalität geht. Chance steht dabei für das Ausmaß und die Wahrscheinlichkeit des *Nutzens*, den Ihre Wahl Ihnen bietet. Risiko beschreibt das Ausmaß und die Wahrscheinlichkeit der *Kosten*, die Ihre Wahl verursacht.

Wenn wir einer der zwei Seiten der Chance-Risiko-Entscheidung* deutlich mehr Gewicht beimessen – und wir das Gleichgewicht genau, wenn auch nicht perfekt, einschätzen können – ist es einfach, eine Entscheidung zu treffen, die uns nachts ruhig schlafen lässt. Wenn wir der Meinung sind, dass unsere Wahl mit ziemlicher Sicherheit einen großen Nutzen bringen wird, ohne die Gefahr von Verlusten, werden wir sie treffen. Wenn wir hingegen der Meinung sind, dass unsere Wahl mit

* Diese Art von Entscheidung wird üblicherweise als eine Risiko-Nutzen-Entscheidung bezeichnet. Meiner Meinung nach ist dieser Begriff jedoch irreführend, weil er Risiko und Nutzen fälschlicherweise miteinander verbindet: Wer das eine tut, bekommt das andere. Er unterstellt, dass sich zwangsläufig Nutzen einstellen wird, wenn wir ein Risiko eingehen. Das ist natürlich Unsinn, denn wo ist das Risiko, wenn der Nutzen garantiert ist? Ich bevorzuge den Begriff »Chance«, weil er besser beschreibt, was auf dem Spiel steht. Der Vorteil, den wir uns sichern, indem wir ein Risiko eingehen, ist nicht der Nutzen selbst, sondern die Chance darauf, uns diesen Nutzen zu verdienen. Ein Risiko ist nicht zwingend töricht, nur, weil nicht wir den erhofften Nutzen daraus ziehen konnten. Denn auch andere Faktoren, auf die wir keinen Einfluss haben, können das Ergebnis zu unseren Ungunsten beeinflussen. Wenn wir ein Risiko eingehen, entscheiden wir uns lediglich dafür, eine Chance zu ergreifen. Vielleicht bringt sie uns den ersehnten Nutzen, vielleicht aber auch nicht.

ziemlicher Sicherheit zu großen Verlusten führen wird, hingegen aber keine Aussicht auf einen Nutzen besteht, werden wir sie meiden.

Manchmal sorgen wir uns um das damit verbundene Risiko. Dann suchen wir nach Informationen, die uns helfen, ein Gleichgewicht zwischen dem Risiko und der attraktiven Gelegenheit herzustellen. Angenommen, Sie möchten Urlaub an einem Ort mit einem warmen, sonnigen Klima machen, der nicht allzu viele Zeitzonen von Ihrem Zuhause in Boston entfernt ist. Sie wählen eine Insel in der Karibik aus, die diese Kriterien erfüllt. Das größte Risiko ist die richtige Reisezeit. Sie möchten nicht zu einer Zeit dorthin fliegen, in der das Wetter wechselhaft ist. Also googeln Sie das Wetter auf der Insel Ihrer Wahl und erfahren, dass es dort von Juni bis August zu heiß ist, dass im September die Hurrikansaison beginnt, dass es im Oktober und November zu nass ist und dass die kürzesten Tage im Dezember und Januar liegen. Daraus schließen Sie, dass sich der März und der April – mit viel Sonnenschein, langen Tagen und einer geringen Regenwahrscheinlichkeit – ideal eignen, um dem strengen Winter Neuenglands zu entfliehen. Auf diese Weise können Sie Risiken und Chancen abwägen und eine Wahl treffen, die die Wahrscheinlichkeit eines schönen Urlaubs steigert. Natürlich gibt es keine Garantie, aber sie haben sich ihr weit genug angenähert, um ruhig schlafen zu können. Google sei Dank.

Manchmal ist die Chance größer als das Risiko, und Ihr einziges Risiko besteht darin, nicht zu erkennen, dass ein Einhorn in Ihr Leben getreten ist – eine fabelhafte Chance, die zu schön ist, um wahr zu sein. Nehmen wir an, Sie haben die Chance, einhundert beliebige Artikel zum absoluten Schnäppchenpreis von 1 Dollar pro Artikel zu kaufen. Da Sie den Markt für diese Artikel sehr genau beobachten, kennen Sie ganz zufällig jemanden, der diese hundert Artikel dringend benötigt und bereit wäre, bis zu 10 Dollar pro Stück für sie zu bezahlen. Im Gegensatz zu Ihnen weiß diese Person allerdings nicht, dass er sie auch für 1 Dollar das Stück bekommen könnte. Die Ahnungslosigkeit dieser Person ist in diesem Fall Ihr Vorteil. Also kaufen Sie die Artikel für 100 Dollar, verkaufen sie für 1000 Dollar weiter und streichen die Differenz ein – eine Investitionsrendite von 900 Prozent. Abgesehen von dem höchst unwahrscheinlichen Fall, dass der Markt für diese Artikel in der kurzen Zeitspanne zwischen ihrem Erwerb und ihrem Weiterverkauf zusammenbricht, wäre diese Situation ein Beispiel für eine Entscheidung, die die größtmögliche Chance und praktisch keinerlei Risiko birgt. An den Anleihemärkten und Rohstoffbörsen gibt es Tag für Tag Tausende solcher Gelegenheiten. Jemand glaubt, dass Schweinebauch-Chargen unter Wert angeboten werden, kauft sie billig ein und verkauft sie mit Gewinn an jemand anderen weiter, der sie dringend braucht (oder der glaubt, dass Sie sie immer noch unter Wert anbieten). Dabei handelt es sich um die Art komplexer Berechnungen, bei denen es um Millionen Dollar geht und die von der Unterstützung durch hochentwickelte Software und Hochgeschwindigkeits-Supercomputer profitieren.

Sie werden feststellen, dass jede dieser Entscheidungen, bei der Geld den Besitzer wechselt und die mit einem finanziellen Risiko einhergeht, von einem System und einer Infrastruktur in Form einer leistungsstarken Technologie gestützt wird, die schnell historische Daten für die Berechnung der Balance zwischen Chance und Risiko liefert, was Ihre Fähigkeit, eine vertretbare Entscheidung zu treffen, verbessert – und, wie ich anmerken möchte, die Chancen verringert, dass Sie eine törichte Entscheidung treffen. Viele Geschäftsentscheidungen werden anhand dieses datengestützten Wettbewerbsvorteils getroffen; denn das ist besser, als sich zu sehr auf die eigenen Gefühle oder die Intuition zu verlassen.

Nicht so im täglichen Leben. Es gibt nur wenige nützliche Kennzahlen, die uns dabei helfen können, unsere Chancen und Risiken abzuwägen, wenn wir beispielsweise entscheiden möchten, wen wir heiraten oder wo wir wohnen sollen oder wann der richtige Zeitpunkt für einen Berufswechsel gekommen ist. Und dies, obwohl es sich dabei um einige der wichtigsten Entscheidungen handelt, die wir in unserem Leben treffen werden, die unzählige Konsequenzen nach sich ziehen und die wir irgendwann potenziell bereuen könnten – und wir haben nur wenige aufschlussreiche Hilfsmittel, mit denen wir sicherstellen können, dass wir weise wählen. Stattdessen entscheiden wir übereilt und impulsiv. Wir lassen uns von unserer Erinnerung an vergangene Erfolge und von

Fehlern oder von den Meinungen anderer beeinflussen. Am schlimmsten ist es jedoch, wenn wir die Entscheidung jemand anderem überlassen.

Was wäre, wenn es eine Methode oder eine konzeptionelle Struktur gäbe, mit deren Hilfe wir die Gefühle und die Irrationalität, die unsere Risikoentscheidungen bestimmen, bändigen könnten, und die uns dabei helfen würde, bessere Entscheidungen zu treffen?

Indem ich mich dem berühmten Gebot der Prozessanwälte beuge, das besagt, dass wir niemals eine Frage stellen sollten, deren Antwort wir nicht kennen, habe ich eine Antwort für Sie.

Sie findet sich in demselben Trio unabhängiger Variablen wieder – die drei großen A, also Aktion, Ambition und Aspiration –, die ich Ihnen in Kapitel 5 vorgestellt habe. Das Merkmal, durch das sich diese Variablen in meinen Augen voneinander unterscheiden, ist ihr Zeithorizont. Wie weit reicht jede Variable vom gegenwärtigen Zeitpunkt weg in die Zukunft? Minuten, Jahre oder ein ganzes Leben?

Die *Aspiration* bezieht sich auf alle Dinge, die wir im Dienste eines höheren Ziels in unserem Leben tun. Ihr Zeithorizont ist grenzenlos. Unser Bestreben endet nicht an einer Ziellinie.

Die *Ambition* beschreibt unsere Konzentration auf das Erreichen festgelegter und ehrgeizig verfolgter Ziele. Sie bewegt sich in einer zeitlich begrenzten Dimension, deren Umfang davon bestimmt wird, wie lange es dauert, bis wir unser Ziel erreichen. Je nach Komplexität und Schwierigkeitsgrad des Ziels kann unsere Ambition entweder auf die Ziellinie zurasen oder sich ihr im Schneckentempo nähern. Wir können unsere Ambitionen innerhalb von Tagen, Monaten oder Jahren verwirklichen – und dann das nächste Ziel ins Auge fassen.

Die *Aktion* steht für unsere Handlungen zu einem bestimmten Zeitpunkt. Der Zeithorizont unseres Handelns umfasst den unmittelbaren Moment, er ist für immer im Hier und Jetzt. Unser Handeln dient keinem anderen Ziel als der Befriedigung eines unmittelbaren Bedürfnisses. Wir wachen hungrig auf, also frühstücken wir. Das Telefon klingelt, also gehen wir ran. Die Ampel wechselt von Rot auf Grün, also geben wir Gas. Die meisten Handlungen, die wir unter der Flagge der Aktion unternehmen, sind reaktiv, nicht besonders sorgfältig durchdacht und unterliegen bisweilen nicht einmal unserer Kontrolle. Unsere Handlungen sind oft wie Marionetten – bei denen nicht zwingend wir selbst die Fäden ziehen.

Zwischen diesen drei Zeitdimensionen zu unterscheiden und zu erkennen, wie gut sie einander dienen (oder auch nicht), kann in meinen Augen enormen Einfluss darauf nehmen, wie nahe wir einem verdienten Leben kommen. Bei meiner Arbeit habe ich festgestellt, dass viele CEOs in Versuchung geraten, sich fast ausschließlich in der zeitlichen Dimension ihrer Ambitionen zu bewegen. Sie haben stets ein bestimmtes Ziel im Visier und stellen ihr Handeln (missbräuchlich) in den Dienst dieser Ambition. Die Aspiration, das Streben nach einem übergeordneten Ziel in ihrem Leben, spielt praktisch keine Rolle, oder frühestens dann, wenn sich ihre CEO-Karriere dem Ende zuneigt und sie sich fragen: »Wofür war das nun eigentlich gut?« Anders bei meinen vergeistigteren und idealistischeren Kollegen und Freunden: Sie messen ihren Aspirationen zu viel Gewicht bei – auf Kosten ihrer Ambitionen. Sie haben große Träume und tun nur kleine Schritte.

Mein Anliegen ist es, dass Sie als Leser erkennen, dass unser Leben erfüllter sein kann, wenn wir die genannten drei Variablen so aufeinander ausrichten, dass unser Handeln (Aktion) mit unserem Ehrgeiz (Ambition) und mit unserem höheren Ziel (Aspiration) in Einklang steht.

Das zusätzliche Argument, das ich in diesem Zusammenhang ins Feld führen möchte, ist Folgendes: Die Dynamik des Aufeinanderausrichtens unseres Handelns mit unserem Ehrgeiz und unserem höheren Ziel gilt auch für unsere Risikoentscheidungen. Die drei großen A bieten uns einen konzeptionellen Rahmen, der uns hilft, bessere Entscheidungen zu treffen. Vor die Wahl gestellt, ob wir ein großes Risiko eingehen oder vermeiden sollten, müssen wir innehalten und uns fragen, welchem zeitlichen Horizont diese riskante Entscheidung dient: Unserer langfristigen Aspiration oder unserer kurzfristigen Ambition? Oder fällt es vielmehr in die Kategorie einer unmittelbaren Aktion, die lediglich der kurzfristigen Stimulation dient, die sich aus der sofortigen Befriedigung eines Bedürfnisses ergibt? Wenn wir diese Frage beantworten können, dann wissen wir, wann es sich lohnt, ein Risiko einzugehen und wann nicht. Und vermutlich gehen wir dann klügere Risiken ein, die uns die Möglichkeit geben, unsere Chancen vollständig zu realisieren und den verdienten Lohn zu empfangen.

Als ich mit siebenundzwanzig in Los Angeles lebte, schnappte ich mir beispielsweise liebend gerne meinen Neoprenanzug und mein Bodyboard und fuhr an den Manhattan Beach. Ich war kein erfahrener Surfer, der ein großes Brett beherrschte und im Stehen surfen konnte, sondern nur ein Anfänger, der bäuchlings durch die Wellen ritt. Aber die Sonne, die Brandung und der Nervenkitzel, den ich verspürte, wenn ich eine auch noch so kleine Welle erwischte, begeisterten mich und machten mich geradezu süchtig. Eines Tages, als ich mit meinen Freunden Hank und Harry dort war, fühlte ich mich besonders kühn. Auf dem Wasser haben Sie immer die Wahl zwischen zwei Möglichkeiten: der kleinen Welle oder der großen Welle. Sich auf die kleinen Wellen zu konzentrieren bedeutet, viele Wellen zu reiten, die allerdings bei Weitem nicht so reizvoll sind wie die großen Wellen, auf die erfahrene Surfer weiter draußen warten. Im Laufe des damaligen Tages wurden die Wellen immer größer. Nach jedem erfolgreichen Ritt auf einer kleinen Welle forderten Hank, Harry und ich uns gegenseitig heraus, es als Nächstes mit einer großen Welle zu versuchen.

Während wir uns gegenseitig anstachelten, spürte ich, wie mein Adrenalinspiegel in die Höhe schoss und ich immer selbstbewusster wurde. Zaghaft paddelte ich weiter und weiter hinaus, dorthin, wo die besseren Surfer auf die große Welle warteten. Plötzlich tauchte am Horizont eine solche Welle auf. Ich paddelte auf die neun Fuß hohe Welle zu, die mir aus meiner liegenden Position auf dem Bodyboard wie ein Berg erschien, der drohte, mich unter sich zu begraben. Es wird Sie wahrscheinlich nicht überraschen, wenn ich Ihnen sage, dass mein Timing schlecht war, die Welle mich verschluckte und mich im flachen Wasser mit großer Wucht kopfüber auf den Meeresboden schleuderte. Ich erlitt einen Bruch des 5. und 6. Halswirbels und eine Zeit lang war es fraglich, ob ich jemals wieder würde laufen können. Meinen linken Arm konnte ich erst nach neun Monaten wieder benutzen, aber schließlich wurde ich wieder gesund. Drei weniger glückliche Surfer, die in diesem Sommer ähnliche Verletzungen erlitten, konnten nie wieder gehen.

Während ich zwei Wochen lang bewegungslos auf dem Rücken im Krankenhaus lag, hatte ich viel Zeit, mich meinem Gefühlschaos hinzugeben: Während ich einerseits meine Fehlentscheidung bereute, war ich andererseits dankbar, dass ich nicht gelähmt, geschweige denn tot war. Hätte ich schon damals über die drei großen A – Aktion, Ambition und Aspiration – Bescheid gewusst, hätte ich vielleicht eine klügere Entscheidung getroffen, wer weiß. In jedem Fall wäre es aber eine wohlüberlegte Entscheidung gewesen, hinter der ich voll und ganz gestanden hätte, egal, wie die Sache ausgegangen wäre. Denn ich hätte gewusst, dass mein übergeordnetes Ziel im Leben nichts mit Surfen zu tun hatte. Ich wusste, dass ich niemals ein großer Surfer werden würde – dass es nicht ein wichtiger Teil des Menschen war, der ich einmal werden wollte. Ich hätte gewusst, dass sich meine Ambition in Bezug auf das Surfen darauf beschränkte, es gut genug zu erlernen, um Spaß zu haben, ohne Verletzungen zu riskieren. Ich hätte außerdem erkannt, dass meine damalige Entscheidung im Zeichen einer Handlung stand, die einem unmittelbaren Nervenkitzel diente und nicht in Einklang mit der Person stand, die ich war oder die ich werden wollte. Auch wenn ich es natürlich nicht garantieren kann, würde ich wirklich gerne glauben, dass ich mich damals anders entschieden hätte, wenn ich diese riskante Entscheidung unter Berücksichtigung der drei großen A getroffen hätte. (Denn sich mit den drei großen A zu befassen, reduziert unsere Irrationalität zwar, eliminiert sie aber nicht vollständig.) Heute würde ich auf jeden Fall anders entscheiden.

Die Fehler, die uns bei der Kalkulation von Risiken und Chancen unterlaufen, müssen nicht so dramatisch und folgenschwer sein wie mein Genickbruch. Sie können klein und tückisch sein und einen unmittelbaren, kurzfristigen Nutzen bringen, aber sonst keinen Schaden anrichten. Denken Sie zum Beispiel an die Menschen, die in Kasinos vor den Spielautomaten sitzen. Diese Automaten, die gerne auch als »das Crack-Kokain des Glücksspiels« bezeichnet werden, können bis zu 75 Prozent der Einnahmen eines Kasinos ausmachen. Als wir uns im Studium mit dem Thema Sucht beschäftigten, war es die Spielautomatensucht, die mich am meisten erstaunte. Und dieses Erstaunen hielt noch über Jahre an. Was brachte Menschen dazu, ihr Geld in ein Spiel zu investieren, bei dem in den allermeisten Fällen das Kasino gewann? Was noch dazu jedermann wusste! Natürlich variieren die Gewinnquoten von Automat zu Automat; sie müssen auf jedem Gerät sichtbar ausgewiesen werden. Und sie sind ausnahmslos der zweit- oder drittschlechteste Weg, wenn Sie in einem Casino viel Geld gewinnen wollen.

Ich habe einen Bachelorabschluss in Wirtschaftsmathematik und war schon damals in der Lage, die Gleichungen zu verstehen, mit denen Wahrscheinlichkeitstheoretiker erklären, weshalb es töricht ist, sein Geld in Spielautomaten zu stecken. Für von Natur aus rationale Theoretiker sind Spielautomaten nichts anderes als Finanzgeschäfte mit einer schlechten Kapitalrendite. Ich war derselben Ansicht. Da ich eher ein rationaler, zukunftsorientierter Denker bin, bestand mein Problem darin, dass ich annahm, der Zeithorizont von Glücksspielern in Bezug auf Belohnungen sei derselbe wie mein eigener. Was übergeordnete Ziele betraf, so konnte ich mir nicht vorstellen, dass der Sinn des Lebens für irgendjemanden darin bestehen könnte, stundenlang auf blinkende Lichter auf einem Videobildschirm zu starren. Und in Sachen Ambitionen konnte ich mir nicht vorstellen, dass sich irgendjemand das Ziel setzen würde, ein Weltklasse-Automatenspieler zu werden. Schließlich erkannte ich jedoch, dass das Glücksautomatenspiel nichts mit irgendwelchen Aspirationen oder Ambitionen zu tun hatte. Die Menschen, die stundenlang reglos vor Spielautomaten standen, kamen nicht ins Kasino, um einen langfristigen Nutzen zu erzielen. Solch ein Ziel lag viel zu weit in der Zukunft, als dass es sie interessiert hätte. Ihr Zeithorizont erstreckte sich ausschließlich auf die Dimension des unmittelbaren Handelns, auf das nächste Ziehen am Hebel, und das nächste, und das danach, bis ihnen langweilig wurde oder ihr Geld alle war (im Durchschnitt geht einem Spieler, der mit einem Einsatz von 100 Dollar beginnt, in unter vierzig Minuten das Geld aus).

Ich begann zu verstehen, warum so viele Kasinobesucher der Spielautomatensucht verfallen (sie stecken in der Aktions-Dimension fest) – und weshalb wir alle im Verlauf unseres Lebens in die gleiche Falle tappen können. Es ist stets eine Frage des Zeithorizonts. Wenn wir ein höheres Ziel verfolgen, konzentrieren wir uns auf den zeitlich unbegrenzten, ultimativen Nutzen unseres Tuns. Wenn wir eine Ambition verfolgen, konzentrieren wir uns auf den zeitlich begrenzten zukünftigen Nutzen, den sie nach sich ziehen wird. Und wenn wir eine Handlung vollziehen, konzentrieren wir uns auf den unmittelbaren Nutzen dessen, was wir gerade tun. Die Automatenspieler fokussierten sich alle auf die vor ihnen liegende Aktion und die unmittelbaren Vorteile, die sie ihnen eröffnen sollte.

Aus meiner Sicht taten sie nichts anderes, als ihr Geld zum Fenster hinauszuwerfen – für den flüchtigen Moment des Nervenkitzels, während sie darauf warteten zu erfahren, ob sie »gewonnen« hatten. In Anbetracht des unmittelbaren Zeithorizonts der Slotspieler ergab dieses Verhalten jedoch in gewisser Weise fast schon Sinn. Für den geringen Preis von einem Dollar pro Zug am Hebel nahmen sie die geringe Wahrscheinlichkeit eines großen Gewinns in Kauf, profitierten jedoch gleichzeitig mit hoher Wahrscheinlichkeit von einer unmittelbaren Stimulation ihrer Sinne. Die Automatenspieler spielten ein Spiel, dessen ich nicht gewahr gewesen war und dessen Nutzen sich unmittelbar mit jedem neuen Zug einstellte. Und es beinhaltete ein Risiko, das sie gerne eingingen, weil der kurzfristige Nervenkitzel und die »Unterhaltung« den Verlust an Geld wieder wettmachten. Aus der Anlageperspektive die vielleicht klügste Investition, die sie tätigen konnten. Ich persönlich würde diese Wette allerdings nicht eingehen. Das Spielen an Spielautomaten deckt sich in keiner Weise mit den Ambitionen und Aspirationen, die ich in meinem eigenen Leben hege. Denn es bedeutet volles Risiko und praktisch null Chancen.

Bei den Risiken, die wir in unserem Leben eingehen, sollte es sich um die wohldurchdachtesten Entscheidungen handeln, die wir nur treffen können – weil viel auf dem Spiel steht und die Folgen unser Leben von

Grund auf verändern können. Mithilfe der drei großen A unsere besten und schlechtesten Risikoentscheidungen zu überprüfen (wie ich es auch vor meinem Surfunfall hätte tun sollen), ist so leicht wie das Abhaken einer sehr kurzen Einkaufsliste. An diesem sonnigen Tag, den ich mit Hank und Harry auf dem Wasser verbrachte, hätten Sie mir damals so geholfen:

- Stellt das Risiko, das ich eingehe, eine Handlung (Aktion) dar, die sich mit meinem unmittelbaren Bedürfnis deckt? ***Ja.***
- Wenn ja, deckt es sich mit meinem ehrgeizig verfolgten Ziel (Ambition)? ***Nein.***
- Deckt sich das Risiko mit meinem höheren, meinem übergeordneten Ziel (Aspiration)? ***Nein.***

Wenn die Zahl der Nein-Stimmen die der Ja-Stimmen übersteigt, sollten Sie das Risiko, das Sie eingehen wollen, noch einmal überdenken. (In meinem Fall wäre ich zu dem Schluss gelangt, dass das einzige unmittelbare Bedürfnis hinter meinem Vorhaben, die große Welle zu reiten, darin bestand, dass ich meine Kumpels Hank und Harry beeindrucken wollte. Hätte ich über den Moment hinausgedacht, wäre mir aufgefallen, dass das kein besonders überzeugender Grund war.) Dann werden Sie zumindest überrascht sein, wie oft Ihre Bereitschaft, ein Risiko einzugehen, allein auf Emotionen oder leichtfertigen Impulsen beruht.

Die wichtigere Erkenntnis, die wir aus der sekundenschnellen Prüfung der drei großen A ziehen, offenbart sich jedoch erst im Nachhinein: Wenn wir uns zu sehr auf das Handeln konzentrieren und dabei unser höheres Bestreben sowie unsere Ambitionen vernachlässigen, neigen wir dazu, sehr schlechte Entscheidungen zu treffen, was das Verhältnis der damit verbundenen Chancen und Risiken angeht. Daraus ergibt sich ein klassischer Konflikt: Unsere Vorfreude auf einen kurzfristigen Nutzen konkurriert mit unserem langfristigen Wohlbefinden, und der kurzfristige Nutzen gewinnt! Was dazu führt, dass wir törichte Risiken eingehen. (Vielleicht ist dieser klassische Konflikt ja auch Sie in der Vergangenheit schon teuer zu stehen gekommen.)

Der andere klassische Fehler, der uns bei der Bewertung eines Risikos unterlaufen kann, beschreibt den umgekehrten Fall. Er zeigt sich, wenn unsere Angst vor den kurzfristigen Kosten (dem Risiko) uns davon abhält, die Chance auf einen langfristigen Gewinn zu ergreifen.

Das ist der Fehler, der Richard zum Verhängnis wurde. Ich habe noch öfter mit ihm darüber gesprochen, seit er mir die Geschichte zum ersten Mal erzählt hat (der Name der jungen Frau war Cathy), und wir waren uns einig, dass die ungefilterten Emotionen, die zu seiner bedauerlichen Entscheidung führten, von einem starken Cocktail aus Befürchtungen hervorgerufen wurden, bei denen es sich um verschiedene Ausprägungen seiner Angst handelte, für unzulänglich befunden zu werden:

- der Angst, sich zum Narren zu machen (er war Taxifahrer, in ihrer Familie hatte jeder an einer Eliteuniversität studiert);
- der Angst, »aufzufliegen« (sie lebte in einem großen Haus in einer wohlhabenden Gegend und er spielte nicht in ihrer Liga);
- der Angst vor Zurückweisung (dass ihre Eltern die Verbindung missbilligen würden);
- der Angst vor Versagen (dass die erste Verabredung auch die letzte sein würde).

Richard überschätzte das Risiko einer Verabredung mit Cathy maßlos und unterschätzte, geblendet von seinen Ängsten, welche Chance sich ihm hier bot. Hätte er über seine akuten Ängste hinwegsehen können und seinen Fokus stattdessen auf die Zukunft gerichtet – das heißt, wäre er in der Lage gewesen, sein unmittelbares Handeln gegen seine berechtigte Ambition abzuwägen, das zarte Band, das während der Taxifahrt zwischen Cathy und ihm entstanden war, weiterzuknüpfen –, ganz zu schweigen von seinem Wunsch, eine liebevolle Lebensgefährtin zu finden, hätte er womöglich keine Entscheidung getroffen, die er auch fünf Jahrzehnte später immer noch bereute.

In den Momenten, in denen er drei Blocks von Cathys Haus entfernt verharrte, bevor er schließlich wendete und sie vergeblich auf ihn warten ließ, hätte er seine Aktion gegen seine Ambition und seine

Aspiration abwägen und dann darüber nachdenken können, was langfristig gesehen am besten für ihn sein würde. »Was ist das Schlimmste, das passieren kann?«, hätte er sich fragen können. »Ihre Eltern mögen mich nicht. Ich sage etwas Dummes. Wir haben ein mieses Date und ich sehe sie nie wieder. C'est la vie.« Und dann hätte er sich neuen Dingen zuwenden können. Mit Sicherheit hätte er sich seine jahrelange Reue erspart.

Wenn Sie angesichts einer greifbaren Chance Angst verspüren, dann fragen Sie sich, warum. Fragen Sie sich, wovor genau Sie Angst haben. Wenn sie sich vor einem kurzfristigen Rückschlag fürchten, zum Beispiel vor einer Ablehnung oder vor der Möglichkeit, dass Sie sich zum Narren machen, dann ändern Sie Ihren Zeithorizont. Versuchen Sie, diese Ereignisse aus der Perspektive Ihres wesentlich älteren Ichs zu betrachten. Würde Sie eine Zurückweisung für Ihr Leben zeichnen, oder würde sie lediglich den vorübergehenden Schmerz einer kleinen Verletzung hervorrufen, von der Sie sich schnell wieder erholen? Und nun betrachten Sie die vor Ihnen liegende Chance aus derselben Perspektive. Was würde im günstigsten Fall geschehen, wenn Sie diese Chance nutzen würden? Welche Auswirkungen hätte das Ergebnis auf Ihr Leben? Und was würden Sie dann empfinden?

Die Checkliste der drei großen A ist ein einfaches Instrument, mit dem wir unsere Chancen auf eine adäquate Risikobewertung verbessern. Lassen Sie sich von ihrer Schlichtheit aber nicht dazu verleiten, ihre Bedeutung bei der Lösung scheinbar unbedeutender Entscheidungen zu unterschätzen. Denn wenn wir Entscheidungen fällen, die sich auf unsere Ambitionen und übergeordneten Ziele auswirken, befassen wir uns schließlich mit einigen der wichtigsten Fragen unseres Lebens. Die Wahrheit lautet, dass wir nicht besonders gut darin sind, zwischen den unwichtigen und den wichtigen Entscheidungen in unserem Leben zu differenzieren. Deshalb gewichten wir den Einfluss bestimmter Entscheidungen, die sich als bedeutungslos herausstellen, im Moment der Wahl viel zu hoch und messen anderen, die sich später als lebensverändernd erweisen, zu wenig Gewicht bei. Deshalb habe ich mich ganz locker dafür entschieden, mich weiter vom Ufer zu entfernen, um eine größere Welle zu erwischen, und hätte dabei fast mein Leben zerstört. Und deshalb traf Richard mit einundzwanzig Jahren die törichte Entscheidung, eine Verabredung sausen zu lassen, die ihn fast fünfzig Jahre später noch immer verfolgt. Genau wie wir schlecht darin sind, vorherzusagen, was uns glücklich machen wird, sind wir auch schlecht darin, die Folgen vermeintlich unbedeutender Entscheidungen vorherzusehen. Doch wenn Ambitionen und Aspirationen im Spiel sind, gibt es keine unbedeutenden Entscheidungen. Auch wenn wir mithilfe der Checkliste der drei großen A nicht zu perfekten Entscheidern werden, kann sie uns doch teilweise vor der unangenehmen Überraschung bewahren, die wir empfinden, wenn sich vermeintlich unbedeutende Entscheidungen als äußerst folgenreich erweisen.

KAPITEL 7

SCHNEIDEN SIE DAS BROT IN SCHEIBEN UND ENTDECKEN SIE IHR GENIALES TALENT

Vielleicht ist Ihnen in meiner Liste der Dichotomien in Kapitel 5 eine eklatante Auslassung aufgefallen. Diese Auslassung war beabsichtigt. Ich spreche von einer der Entscheidungen, vor die wir im Erwachsenleben immer wieder aufs Neue gestellt werden: Ist es besser, ein Generalist oder ein Spezialist zu sein?

Auf diese Frage gibt es keine richtige Antwort. Wir können auf beiden Wegen ein verdientes Leben führen. Wo Sie in der Generalist-vs.-Spezialist-Debatte Ihren Platz finden, ist einfach eine persönliche Vorliebe, die im Laufe der Zeit von Ihrer Erfahrung bestimmt wird. Doch irgendwann müssen Sie diese Dichotomie auflösen und sich für das eine oder das andere entscheiden. Die Alternative – ein locker-flockiges Leben irgendwo dazwischen, in dem Sie weder in vielen Sachen gut noch in einer Sache großartig sind – ist nicht schön.

Obwohl ich Ihre Wahl niemals verurteilen würde, bin ich dennoch kein unvoreingenommener Beobachter. Vielmehr möchte ich Sie schon im Voraus warnen, dass ich bei dieser Dichotomie den Spezialisten präferiere – denn das ist der Weg, den ich selbst in meiner beruflichen Laufbahn eingeschlagen habe und zu dem ich inzwischen keine Alternative mehr sehen kann. In dieser Frage bin ich wie gesagt voreingenommen – und ich werde mich nicht dafür entschuldigen. Ich habe Sie gewarnt.

Anhand der nackten Eckdaten meiner Karriere hätte sich nicht vorhersagen lassen, dass es so kommen würde. Ich bin eher versehentlich ein Spezialist geworden, zumindest am Anfang. Schließlich habe ich einen Doktortitel in Verhaltenswissenschaften. Und was ließe sich besser generalisieren als die Gesamtheit menschlichen Verhaltens? Aber alles, was ich seit dem Abschluss meines Studiums getan habe, war eine Übung darin, den Brotlaib, der meine beruflichen Interessen symbolisiert, in immer dünnere Scheiben der Spezialisierung zu schneiden.

Denn mein Interesse galt nie dem gesamten Spektrum menschlichen Verhaltens, sondern dem Verhalten in Organisationen. Das heißt, dass ich meinen Fokus wesentlich enger fasste, indem ich mich heute mit unserem Verhalten bei der Arbeit beschäftige (den restlichen Stunden des Tages widmen sich andere).

Als Nächstes entdeckte ich, dass ich nicht mit unmotivierten und aufgewühlten Menschen arbeiten wollte, die von ihrem ausbleibenden Erfolg frustriert waren. Ich wollte mit erfolgreichen Menschen arbeiten. Aber nicht mit allen von ihnen, sondern nur mit den *extrem* erfolgreichen, beispielsweise mit CEOs und anderen hochrangigen Führungskräften.

Indem ich meinen Laib in noch dünnere Scheiben schnitt, ließ ich potenzielle Kunden außerdem wissen, dass ich nicht der Richtige war, wenn sie Unterstützung bei traditionellen Managementthemen wie Strategie, Vertrieb, operatives Geschäft, Logistik, Vergütung und Anteilseigner suchten. Ich fokussierte mich ausschließlich auf ein Thema: auf das zwischenmenschliche Verhalten meiner Klienten. Wenn er oder sie etwas tat, was sich negativ auf sein Team oder andere Führungskräfte auswirkte, konnte ich ihm oder ihr helfen, sich zum Besseren zu verändern.

Diese Entwicklung geschah nicht über Nacht. Es brauchte jahrelange Tests und viele Rückschläge, intensive Analysen des Kundenfeedbacks, das Ausmerzen meiner Schwachstellen und das Festhalten an dem, was funktionierte. Mit Ende vierzig hatte ich den Laib schließlich dünn genug aufgeschnitten. Ich hatte mich nicht nur zu einem Spezialisten für zwischenmenschliches Verhalten am Arbeitsplatz entwickelt, sondern hatte meinen Kosmos potenzieller Klienten absichtlich auf eine winzige Gruppe eingegrenzt: CEOs und Menschen von ähnlichem Format. Genauso gut hätte ich eine Karriere als Herzchirurg einschlagen können, der ausschließlich Aortenklappen bei männlichen Linkshändern in New Hampshire operiert. Doch je mehr ich an dieser enggefassten Stellenbeschreibung festhielt, desto besser wurde ich in meinem Metier, bis ich eines Tages mit Fug und Recht behaupten konnte, dass mein einziges Talent – erfolgreichen Führungskräften zu helfen, ihr Verhalten dauerhaft zu ändern – nun zu meinem »Genie« gereift war. Vor dreißig Jahren waren noch nicht viele Leute auf diesem Gebiet unterwegs. Ich hatte mir also nicht nur ein einzigartiges Arbeitsgebiet erschaffen, das meinen begrenzten Interessen und Fähigkeiten entsprach, sondern ich konnte dieses Feld eine Zeit lang praktisch im Alleingang bestellen. Ich hatte mir ein Leben geschaffen, das ich buchstäblich mein Eigen nennen konnte.*

Wenn das geschieht, rennt Ihnen die Welt sprichwörtlich die Bude ein. Und das, davon bin ich überzeugt, erhöht Ihre Chancen auf ein Leben, in dem Ihre Erfüllung Ihre Reue überwiegt, enorm. Denn dann haben Sie einen positiven Kreislauf geschaffen: Sie tun das, wofür Sie bestimmt sind, Sie sind gut darin, die Menschen zollen Ihnen Respekt und kommen ganz bewusst zu Ihnen, und Sie werden immer besser. Eine beneidenswerte Position und die Essenz einer verdienten Leistung: Sie haben sich zu einem Spezialisten entwickelt, den ich gerne als »Fachgenie« oder »Ein-Talent-Genie« (»One-Trick-Genius«, kurz OTG) bezeichne. Ich verwende den Begriff »Genie« an dieser Stelle

---

* Ich würde gerne behaupten, dass ich diese Karrierestrategie von Anfang bis Ende so geplant hatte. Doch das entspricht nicht der Wahrheit. Es brauchte Zeit, bis ich verstand, dass (a) die Probleme, mit denen CEOs konfrontiert sind, folgenreicher sind als die einer durchschnittlichen Führungskraft und daher größere Aufmerksamkeit erfordern, und dass (b) die Honorare an der Spitze besser sind.

sehr großzügig, indem ich ihn auf jeden beziehe, dessen Hingabe, in seinem hochspezialisierten Fachgebiet exzellent zu sein, sich Freunden und Fremden sofort gleichermaßen offenbart. Bei einem Besuch in New York ist mir zum Beispiel einmal kurz vor einem Frühstücksmeeting ein Zahn abgebrochen. Während des gesamten Meetings plagten mich Schmerzen und ich brauchte dringend einen Zahnarzt. Mein Gastgeber, der meine Qualen bemerkte, bestand darauf, dass ich noch am selben Tag seinen eigenen Zahnarzt im Rockefeller Center aufsuchte – und noch während wir am Tisch saßen, arrangierte er einen Termin für mich. »Er wird Ihnen helfen«, versicherte mir dieser Gastgeber. »Er ist ein Genie.« Solche überzogenen Empfehlungen waren mir nicht fremd. Wir alle halten unsere Ärztin, unser Kindermädchen, unseren Klempner oder unseren Masseur für echte Zauberer, die jedes Problem lösen können. Doch in diesem Fall hatte mein Gastgeber recht. Von dem Moment, in dem ich die Praxis betrat, angefangen bei der Empfangsdame, die mich namentlich begrußte, noch bevor ich auch nur ein Wort sagen konnte, über die Dentalhygienikerin, die meine Zähne reinigte, bis hin zu den hochmodernen Geräten, mit denen der Zahnarzt mich behandelte, und der beflissenen Art, in der er sicherstellte, dass er meine Schmerzen nicht noch verschlimmerte, wusste ich sofort, dass ich mich in den Händen eines Meisters der Heilkunst befand, der sein Fachwissen stolz zur Schau trug.

Wenn Sie in einer Stadt aufgewachsen sind, in deren Hauptstraße mehr als drei Ampeln stehen, dann kennen auch Sie Menschen wie diesen Zahnarzt. Es sind die örtlichen Handwerker, Anwälte, Lehrer, Ärzte und Trainer, die uns sofort mit ihrer überragenden Fachkompetenz beeindrucken. Ich halte sie alle für Ein-Talent-Genies (ETGs). Sie sind die Art von Menschen, die der Physik-Nobelpreisträger und Dozent Richard Feynman im Sinn hatte, als er seinen Studenten den folgenden Rat gab:

> *»Verlieben Sie sich in eine Arbeit und gehen Sie ihr nach! Fast alles ist wirklich interessant, wenn Sie sich nur intensiv genug damit befassen. Arbeiten Sie so hart und so viel Sie wollen an den Dingen, die Sie am*

liebsten tun. Überlegen Sie nicht, was Sie sein wollen, sondern was Sie tun wollen. Behalten Sie ein gewisses Minimum an anderen Dingen bei, damit die Gesellschaft Sie nicht daran hindert, überhaupt etwas zu tun.«

Ich kann Ihnen nicht sagen, welche Art von »Spezialist« oder ETG Sie sein sollen. Die Klienten und Freunde, die nach meinem Verständnis den ETG-Status erreicht haben, sind alle sehr unterschiedlich, haben jedoch mit wenigen Ausnahmen einige oder alle der folgenden fünf Strategien angewandt, um ihr »Genie« zu finden:

1. Ihr Genie zu finden, braucht Zeit

Zu Beginn ihrer Karriere wissen nur wenige Menschen, wo sie in der Generalisten-vs.-Spezialisten-Debatte stehen. Genau wie ich es war, sind sie anfangs zu jung und verfügen noch nicht über die Erfahrung, die wir uns aneignen, indem wir Verschiedenes ausprobieren. Und noch weniger Menschen kennen ihr persönliches »Genie«. Denn es basiert auf einem Prozess, der sich über mindestens ein oder zwei Jahrzehnte unseres Erwachsenenlebens erstreckt. In dieser Zeit setzen Sie sich auf der Basis Ihres Grundlagenwissens und Ihrer Fähigkeiten nach und nach neuen Menschen, Erfahrungen und Ideen aus. Sie eignen sich vorteilhafte Qualifikationen an, und verzichten auf diejenigen, die Sie nicht weiterbringen. Und schließlich entscheiden Sie sich dann für die Tätigkeit, die Sie am meisten anspricht und erfüllt. So war es bei mir. Ein noch anschaulicheres Beispiel liefert uns die Geschichte von Sandy Ogg. Denn zum einen spezialisierte er sich erst sehr spät in seiner Karriere, und zum anderen besteht sein besonderes Genie darin, andere Spezialisten zu identifizieren, insbesondere diejenigen, die Unternehmen den größten Wert bieten.

Ich lernte Sandy während meines Studiums kennen, wo wir Seite an Seite im Büro unseres Professors Paul Hersey arbeiteten. Nach dem Studium ging er ins Personalwesen, wo er schnell zum Personalleiter der größten Unternehmenssparte von Motorola aufstieg. 2003 wechselte er zum Verbrauchsgütergiganten Unilever, wo er dieselbe Position bekleidete. Zu diesem Zeitpunkt war Sandy bereits Mitte vierzig und ein Experte in sämtlichen Fragen des Personalwesens: Schulung, Entwicklung, Sozialleistungen, Vergütung, Diversität und alles andere. Trotzdem wies der CEO von Unilever ihn an, diese Aufgaben an seine Mitarbeiter zu delegieren. Er wollte, dass Sandy sich voll und ganz auf die Entwicklung eines Verfahrens zur Identifizierung zukünftiger Unilever-Führungskräfte konzentrierte – eine Herausforderung, die Sandy mit Begeisterung in Angriff nahm. Innerhalb kürzester Zeit entwickelte er eine Methodik zur Erhebung eines Werts, den er »Talent to Value« nannte, also etwa »Verhältnis Talent zu Wert«. Nachdem er alle dreihunderttausend Mitarbeiter von Unilever mithilfe einer eigens entwickelten Formel analysiert hatte, kam er zu dem Schluss, dass lediglich sechsundfünfzig Personen für 90 Prozent der Wertschöpfung verantwortlich waren.

Meine Definition von brillant lautet, eine Idee zu haben, an die noch niemand zuvor gedacht hat, die uns aber sofort einleuchtet, wenn wir sie hören. Sandys Erkenntnisse waren so brillant und wirkten sich so positiv auf den Aktienkurs von Unilever aus, dass der Private-Equity-Spezialist Blackstone ihn abwarb, um ähnliche Analysen durchführen zu lassen und zu erheben, welche Mitarbeiter den Unternehmen in Blackstones Portfolio den größten Wert bescherten. Sandy fand heraus, dass nur eine geringe Korrelation zwischen der Vergütung eines Spitzenmanagers und dem von ihm erzeugten Wert besteht. Seine Erkenntnisse machten einen Datenpunkt sichtbar, von dem jeder CEO gerne Kenntnis hätte: *Wer ist überbezahlt, wer ist unterbezahlt*. Besonders aufschlussreich war diese Erkenntnis für eine Private-Equity-Firma, die Investitionen mit einem hohen Fremdkapitalanteil tätigt, was die Bedeutung einer korrekten Bewertung beim Verkauf eines Vermögenswerts drastisch erhöhte. Jeder Dollar, den Sie durch einen Verkauf verdienen, kann das Zehnfache Ihrer ursprünglichen Investition repräsentieren. Mithilfe seiner Gleichungen konnte Sandy nicht nur bestimmen, welche Mitarbeiter gehalten werden sollten und von welchen Managern man sich trennen sollte, sondern er fand auch heraus, dass einige Mitarbeiter derart wertvoll für das Unternehmen waren, dass – angesichts der überdurchschnittlich hohen Erfolgsrenditen im Private-Equity-Geschäft – keine Vergütung zu hoch sein konnte, um sie zu binden. Bei diesen Leuten, so stellte Sandy fest, handelte es sich ausnahmslos um Spezialisten – und ihr Wert war bereits in diesen Begriff eingebettet: Sie hatten etwas »Spezielles«. Bezahlt ihnen, was immer nötig ist, um sie zu halten, lautete seine Erkenntnis.

Wenn Sandy Unternehmen nach unterbewerteten Talenten durchkämmt, ist er immer auf der Suche nach den Spezialisten, die das Management übersieht. Sie finden sich selten in der Führungsriege der Generalisten, die wöchentlich im Meeting der Geschäftsleitung sitzen. In der Regel befragt er Mitarbeiter aus dem gesamten Unternehmen zu ihren Kollegen und stößt dabei regelmäßig auf ein oder zwei Namen, die immer wieder als Superstars bezeichnet werden. So hörte er einmal im Rahmen eines Auftrags zum Beispiel immer wieder, wie der Leiter des Beschaffungswesens in den höchsten Tönen gelobt wurde. Als er dem CEO dann seinen ersten Bericht vorlegte, sagte er ihm: »Nennen Sie mir die zehn wichtigsten Jobs in Ihrem Unternehmen.«

Der CEO begann bei sich selbst und zählte dann in absteigender Reihenfolge die Riege seiner direkten Mitarbeiter auf.

»Und was ist mit dem Leiter des Beschaffungswesens?«, hakte Sandy nach.

Der CEO sah ihn fragend an.

»Wissen Sie, wer der Leiter Ihres Beschaffungswesens ist?«

Der CEO hatte keine Ahnung.

Sandy wies ihn darauf hin, dass er diesen Mann womöglich kennenlernen sollte, weil er die Gabe besaß, seinem Unternehmen Geld zu sparen. Sandy kannte sogar den genauen Betrag. »Wenn Sie ihn verlieren«, sagte er, »reißt das ein Loch von sechshundert Millionen Dollar in Ihre Wertebilanz.«

Sandy hat die völlige Entkopplung der Rolle, die einem Unternehmen enormen Mehrwert zuführt, von den Investitionen aufgedeckt, die das Unternehmen in die Person, die diese Rolle ausfüllt, tätigt, zum Beispiel in Form von Ausbildung, Vergütung und Mitarbeiterbindung.

Nach Sandys Auffassung ist diese Person fast immer ein Spezialist, der manchmal übersehen und unterschätzt wird, aber nicht auf ewig. In meinen Augen ist Sandy der Idealtypus eines »Ein-Talent-Genies«. Auf der Basis seiner umfassenden Kenntnisse des Personalwesens bündelte er seinen Fokus mit der Zeit auf einen bestimmten Datenpunkt, der bei Unternehmensleitungen auf großes Interesse stieß: Wer ist überbezahlt, wer ist unterbezahlt? Dann verringerte er ihn noch weiter auf die Beschäftigung mit einer Frage, von der CEOs zuvor nicht einmal gewusst hatten, dass sie sie stellen sollten: Welchem Mitarbeiter eines Unternehmens kann man niemals zu viel bezahlen? Die köstliche Ironie dabei ist, dass Sandy bei seiner Suche nach den Wertschöpfern eines Unternehmens auf Menschen stößt, die genau so sind wie er: Spezialisten, deren Arbeit so wertvoll ist, dass sie nicht vermarktet oder ersetzt werden können. Er ist *der* Experte für das Konzept des Ein-Talent-Genies.

Denken Sie an ihn, wenn Sie sich das nächste Mal fragen, weshalb Sie so lange brauchen, um einen Job oder eine Karriere zu finden, die Sie voll und ganz erfüllt. Sie brauchen nicht monate-, sondern jahrelange Erfahrung, um sich das nötige Wissen anzueignen, die Arbeitsgewohnheiten zu entwickeln und die Beziehungen anzubahnen, die es Ihnen ermöglichen, Ihren Brotlaib auf eine schmale Scheibe fachlicher Kompetenz zu reduzieren, die ganz alleine Ihnen gehört. Und um diese Metapher noch etwas weiter zu strapazieren: Sie müssen Ihren Laib erst ganz durchbacken, bevor Sie ihn in Scheiben schneiden können.

2. Das richtige Talent kann seinen Glanz nicht in der falschen Rolle entfalten

Als Sandy Ogg bei Unilever erstmals versuchte, ein Talent mit einem Wert zu verknüpfen, entdeckte er, dass er eine wichtige Komponente übersehen hatte – nämlich die Rolle, die Mitarbeiter jeweils ausfüllen sollten. Wenn talentierte Leute in einer falschen Position arbeiten, wird ihr Talent vergeudet und sie werden versagen. Kein noch so großes Talent kann eine falsche Rolle kompensieren.

Sandys Erkenntnis bei Unilever war also nicht, dass sechsundfünfzig von dreihunderttausend Beschäftigten 90 Prozent des Unternehmenswertes erzielten, sondern dass es in Wahrheit sechsundfünfzig Rollen waren, die diesen übergroßen Beitrag leisteten. Und seine Aufgabe war es, jede dieser Rollen mit der richtigen Person auszufüllen. Wenn ihm dies gelang, spürte er, wie es »Klick« machte, als würde er seinen Sicherheitsgurt schließen. Wenn es nicht klickte, wurde auch kein Wert erzeugt.

In unserem Privatleben ist es genauso. Wir alle nehmen im Leben verschiedene Rollen ein: Partner, Kollege, Elternteil, Freund, Geschwister, Sohn, Tochter. Dabei ist uns intuitiv bewusst, dass das Verhalten, das wir in einer Rolle an den Tag legen, nicht unbedingt auch in einer anderen Rolle produktiv ist, weshalb wir mit unserem Ehepartner anders sprechen als mit einem uns unterstellten Mitarbeiter. Aber unsere Rolle auszufüllen, verlangt noch mehr von uns: Schaffen wir in jeder dieser Beziehungen einen Mehrwert? Stehen unsere Bemühungen um einen Mehrwert in unserer Rolle im Einklang mit unseren Fähigkeiten? Und schließlich: Ist die Rolle uns wichtig? Ist sie eine Rolle, in die wir gerne schlüpfen, wenn wir morgens aufwachen, oder akzeptieren wir sie nur widerwillig, weil wir keine andere Möglichkeit haben? Wenn wir alle drei Fragen mit Ja beantworten können, haben wir eine viel bessere Chance, unser ETG, unser Fachgenie, zu finden.

3. Ein Fachgenie ist kein Fachidiot

Verwechseln Sie den Begriff »Ein-Talent-Genie« oder »Fachgenie« nicht mit dem abwertenden Begriff »Fachidiot«. Letzterer ist abschätzig und verunglimpfend und bezieht sich auf Menschen, die ihre überschaubare Qualifikation missbrauchen – sei es die immer gleiche vorhersehbare Reaktion auf jede Situation oder ein raffinierter Spielzug auf dem Basketballplatz –, weil sie keine andere Wahl haben. Sie können einfach nichts anderes.

Das ETG hingegen ist eine sorgfältig getroffene Entscheidung, die eher für das übergeordnete Ziel steht, das wir anstreben, als für den Status quo, mit dem wir uns zufriedengeben. Wir stöbern in unserem Werkzeugkasten, sortieren die Fähigkeiten aus, die nicht das Potenzial für herausragende Qualität haben, und greifen uns ein Talent heraus, das wir gerne ein Leben lang perfektionieren würden.

Dieses spezifische Talent ist nicht so wichtig wie Ihr aufrichtiges Bemühen, es zu perfektionieren. In diesem Sinne können wir alle Ein-Talent-Genies sein. Sie müssen keine Hochbegabung besitzen und kein mathematisches, musikalisches oder sportliches Wunderkind sein, um sich die Bezeichnung als Fachgenie zu verdienen. Der beste Sushi-Koch der Stadt ist ein Ein-Talent-Genie (sein »Talent« besteht darin, mit nur einer einzigen Zutat, nämlich rohem Fisch, zu arbeiten, und sein »Genie« besteht darin, zu beweisen, dass roher Fisch für einen Koch keine Einschränkung darstellt). Das Gleiche gilt für den gefragtesten Konkursanwalt, den stets ausgebuchten Friseur und den Chorleiter der Schule, dessen Sänger immer wieder die landesweiten Wettbewerbe gewinnen. Die Wahrscheinlichkeit ist groß, dass jeder von ihnen aufgrund der internen und externen Bestätigung, die damit einhergeht, der oder die Beste der Stadt zu sein, in seinem oder ihrem ETG Erfüllung gefunden hat.

4. Ihre Einzigartigkeit kann Ihr Genie sein

Betsy Wills, die Gründerin von YouScience, einem in Nashville ansässigem Unternehmen für Eignungstests, empfiehlt, als mögliche Quellen unserer »Genialität« nicht nur unsere liebsten, sondern auch unsere frustrierendsten Neigungen und Gewohnheiten heranzuziehen. Zu diesem Schluss gelangte sie durch die Berufswahl ihres Mannes Ridley Wills. In seinen Jugendjahren entwickelte Ridley ein ausgeprägtes Gespür für Ästhetik und Raffinesse. Sein Großvater mütterlicherseits war Architekt und sein Vater Denkmalpfleger, sodass sich Ridley im Bauwesen gut auskannte. Er konnte dreißig verschiedene Blautöne voneinander unterscheiden und er konnte erkennen, wenn ein Zimmermann nicht lotgerecht gearbeitet hatte. Wenn etwas mit dem Design oder der Konstruktion eines Gebäudes nicht stimmte, konnte er es nicht nur sofort sehen, sondern wollte es auch postwendend in Ordnung bringen. Dasselbe galt für unordentliche Zimmer, die er unbedingt aufräumen wollte. Das war Fluch und Segen gleichermaßen – eine verrückte und anstrengende Art zu leben, an der sich auch in seinen ersten zwei Jahren auf dem College nichts änderte, bis Ridley erkannte, dass er dazu bestimmt war, Architekt zu werden. Also wechselte er von Stanford an die University of Virginia, die für ihre hervorragende Fakultät für Architektur und ihren wunderschönen klassizistischen Campus berühmt war. Nach dem College eröffnete er in Nashville sein eigenes Büro und etablierte sich dort schnell als führende Design- und Baufirma. Mit Mitte dreißig nahm er an einem Forschungsprojekt teil, das psychologische Profile und Berufe miteinander verknüpfte. Nach zwei Tagen und vielen Tests kamen die Forscher zu dem Schluss, dass Ridley über einen äußerst ausgeprägten Sinn für »feinste Unterscheidungen« verfügte, ähnlich wie ein Musiker, der ein absolutes Gehör besitzt, oder ein Sommelier mit einem perfekten Geruchssinn. Ridley konzentrierte seine Fähigkeiten auf die Design-Sphäre, indem er beständig winzige Unterschiede bei der Qualität und Schönheit von Wohnungen und Häusern wahrnahm. Die Forscher, die keine Kenntnis von Ridleys Beruf hatten, teilten ihm mit, er eigne sich am besten für Tätigkeiten, die Präzision, eine Liebe zum Detail und ein ausgeprägtes ästhetisches Empfinden erfordern. Entsprechend empfahlen sie ihm eine Karriere als Fotokünstler oder als Experte für hochwertige Wohnraumsanierung.

»Die meisten von uns sind zufrieden, wenn sie eine Arbeit abliefern, die zu neunzig Prozent perfekt ist«, berichtete mir Betsy. »Aber mein Mann strebt neunundneunzig Prozent an. Und irgendwie hat er sich genau den Bereich ausgesucht, in dem er seinen ausgeprägten Hang zur Perfektion ausleben kann und der ihn glücklich macht, anstatt unglücklich.«

Das war nicht das erste Mal, dass ich davon hörte, dass sich eine potenzielle Quelle des Leids letztlich zum ETG einer Person entwickelte.

Bereits Jahre zuvor hatte ich bei einer Dinnerparty einen Mann kennengelernt, der mir genau sagen konnte, welches Essen gerade in der Küche zubereitet wurde, die zwei Räume entfernt lag. Er behauptete, er besäße einen derart feinen Geruchssinn, dass er sogar psychische Störungen diagnostizieren könne (die, wie beispielsweise Schizophrenie, offenbar häufig durch eine Stoffwechselstörung verursacht werden). Wenn ein psychisch kranker Mensch in seiner Heimatstadt Amsterdam in einen Bus stieg, verließ er selbigen sofort, um dem für ihn unangenehmen Geruch zu entfliehen.

»Das wäre ja ein extrem wertvolles Talent für einen Psychiater«, sagte ich ihm. »Ist es das, was Sie in Amsterdam beruflich machen?«

Woraufhin er entgegnete: »Nein, das wäre die Hölle für mich. Ich bin *Parfümeur*. Ich kreiere individuelle Parfüms für wohlhabende Klienten, die einen eigenen, unverwechselbaren Duft haben wollen.«

»Davon kann man leben?«, fragte ich ihn.

»Die Menschen wollen immer gut riechen. Ich mache sie glücklich.«

Eine besondere Begabung kann Sie beflügeln oder quälen. Sie können sie zu Ihrer Verbündeten machen oder zu Ihrem Feind. Die Entscheidung liegt bei Ihnen.

5. Auch Generalisten können ETGs sein

Auf den ersten Blick könnte man meinen, CEOs seien die ultimativen Generalisten. Wenn Sie jedoch die notwendigen allgemeinen Führungsqualitäten wie Kommunikationsgeschick, Überzeugungskraft und Entscheidungsfähigkeit beiseiteschieben, werden Sie feststellen, dass jeder gute CEO zudem über eine ganz bestimmte Fähigkeit oder ein Kerntalent verfügt, das er oder sie als sein ETG betrachtet. Das kann die Fähigkeit zur Leitung produktiver Meetings sein oder das Talent, sämtliche Unternehmensebenen komplett aufeinander abzustimmen. Das Geniale an dem Talent, das jeder CEOs besitzt, besteht darin, dass diese eine, besondere Qualität die Grundlage für seine Glaubwürdigkeit und sein Ansehen bildet; sie beherrscht sein gesamtes Tun.

Bei großen Führungspersönlichkeiten tritt sie jedoch nicht immer gleich klar zutage und wird bisweilen womöglich von ihrer Autorität oder ihrer starken Persönlichkeit überdeckt. Aber wenn Sie nur lange genug suchen, werden Sie sie entdecken. In seinem 2019 (auf Deutsch 2020) erschienenen Bestseller *Es lebe der Generalist!: Warum gerade sie in einer spezialisierten Welt erfolgreicher sind* – ein Buch, dessen These (und Untertitel) dem Argument, das ich hier vorbringe, zu widersprechen scheint – zeichnet David Epstein ein äußerst schmeichelhaftes Porträt meiner engen Freundin Frances Hesselbein. Dabei beschreibt er sämtliche Stationen ihres sagenhaften Aufstiegs: Er erzählt von ihrem großen ehrenamtlichen Engagement in jungen Jahren, schildert, wie sie der amerikanischen Pfadfinderinnen-Vereinigung in den sechziger und siebziger Jahren neues Leben einhauchte, wie Bill Clinton sie mit der »Presidential Medal of Freedom« auszeichnete, der höchsten Würdigung, die Zivilisten in den USA erhalten können, und er zitiert Peter Drucker, der sie die beste CEO Amerikas nannte – mutmaßlich in dem Bestreben, herauszustellen, dass Frances ihre herausragenden Führungsqualitäten ihrem äußerst breit gefächertem Werdegang verdankte. Dabei gelingt es ihm jedoch nicht, die eine, spezielle Fähigkeit zu benennen, die Frances wirklich auszeichnete. Frances betrachtete alles durch das Prisma einer einzigen Frage: Wie kann ich anderen einen Dienst erweisen? Das war ihr »Genie«, das all ihre beeindruckenden Stärken speiste – ihre Weisheit, Autorität, ihre Integrität und ihr Mitgefühl. Auf diese Weise brachte Frances andere dazu, die Welt durch ihre Augen zu sehen. Es war ihre Art zu führen.

2014 lud ich ein halbes Dutzend Klienten zu mir nach San Diego ein, um mit ihnen im Rahmen eines intensiven zweitägigen Seminars zu ermitteln, was sie als Nächstes tun wollten. Ich hatte auch Frances, die damals achtundneunzig Jahre alt war, dazugebeten, weil ich wusste, dass sie den Raum automatisch mit größerer Weisheit erfüllen würde. Am zweiten Tag unseres Treffens richteten wir unsere Aufmerksamkeit auf eine Frau, die ich Rose Anne nennen möchte. Sie war noch keine fünfzig, hatte ihr Unternehmen drei Jahre zuvor für eine ansehnliche Summe verkauft und war mit ihrem Mann von Minneapolis in eine kleine Stadt in Arizona gezogen, um die Früchte ihrer Arbeit zu genießen. Doch der Umzug hatte sich als Katastrophe erwiesen. Rose Anne war einfach nicht dafür gemacht, Sonnenuntergänge in Arizona zu genießen. Also investierte die rastlose Unternehmerin in ein lokales Restaurant und einen Fitnessklub, beides kundenorientierte Unternehmen, die sich stark von dem Business unterschieden, mit dem sie zuvor ihr Vermögen gemacht hatte. In der Folge verprellte sie durch ihre kompromisslosen Geschäftspraktiken innerhalb eines einzigen Jahres praktisch jeden, der ihr über den Weg lief, und zwar so sehr, dass ihr Mann ihr damit drohte, zurück nach Minneapolis zu ziehen, wenn sie die Dinge nicht wieder in Ordnung brachte. Nachdem sie uns ihre Leidensgeschichte erzählt hatte, machten wir ihr verschiedenste Vorschläge, von denen keiner besonders hilfreich war – bis Frances als Letzte das Wort ergriff. Sie sagte zu Rose Anne: »Mir scheint, dass Sie viel darüber nachgedacht haben, wie Sie Ihrer eigenen Person dienen können. Vielleicht sollten Sie einmal versuchen, anderen zu helfen.« Wir wussten alle sofort, dass sie recht hatte. Selbst die verzweifelte Rose Anne nickte zustimmend und dankte Frances. Alles, was es brauchte, um Rose Anne einen Ausweg aus ihrer misslichen Lage zu weisen, waren zwei prägnante Sätze, deren Weisheit sich allen Anwesenden noch im selben Moment offenbart hatte, in dem Frances sie aussprach. Das war ihr ETG. Frances lebte, um anderen zu dienen, und ihr Vorbild veranlasste zahlreiche Menschen dazu, ihrem Beispiel zu folgen. Ihre Kompetenz basierte auf dieser einen Eigenschaft, und nicht umgekehrt. In ihrem Kern war sie eine Spezialistin im Gewand einer Generalistin. Fünf Jahre später kandidierte Rose Anne als Bürgermeisterin ihrer neuen Heimatstadt – und sie gewann die Wahl.

Übrigens möchte ich Epsteins Werk nicht kritisieren. *Es lebe der Generalist!* ist ein faszinierendes Buch, das sich durch eine schlüssige Argumentation und eine große Detailfülle auszeichnet. Wenn ich Epsteins These richtig verstanden habe, ist auch er ein *Verfechter* der Spezialisierung – *der* Art von Spezialisierung, die sich einstellt, nachdem wir viele verschiedene Disziplinen ausprobiert und uns schließlich für diejenige entschieden haben, bei der es sich für uns am meisten lohnt, ihr unsere ungeteilte Aufmerksamkeit zu schenken. Ich glaube, dass wir im Grunde genommen das Gleiche sagen: Wenn wir Glück haben, beginnen wir als Generalisten und enden als Spezialisten.

Wenn ich ein Ein-Talent-Genie beschreiben soll, dann denke ich unweigerlich an einen verlässlichen Handwerker, der eine lohnende Arbeit so gut wie möglich ausführt. Ich denke an eine Karriere, die mehr Berufung als nur Beruf ist, und bei der eher die persönliche Erfüllung, und nicht das Gehalt, im Vordergrund steht. Das ist der Vorteil eines ETGs: Wenn Sie sich erfüllt fühlen, wird Ihre Welt größer anstatt kleiner. Sie entdecken, dass Sie Ihr ganz spezielles Nischenwissen auf eine immer umfangreichere Bandbreite von Problemen und Chancen anwenden können. Ein ETG ist keine Beleidigung, die Sie zu einem engen, eindimensionalen Leben verurteilt. Ganz im Gegenteil: Wenn Sie eine hochspezialisierte Fähigkeit entwickeln und sie wie ein engagierter Handwerker praktizieren, dann haben Sie das Sagen. Sie sind etwas Besonderes und deshalb gefragter als andere. Sie sind passionierter und verfolgen ein größeres Ziel. Sie sind erfüllt und leben deshalb wahrlich Ihr eigenes Leben.

ÜBUNG

Lernen Sie, die »Du kannst mehr«-Ansprache wahrzunehmen

Curtis Martin hat für mich einen der bedeutendsten Momente seiner NFL-Karriere beschrieben. Er ereignete sich 1996, im Trainingslager der New England Patriots, nach Curtis' erster Spielsaison, in der er die »American Conference« mit 1487 Rushing-Yards (die gelaufenen Yards mit dem Ball Richtung Endzone) angeführt hatte. Damals versammelte der Cheftrainer Bill Parcells, ein legendärer Motivator, alle Runningbacks und Receiver zu einem Ausdauertest mit Sprints und Übungen, der so lange andauern sollte, bis nur noch ein Spieler übrigblieb. Als nach fünfzig Minuten immer mehr Spieler nach und nach das Handtuch warfen, fasste Curtis den festen Entschluss, nicht aufzugeben, bevor Parcells den Test nicht selbst durch einen Pfiff mit seiner Trillerpfeife beendet hatte. Eine Stunde später war er als einziger Spieler immer noch auf dem Feld, absolvierte die Sprints inzwischen auf Händen und Knien, weigerte sich aber weiterhin, klein beizugeben, bis Parcells die Übung gnädigerweise beendete. Hinterher sagte ihm Parcells in der Umkleidekabine: »Ich habe das getan, weil ich wollte, dass du Folgendes über dich lernst: *Du kannst so viel mehr sein.*«

Curtis' Geschichte erinnerte mich daran, dass wir alle im Lauf unseres Lebens immer wieder verschiedenste Variationen der »Du kannst mehr sein«-Ansprache (»You Can Be More«, kurz »YCBM«) zu hören bekommen. Ich bin mir sicher, dass Sie auch Ihnen vertraut ist. In der einen oder anderen Form war sie ein wesentlicher Bestandteil des Cheerleader-Repertoires Ihrer Eltern, wenn Sie von Ihnen begeistert waren (»Ich bin stolz auf dich …«) oder enttäuscht (»Ich erwarte mehr von dir …«).

Es ist eine Ansprache, die Sie in regelmäßigen Abständen in Ihrem Leben hören müssen. Leider ist es aber auch eine Rede, die oft so beiläufig in Gespräche eingeflochten wird – und noch dazu in unterschiedlichster Gestalt –, dass es leicht passieren kann, dass Sie sie überhören. Sie kündigt sich nur selten mit einem durchdringenden Sirenenalarm an.

Genau diese YCBM-Ansprache war es, die auch Sandy Ogg hörte, als der CEO von Unilever ihn bat, die wertvollen Talente seines Unternehmens zu identifizieren. Und er verstand sie als *Auftrag*. Es war dieselbe Ansprache in Gestalt eines frustrierten Wutausbruchs, die Mark Tercek hörte, als ich ihm damals entgegenbrüllte: »Verdammt noch mal, wann fängst du an, dein eigenes Leben zu leben?« Es war die gleiche Ansprache, verpackt als Frage, die Ayse Birsel mir einst hielt: »Wer sind deine Helden?« Glücklicherweise drang die YCBM-Botschaft in allen drei Fällen laut und deutlich zu ihren Adressaten durch und veränderte in der Folge das Leben dreier Menschen – das von Sandy, das von Mark und mein eigenes.

Alle Schlüsselmomente in meinem Leben – gut ein halbes Dutzend Momente, die mich meinem ETG näherbrachten – waren das Ergebnis unaufgefordert und unerwartet gehaltener YCBM-Ansprachen: Als Paul Hersey mich bat, stellvertretend für ihn einen Vortrag zu halten und mir versicherte, dass ich das schaffen könnte. Als mir der Chef von American Express sagte, dass ich besser als Selbstständiger arbeiten sollte, ohne einen Seniorpartner. Als mich ein Literaturagent aus New York kontaktierte und mir sagte: »Sie sollten ein Buch schreiben.« Das sind nur einige Fälle, in denen ich der Adressat einer YCBM-Ansprache war. Und wer weiß, wie oft ich ähnliche Botschaften verpasst habe, weil ich nicht gut genug zugehört habe?

TUN SIE FOLGENDES: Führen Sie über einen längeren Zeitraum (mindestens einen Monat lang) Protokoll über sämtliche Fälle, in denen jemand etwas zu Ihnen sagt, das so klingt, als habe er in Ihnen ein verborgenes Potenzial entdeckt, das Sie womöglich übersehen haben. Das kann ein zielgerichtetes Lob sein (»Das war ein gutes Argument, das Sie im Meeting vorgebracht haben. Auf diese Idee bin ich noch gar nicht kommen.«). Oder ein allgemeiner Ratschlag (»Sie sollten Ihre Meinung entschiedener vertreten.«). Oder eine schwer verdauliche Wahrheit (»Fang noch mal von vorne an. Ich habe mehr von dir erwartet.«). Dieses Protokoll ist kein Test, der ermitteln soll, ob Sie die Bedeutung dieser Aussagen richtig oder falsch verstanden haben. Es soll Ihnen vielmehr die Augen beziehungsweise die Ohren öffnen, damit Sie erkennen, wie oft Ihnen Menschen sagen, dass sie in Ihnen ein vielversprechendes oder unentwickeltes Potenzial entdeckt haben, das Sie ausschöpfen sollten. Sie suchen dabei aber nicht nur nach Lob. Sie suchen nach Erkenntnissen darüber, wie Sie besser werden können.

Komplimente zu erkennen, ob bedeutsam oder leer, sollte Ihnen leichtfallen (denn wir können es uns für gewöhnlich sehr gut daran erinnern, dass wir gelobt wurden). Treffende Kritik und schonungslos ehrliche Seitenhiebe zu registrieren, könnte uns hingegen schwerer fallen – obwohl ich das Gefühl habe, dass sie uns am tiefsten treffen und die meisten praktischen Empfehlungen enthalten.* Indem Sie akribisch Protokoll führen, schärfen Sie Ihr Bewusstsein und lernen, wertschätzender damit umzugehen – und zwar immer.

---

* Einmal berichtete mir ein Banker, wie eine als beiläufig ausgesprochene Beleidigung getarnte »Du kannst mehr sein«-Ansprache zu einem Wendepunkt seiner damals noch jungen Karriere wurde. Daraufhin bat ich ihn, das Geschehene niederzuschreiben.
»Als ich in den späten 1970er-Jahren noch ganz am Anfang meiner beruflichen Karriere stand, unterbreitete ich dem CEO eines bekannten amerikanischen Großkonzerns eine äußerst kreative Refinanzierungsidee, mit der sein Unternehmen viel Geld sparen konnte. Es dauerte fast zwei Jahre, bis ich ihn von meiner Idee überzeugen und das Geschäft besiegeln konnte. In dieser Zeit hielt ich ihn lediglich über wichtige Entwicklungen auf dem Laufenden. Er war ein vielbeschäftigter Mann, und ich gab mir Mühe, ihm nicht über Gebühr zur Last zu fallen. Ich würde nicht sagen, dass wir Freunde waren, denn er war ein Titan und ich ein Niemand. Trotzdem rief er mich manchmal aus heiterem Himmel an und dann führten wir diese seltsamen Gespräche, bei denen es meistens um Politik oder Sport ging und nur selten ums Geschäft, und bei denen ich mich anschließend immer wieder fragte: »Was wollte er eigentlich von mir?« Denn aufgrund unserer extrem unterschiedlichen beruflichen Stellung konnte ich mir nur schwer vorstellen, dass wir jemals so etwas wie Kumpel sein könnten.
Ein paar Tage nach dem Abschluss unseres Geschäfts arrangierte ich eine kleine Feierstunde mit ihm und dem Direktor meiner Bank – nur wir drei mit einem Gläschen Champagner in seinem Büro. Die beiden Männer waren bester Stimmung, denn der Deal, den ich angebahnt hatte, hatte bei den Vorstandsmitgliedern meines Klienten für große Begeisterung gesorgt und meiner Bank ein hohes Honorar eingebracht. Dann taten sie etwas Bemerkenswertes. Sie begannen, über mich zu sprechen, als sei ich nicht anwesend. Erst scherzten sie über mein jugendliches Alter (ich war 29) und bestätigten sich gegenseitig, dass ich ihnen meine Karriere verdanke. Und dann sagte der CEO meinem Chef offen seine Meinung über mich. Die Worte klingen mir bis heute in den Ohren. Zunächst sagte er, ich sei »kreativ und ein großartiger Verhandlungsführer«, nur um dann hinzuzufügen, ich sei allerdings auch ein »ungemachtes Bett«. Obwohl bei diesen Worten ein Lächeln auf seinen Lippen lag, waren sie nicht scherzhaft gemeint. Er wollte, dass ich sie hörte, erläuterte jedoch nicht näher, was er damit meinte. Auch wenn sich das Gespräch bald danach anderen Dingen zuwendete, hatte er mir absichtlich einen Stich versetzt, der mich verletzt hatte.
Ich habe mir über seine Bemerkung tagelang den Kopf zerbrochen. Wodurch hatte ich ihn nur verärgert? Ich konnte keine Fehler in unserem Schriftverkehr oder in den Verträgen finden. Und dann erinnerte ich, wie er mich all die Male angerufen hatte, um ein wenig zu plaudern, und wie ich jedes Mal darum

Wenn Sie noch mehr tun wollen, dann protokollieren Sie auch die Momente, in denen Sie nicht der Adressat, sondern der Absender einer YCBM-Ansprache waren – wenn Sie einem anderen Menschen ein unaufgefordertes Feedback gegeben haben, um ihm dabei zu helfen, besser zu werden. Vielleicht tun Sie das ja öfter, als Ihnen bewusst ist. Und das ist eine gute Sache. Die YCBM-Botschaft ist eine der reinsten Ausdrucksformen der Großzügigkeit, die wir im Leben haben. Sie tut sowohl dem Absender als auch dem Adressaten gut. Oder wie die Dichterin Maggie Smith es formulierte: »Richten Sie den Scheinwerfer auf einen anderen Menschen – dann wird das Licht auch Sie selbst erstrahlen lassen.«

ÜBUNG
Der runde Tisch der Ein-Talent-Genies

Diese Übung ist herausfordernd, macht aber auch Spaß.

TUN SIE FOLGENDES: Versammeln Sie sechs Personen, die sich gegenseitig gut kennen, in Ihrem Wohnzimmer. Nennen Sie dann reihum – angefangen bei Ihnen selbst – die eine Fähigkeit, die Sie für Ihr besonderes Talent halten, ihr verborgenes oder augenscheinliches Genie, das Sie so besonders effektiv macht. Anschließend muss sich jede der

---

bemüht war, das Telefonat möglichst kurz zu halten, aus Angst, ich würde damit nur seine Zeit vergeuden. Mir war nicht bewusst gewesen, dass es ihm Genugtuung bereitete, mich bei meinem Streben nach Erfolg zu unterstützen. Die außerplanmäßigen Anrufe waren seine Art gewesen, Vertrauen aufzubauen und unsere Freundschaft zu besiegeln. Er hatte mir damit signalisiert, dass es im Geschäftsleben um mehr geht als nur um Kreativität und den Abschluss von Deals. Wenn ich missachtete, dass es immer auch eine menschliche Komponente beinhaltete – insbesondere die wechselseitige Praxis des Sich-erkenntlich-Zeigens, bei der wir Genugtuung empfinden, wenn wir unserem Gegenüber helfen, und ihm dieselbe Genugtuung zuteil zu lassen, indem wir zulassen, dass er auch uns hilft –, dann fehlte das entscheidende Element, das unsere Arbeit emotional befriedigend macht. Im Grunde wollte er mir damit sagen, dass ich ihn als Klienten noch mehr an die Hand hätte nehmen sollen. Diesen Fehler habe ich nie wieder gemacht.«

übrigen fünf anwesenden Personen dazu äußern, und zwar ohne Ausnahme. Wer anderer Meinung ist, muss einen Alternativvorschlag machen. Wiederholen Sie diesen Prozess mit jedem Mitglied Ihrer Gruppe.

Sie dürfen gerne ausgiebig über das Gesagte diskutieren. Zynische Bemerkungen und Gemeinheiten gegenüber diesen Menschen, die lediglich ihre ehrliche Meinung kundtun, sind dabei allerdings genauso untersagt wie wütende und feindselige Äußerungen. Auf diese Weise wird Ihre Gruppe sechsunddreißig zustimmende oder ablehnende Ansichten hervorbringen, wobei es niemandem gestattet ist, sich gehässig zu äußern.

Machen Sie sich auf Komplimente, Schmerzliches und auf Überraschungen gefasst. In dieser Übung geht es aber nicht um Selbstbeweihräucherung oder Selbstgeißelung. Genau wie bei der YCBM-Ansprache geht es auch hier erneut um Ihre Selbstwahrnehmung und um gegenseitige Unterstützung. Als ich die Übung zum ersten Mal durchführte, behauptete ich selbstbewusst, ich besäße das einzigartige Talent, zu erkennen, was andere Menschen motiviert, bevor sie es selbst erkennen. Ich hegte diese Überzeug schon seit ich mit Mitte zwanzig drei Jahre lang intensive Encounter-Gruppen an der UCLA geleitet hatte (ein Phänomen aus der Mitte des vergangenen Jahrhunderts, bei dem die Teilnehmer im Rahmen von »Begegnungsgruppen« dazu ermutigt wurden, ihre Gefühle auszudrücken, oft in konfrontativen Begegnungen). Keiner der Teilnehmer meiner Runde bestritt, dass ich über dieses Talent verfügte, aber es machte mich nicht einzigartig. Es gab mehrere Personen, die ebenfalls der Meinung waren, ein außerordentlich gutes Gespür für die Beweggründe anderer Menschen zu besitzen. Die treffendste Beobachtung einer Frau, die ich seit einem Dutzend Jahren coache, war deutlich profaner. Meine Gabe, so sagte sie, sei es, dass mich Tätigkeiten, die sich wiederholen, nicht langweilen, weshalb ich beispielsweise in der Lage sei, meine Botschaft mehr als einhundert Mal pro Jahr mit der stets gleichen Begeisterung an andere zu vermitteln. »Viele Menschen erkennen die Motivationen anderer«, sagte sie. »Aber nicht viele können ihre Botschaft konsequent vermitteln.« Bis sie mir das sagte, hatte ich diese Fähigkeit nie als etwas Besonderes betrachtet. Meine einzige Antwort lautete: »Danke!«

TEIL II

VERDIENEN SIE SICH IHR LEBEN

KAPITEL 8

WIE GEHT VERDIENEN? DIE FÜNF BAUSTEINE DER DISZIPLIN

ZU BEGINN DES zweiten Teils dieses Buchs sollten wir uns ansehen, was wir bisher gelernt haben. In der Einführung haben wir festgestellt, *dass wir dann ein verdientes Leben führen, wenn die Entscheidungen, die wir treffen, die Risiken, die wir eingehen, und die Mühe, die wir in jeden Augenblick investieren, auf ein übergeordnetes Lebensziel ausgerichtet sind – unabhängig davon, zu welchem Ergebnis wir letztlich gelangen.* Anschließend haben wir uns in jedem nachfolgenden Kapitel mit einer Facette des Mindsets befasst, das nötig ist, wenn Sie das Leben führen wollen, das Sie wirklich verdienen. Dafür haben wir uns zunächst mit dem »Jeder Atemzug«-Paradigma beschäftigt und nach Buddhas Lehre »Mit jedem Atemzug, den ich nehme, entsteht ein neues Ich« ein neues Selbstverständnis entwickelt. Als Nächstes haben wir uns den vielen Kräften gewidmet, die uns dazu zwingen, ein anderes Leben als unser eigenes zu führen. Diesen Kräften haben wir eine Checkliste mit Fähigkeiten entgegengesetzt, die für ein erfülltes Leben unerlässlich sind (Motivation, Fähigkeit, Verstehen, Selbstbewusstsein, Unterstützung und Markt). Dann folgte ein Kapitel, indem wir untersucht haben, weshalb es sinnvoll ist, die Zahl der wichtigsten Entscheidungen in unserem Leben von vielen Wahlmöglichkeiten auf eine einzige Option zu reduzieren, und im Anschluss daran ein Kapitel über die Aspiration, unser höheres

Ziel im Leben, in dem wir festgestellt haben, dass es ein wesentlicher Unterschied ist, ob wir entscheiden, was wir sein wollen oder wer wir werden wollen. In Kapitel 6 haben wir untersucht, wie wir herausfinden können, welche Risiken wir in unserem Leben eingehen wollen. Und in Kapitel 7 habe ich Sie schließlich dazu ermutigt, sich im Rahmen der ewigen Dichotomie, ob Sie ein Spezialist oder ein Generalist werden sollten, für den Spezialisten zu entscheiden. Das verbindende Thema auf allen bisherigen Seiten dieses Buchs war dabei die Wahl – die Frage, wie wir unsere Entscheidungen so verfeinern können, dass sie uns dienen, anstatt uns zu sabotieren.

In Teil 2 werden wir uns weniger auf das Mindset, sondern auf Handlungen konzentrieren, die erforderlich sind, um ein verdientes Leben zu leben. Das ist eine Herausforderung, die einen neuen Rahmen erfordert, der festlegt, wie Sie Ihre Entscheidungen am besten in die Tat umsetzen und anstehende Aufgaben erledigen.

Das traditionelle Paradigma zur Erreichung eines beliebigen Ziels setzt auf Disziplin und Willenskraft. Wenn wir erfolgreich sein wollen, müssen wir (a) gewissenhaft unserem Plan folgen und (b) allen Ablenkungen widerstehen, die uns von unserem Plan abzubringen drohen. Unsere Disziplin gibt uns die Kraft, jeden Tag Ja zu den schwierigen Dingen zu sagen. Unsere Willenskraft verleiht uns die Entschlossenheit, Nein zu den schlechten Dingen zu sagen. Wir bewundern jeden, der unter Aufbietung dieser beiden Tugenden etwas Schwieriges oder Außergewöhnliches vollbringt: der Bruder, der sechzig Pfund abnimmt und sein Gewicht hält, die Nachbarin, die ihren Lebenstraum verwirklicht und fließend Italienisch lernt, oder der Süchtige, dem es gelingt, seine Sucht zu überwinden.

An uns selbst entdecken wir hingegen meist nur wenig, das die Bewunderung anderer Menschen rechtfertigen würde. Von allen persönlichen Eigenschaften, die wir an uns selbst überschätzen – unsere Intelligenz, unsere Diskretion, unsere Fahrkünste, unsere Kritikfähigkeit, unsere Pünktlichkeit, unser Witz, um nur einige zu nennen – stehen unsere Disziplin und unsere Willenskraft wahrscheinlich an erster Stelle. Unsere gescheiterten Diäten, ungenutzten Mitgliedschaften im Fitnessstudio und unangetasteten fremdsprachlichen Lehrwerke sind stumme Zeugen dieser Tatsache.

Ich selbst habe mit Anfang dreißig damit aufgehört, meine Disziplin zu überschätzen (dass ich diesen Fehler zugebe, macht mich stolz). Trotzdem habe ich es versäumt, diese Einsicht auch auf die Menschen zu übertragen, die ich damals coachte: Wieder und wieder überschätzte ich ihre Disziplin. Es brauchte erst einen Klienten, der mich mit einer offensichtlichen Frage verblüffte, um mir meinen Fehler vor Augen zu führen. 1990 hielt ich bei der Northrop Corporation, dem Luftfahrt- und Rüstungsunternehmen, das inzwischen Northrop Grumman heißt, eine Reihe von Seminaren zum Thema »Werte und Führung«. Im Anschluss an eines dieser ganztägigen Events fragte mich Kent Kresa, der damals gerade den CEO-Posten bei Northrop übernommen hatte und im Begriff war, die spektakuläre Kehrtwende einzuleiten, die das Unternehmen vor dem Bankrott bewahrte und ihm zu neuer Größe verhalf, in seiner üblichen, äußerst direkten Art: »Funktioniert dieser Kram, den Sie erzählen, wirklich?«

Mein erster Impuls war es, mich zu rechtfertigen, indem ich ihm antworten wollte: »Natürlich tut es das.« Doch niemand hatte mir diese Frage je zuvor gestellt.

Also entgegnete ich stattdessen: »Ich glaube schon. Allerdings habe ich keine Studien durchgeführt, die beweisen könnten, dass es funktioniert. Ich schätze also, ich weiß es nicht. Aber ich werde es herausfinden.«

In meinen Schulungen halte ich Führungskräfte dazu an, sich regelmäßig mit ihrem Team zu einem Follow-up zu treffen, um ein Feedback darüber zu erhalten, wie sie das, was sie bei mir gelernt haben, umsetzen – sofern sie meine Anweisungen tatsächlich befolgen. Feedback zu unserem Handeln einzuholen, ist ein bewährtes Mittel, um unsere Leistung in einem bestimmten Bereich zu steuern und zu verbessern. Ich selbst hatte jedoch noch nie nachgefasst, um herauszufinden, ob meine Klienten meine Empfehlungen beherzigten.

Es ist kein Geheimnis, weshalb ich die Wirksamkeit meines Trainingsprogramms nie infrage gestellt hatte: Ich hatte Angst vor der Antwort. Also habe ich lieber den Kopf in den Sand gesteckt und das Beste gehofft. Doch nach Kresas bohrender Frage änderte ich mein Verhalten. Gemeinsam mit dem HR-Team von Northrop befragte ich fortan jeden Monat die Führungskräfte, die an meinem Seminar teilgenommen hatten, um herauszufinden, ob sie das Gelernte im Umgang mit ihren Mitarbeitern umsetzten. Nach einigen Monaten fielen die Zahlen ermutigend aus. Je öfter wir bei den Seminarteilnehmern nachhakten, desto besser wurden sie darin, bei ihren Mitarbeitern Feedback zu ihren Führungsqualitäten einzuholen. Unser eigenes Follow-up erinnerte die Teilnehmer immer wieder daran, dass sie vor einiger Zeit einen Tag in einem Schulungsraum verbracht und ein Übungsbuch mit Strategien erhalten hatten, die sie sich aneignen und in die Tat umsetzen sollten. In Verbindung mit der impliziten Botschaft, dass die Unternehmensführung sie im Blick behielt, spornte unsere Vorgehensweise sie an, sich intensiver um Feedback zu bemühen und infolgedessen das Gelernte in der Praxis anzuwenden.

Ein paar Monate später war ich in der Lage, die Frage von Kresa zu beantworten: »Ja, die Menschen verbessern ihr Verhalten, aber nur in Verbindung mit einem Follow-up.«

Woraufhin Kresa entgegnete: »Junger Mann, ich habe Ihnen gerade zu einer Karriere verholfen.«

Er hatte recht (seine Frage erwies sich für mich als weitere lebensverändernde »Du kannst mehr sein«-Episode). Von diesem Moment an wurde das Follow-up in all seinen Ausprägungen zu einem wesentlichen Bestandteil meines Denkens und meines Coachings. Zuvor hatte ich mich darauf verlassen, dass ihre individuelle Motivation und Disziplin meine Klienten dazu bewegen würde, meinen Empfehlungen zu folgen. Ich dachte: »Ich unterrichte sie. Es liegt an meinen Schülern, die Lektionen zu lernen und anzuwenden.« Das war natürlich Irrsinn – weil meine Haltung im Widerspruch zu jahrhundertealten Beweisen stand, die belegen, dass wir Menschen sehr schlecht in der Lage sind, uns selbst zu regulieren. Mit seiner schlichten Frage hatte Kent Kresa mich von dieser irrigen Annahme geheilt: *Funktioniert dieser Kram, den Sie erzählen, wirklich?*

Ich lernte, dass das Follow-up zwar dazu beitragen kann, dass wir unser Verhalten ändern, dass es allerdings nicht für sich allein genommen dazu fähig ist. Es musste mit mehreren anderen Maßnahmen kombiniert werden, um uns die nötige Motivation, Energie und Fähigkeit zur Selbstregulierung einzuflößen, die wir als Disziplin und Willenskraft bezeichnen.

Dieses neue Handlungsmuster bringt uns dazu, die Disziplin und Willenskraft neu für unser Leben zu interpretieren. Wir neigen dazu, diese beiden edlen, aber übermäßig pauschalisierten Eigenschaften als essenzielle Fähigkeiten zu betrachten, die uns zum Erfolg führen. Ich behaupte, dass sie das nicht tun. Sie sind vielmehr Beweise für unseren Erfolg, sie sind Qualitäten, die wir erst im Nachhinein erkennen. In einer übermäßig starken Vereinfachung nennen wir diese Qualitäten dann Disziplin und Willenskraft (oder Mumm, Resilienz, Beharrlichkeit, Durchhaltevermögen, Mut, Rückgrat, Hartnäckigkeit, moralische Stärke, Entschlossenheit usw.). Doch für derart einzigartige und präzise Konzepte sollte es nicht so viele Synonyme geben. Die Bausteine unserer »Disziplin« und »Willenskraft« sind wesentlich konkreter und fassbarer:

- Compliance
- Verantwortlichkeit
- Follow-up
- Messung

Diese vier Begriffe stehen nicht synonym für Disziplin und Willenskraft; sie sind so etwas wie Auswechselspieler, die als Teil einer neuen Spielstrategie auf das Spielfeld sprinten. Jede dieser vier Maßnahmen hat einen situationsbezogenen Nutzen: Die Compliance löst ein anderes Problem als die Verantwortlichkeit, das Follow-up oder das Messen. Je nachdem, an welchem Punkt des Verdienstprozesses wir uns befinden, greifen wir auf die eine oder die andere zurück. Zusammen werden sie zu Ihrem Fahrplan, mit dem Sie die Verfolgung jedes Ziels strukturiert angehen können. Wahrscheinlich machen Sie bereits von ihnen Gebrauch, wenn auch inkonsequent. Wenn Sie ein verdientes Leben führen wollen, sind sie der Schlüssel dazu. Ohne sie haben Sie keine Chance. Hier ist der Grund dafür.

1. Compliance

Compliance steht für die Einhaltung externer Richtlinien oder Regeln. Am häufigsten wird der Begriff in der Medizin im Kontext von Behandlungsverfahren verwendet. Ihr Arzt verschreibt Ihnen Medikamente, und Ihre einzige Aufgabe besteht darin, diese Medikamente pünktlich einzunehmen. Sie werden nicht dazu angehalten, etwas Außergewöhnliches zu leisten. Sie sollen lediglich die Anweisungen befolgen und dann wird es Ihnen bessergehen. Und trotzdem ist es bei schätzungsweise 50 Prozent aller amerikanischen Patienten so, dass sie entweder vergessen, ihre Medikamente einzunehmen, die Einnahme absetzen oder gar nicht erst damit beginnen. Ein klares Zeichen dafür, dass Compliance nicht leicht ist. Sogar wenn unsere Gesundheit, und möglicherweise unser Leben, auf dem Spiel steht, greifen wir unter Umständen nicht auf ein nachweislich wirksames Heilmittel zurück.

Als ich vierundzwanzig war, wollte ich beim Basketball einen harten Pass abfangen und verletzte mich dabei am rechten Mittelfinger, woraufhin das oberste Fingerglied wie ein abgeknickter Ast lose am Rest meiner Hand baumelte. Ich recherchierte meine Verletzung in der Bibliothek und erkannte, dass ich mir wahrscheinlich die Strecksehne gerissen hatte. Die Behandlung war simpel, aber lästig. Ich musste zwölf Wochen lang eine Schiene tragen, sogar unter der Dusche, und meinen Finger anschließend separat auf einer flachen Oberfläche waschen und abtrocknen, um sicherzustellen, dass ich die lädierte Strecksehne nicht erneut dehnte und den Heilungsprozess zunichtemachte. Als ich dem Arzt der UCLA-Klinik von meinen Rechercheergebnissen berichtete, sagte er: »Sie liegen richtig: Strecksehnenruptur. Folgen Sie einfach dem Behandlungsplan, tragen Sie die Schiene und kommen Sie in zwölf Wochen wieder vorbei. Dann sollte es Ihnen wieder gutgehen.«

Meine Compliance war vorbildlich. Ich wusch, trocknete und schiente meinen Finger mit der Hingabe einer Mutter, die ihrem Neugeborenen die Windeln wechselt. Als ich zwölf Wochen später wieder zum Arzt ging, untersuchte er meinen Finger und erklärte ihn für geheilt. Und dann setzte er hinzu: »Ich bin beeindruckt, dass Sie es tatsächlich durchgezogen haben. Nur sehr wenige Patienten halten das zwölf Wochen lang durch.« Dies war eine der enttäuschendsten Aussagen, die ich je von einem Arzt gehört hatte. Er hatte eine Diagnose gestellt und mir eine passende Therapie empfohlen, aber er hatte es nicht für nötig befunden, mich zu warnen, dass es schwierig sein würde, dem Behandlungsplan Folge zu leisten, oder dass er damit rechnete, dass ich die Therapie abbrechen würde. Die Compliance war meine Aufgabe, und er war nicht optimistisch gewesen, dass ich diese Aufgabe tatsächlich erfüllen würde. Es war, als hätte er mir den Auftrag gegeben, mit dem Auto eine Strecke entlangzufahren, auf der es keine Stoppschilder, keine Geschwindigkeitsbegrenzungen und keine Warnschilder gab, die eine gefährliche Steigung oder Kurve ankündigten.

Es erinnerte mich an die berühmte Mahnung, die Hippokrates an Ärzte richtete: »Erstens nicht schaden.« Er forderte sie allerdings auch auf, »Patienten zur Mitarbeit zu bewegen«. Mein Arzt ging also nicht nur davon aus, dass ich mich nicht an seine Weisungen halten würde, sondern er selbst hielt sich ebenfalls nicht an die hippokratischen Weisungen. Leider ist dieses Verhalten nach wie vor eher die Regel als die Ausnahme. Die Non-Compliance von Patienten verursacht im amerikanischen Gesundheitssystem bis heute Kosten in Höhe von 100 Milliarden Dollar pro Jahr. Heben Sie die Hand, wenn sich Ihr Arzt schon jemals in der Apotheke erkundigt hat, ob Sie Ihr Rezept tatsächlich eingelöst haben, oder wenn er Sie ein oder zwei Wochen nach Ihrem Praxisbesuch angerufen hat, um sich zu vergewissern, dass Sie Ihre Medikamente nehmen.

Natürlich hatte der Arzt recht. Compliance ist ein leicht verständliches Prinzip (»Wenn ich der Anordnung Folge leiste, wird es mir bald bessergehen«), aber sie ist schwer zu realisieren (»Ich muss das jeden Tag machen. Oje!«). Compliance fällt uns Menschen enorm schwer – egal, ob es darum geht, die Anordnung unseres Arztes zu befolgen, die Sommerleseliste unseres Lehrers abzuarbeiten, allabendlich unsere Hausaufgaben zu erledigen, gemäß der Anweisung unserer Eltern unser Bett zu machen oder Abgabetermine bei der Arbeit einzuhalten. Ich wünschte nur, mein Arzt hätte eine größere Verantwortung verspürt, seine Patienten vor diesem Problem zu warnen.

In Wahrheit sieht es doch so aus: Sie können sich nicht darauf verlassen, dass die Leute, die Ihnen Anweisungen erteilen, Sie anschließend an die Hand nehmen und Ihre Compliance sicherstellen. Sie sind auf sich allein gestellt. Und Sie können sich auch nicht darauf verlassen, dass Sie in jeder Situation folgsam sein möchten. Ich habe die Schiene nur deshalb durchgängig getragen, weil ich Schmerzen hatte und nicht für den Rest meines Lebens eine verkrüppelte Hand haben wollte. Ich bezweifle, dass ich mich ohne die Schmerzen und die Aussicht auf eine lädierte Hand so bereitwillig gefügt hätte.

Meine Strecksehnenruptur hat mich folgende Lektion gelehrt: Wir sind eher bereit, eine empfohlene Maßnahme zu befolgen, wenn die Nichteinhaltung extreme Schmerzen oder Strafen nach sich zieht, seien sie physischer, finanzieller oder emotionaler Natur. Ihr Gesundheitszustand verbessert sich nicht. Ihre Verletzung heilt nicht. Sie verlieren Ihren Job. Ihre Beziehung geht zu Bruch. Sie bereuen es auf immer und ewig, dass Sie eine Chance ungenutzt verstreichen ließen.

Wenn Sie mit einer dieser Extremsituationen konfrontiert werden, in der Ihnen existenzielle Schmerzen oder Strafen drohen – und wenn Sie den Ernst der Lage erkennen –, sollte Compliance keine Herausforderung für Sie darstellen. Denn dann haben Sie schlicht keine andere Wahl. In anderen Situationen benötigen Sie aber vielleicht eine andere Taktik.

2. Verantwortlichkeit

Anders als Compliance, die unsere produktive Reaktion auf die Erwartungen beschreibt, die andere Menschen an uns richten, steht Verantwortlichkeit für unsere Reaktion auf die Erwartungen, die wir an uns selbst richten. Unser Verantwortungsgefühl kennt zwei Dimensionen: die private und die öffentliche.

Die To-do-Liste ist ein typisches Beispiel für unsere Eigenverantwortung im Privaten. Wir kritzeln die anstehenden Aufgaben auf einen gelben Block oder tippen sie in unser Handy und streichen sie dann im Laufe des Tages nach und nach durch. Jeder neue Strich ist ein kleiner privater Sieg. Wenn wir nur die Hälfte unserer Liste abarbeiten, verschieben wir die offenen Punkte auf den nächsten Tag. Wenn wir einige von ihnen eine Woche später dann immer noch nicht erledigt haben, müssen nur wir allein mit unserer Frustration oder Scham leben. Niemand sonst muss davon erfahren.

Ich für meinen Teil bevorzuge öffentliche Ankündigungen. Wenn wir unsere Absichten nach außen tragen, steht automatisch mehr für uns auf dem Spiel (die Menschen haben ein Auge auf uns), sodass wir hoffentlich auch mehr Leistung bringen. Das Schreckgespenst eines öffentlichen Rückschlags, gepaart mit unserer privaten Enttäuschung, ist ein starker Motivator. Das ist einer der Gründe, warum ich darauf bestehe, dass meine Coaching-Klienten die Menschen, mit denen sie arbeiten, umfassend über ihre Pläne, ihr Verhalten zu ändern, in Kenntnis setzen: Ihre öffentliche Ankündigung macht ihre Bemühungen um Veränderung sichtbar, und diese Sichtbarkeit steigert ihr Verantwortungsgefühl.

3. Follow-up

Compliance und Verantwortlichkeit sind zwei Seiten derselben Medaille. Beides sind Lasten, die wir als Individuen alleine schultern müssen. Die eine wird uns von anderen auferlegt, die andere erlegen wir uns selbst auf. Das Follow-up ergänzt diesen Mix um die Macht des Zwangs, den unsere Umgebung auf uns ausübt. Auf einmal sind da andere Menschen, die uns beobachten, sich für unsere Meinung interessieren und die unser Feedback schätzen. Wir sind nicht mehr alleiniger Herr unseres Lebens, sondern wir sind gezwungen, in einer Gruppe zu agieren, die uns beobachtet, prüft und beurteilt. Und diese Zwangsverpflichtung verändert uns. Ob es uns nun gefällt oder nicht: Das Follow-up ist ein wertvoller Prozess, der unsere Selbsterkenntnis verbessert. Es zwingt uns dazu, unsere Fortschritte ehrlich zu bewerten. Ohne ein Follow-up nehmen wir uns womöglich nie die Zeit, um nachzufragen, wie wir uns schlagen.

Ein Follow-up kann ganz unterschiedlich aussehen. Es kann uns in Form einer unternehmensweiten Umfrage begegnen, die die Personalabteilung durchführt, oder in der Gestalt unseres Chefs, der einen wöchentlichen Bericht über unsere Fortschritte erwartet, oder in Form eines Lieferanten, der nachhakt, ob wir mit einem Kauf zufrieden sind. Die spezielle Form des Follow-ups, die ich Ihnen in den nächsten Kapiteln nahebringen werde, basiert auf der zuvor thematisierten Business Plan Review bei Ford und umfasst ein wöchentliches Gruppen-Meeting, das von einem halben Dutzend Teilnehmern zur gegenseitigen Kontrolle einberufen wird. Doch egal, wie unser Follow-up konkret aussieht: Wir sollten es willkommen heißen, anstatt es abzulehnen. Denn es ist kein Eingriff in unsere Integrität und unsere Privatsphäre, sondern eine Geste der Unterstützung.

4. Messung

Messen, im statistischen Sinn, ist der wahrhaftigste Indikator unserer Prioritäten – denn das, was wir messen, verdrängt das, was wir nicht messen. Wenn wir vor allem nach finanzieller Sicherheit streben, dann prüfen wir jeden Tag unseren Kontostand. Wenn wir ernsthaft abnehmen wollen, stellen wir uns jeden Morgen auf die Waage. Wenn wir Magenprobleme haben, untersuchen wir die Zusammensetzung unserer Darmflora. Als wir 2020 in ständiger Angst vor dem Coronavirus lebten, haben Sie womöglich ein winziges Gerät, ein sogenanntes Oximeter, benutzt, um Ihren SpO_2-Wert (ihren Blutsauerstoff) zu messen – ein Wert, von dem Sie zuvor wahrscheinlich noch nie gehört hatten.

Ich bin kein Mitglied der Quantified-Self-Bewegung, einer zunehmend populären Community von Wissenschaftlern und Technikgenies, die durch die Messung aller möglichen persönlichen Daten (angefangen bei der Zahl Ihrer täglichen Schritte bis zur Zahl der wöchentlichen Minuten, in denen sie soziale Kontakte pflegen) Erkenntnisse über sich selbst gewinnen wollen. Trotzdem habe ich in den vergangenen Jahren, als es mir wichtig war, dokumentiert, wie viele Stunden ich täglich geschlafen habe, wie viel Zeit ich auf Reisen verbracht habe, wie oft ich meinen Kindern gesagt habe, dass ich sie liebe, wie oft ich täglich Momente der Dankbarkeit erlebte und wie häufig ich in Restaurants mit Michelin-Sternen gespeist habe. Jede dieser Zahlen hat mir dabei geholfen, mich zu verbessern, und in vielen Fällen stellte ich das Zählen wieder ein, sobald ich »gut genug« geworden war. Ich habe jahrelang wie besessen meine Flugmeilen gezählt und erst damit aufgehört und meinen Sieg erklärt, als ich zehn Millionen Meilen erreicht und infolgedessen meine American-Airlines-Karte mit Zugang zum Concierge-Service erhalten hatte. Während ich an diesem Buch arbeite, messe ich täglich die Zahl meiner Schritte, die Zahl der liebevollen Worte, die ich Lyda sage, die Minuten stiller Reflektion, die Zeit mit meinen Enkeln, die Menge an »weißem« Essen, das ich konsumiere (Zucker, Nudeln, Kartoffeln), und wie viele Minuten ich täglich mit unwichtigen Dingen verbringe (zum Beispiel fernsehen).

Nicht jede Messung, die für uns von Bedeutung ist, muss sich in einer konkreten, objektiven Zahl ausdrücken. Weiche, subjektive Zahlen können genauso wichtig sein.

Nehmen wir meinen Freund Scott, der sich wegen einer Krankheit einer strengen, ärztlich überwachten Ernährungsweise unterziehen musste. Sechs Monate nachdem er damit begonnen hatte, wurde Scott von seinem Internisten (der die gleiche Diät machte, um derselben Erkrankung vorzubeugen) gebeten zu beurteilen, wie gut er sich an die strengen Ernährungsvorgaben gehalten hatte. Woraufhin Scott sagte: »Zu 98,5 Prozent.« Der Internist erwiderte nichts und fuhr mit der nächsten Frage fort. Dass er kein Feedback erhielt, ärgerte Scott. Deshalb rief er den Internisten tags darauf an und offenbarte ihm: »Als ich 98,5 Prozent gesagt habe, hatte ich das Gefühl, dass Sie mich dafür verurteilt haben.«

»Überhaupt nicht«, entgegnete der Internist. »Ich war beeindruckt. Ich schaffe maximal 80 Prozent.« Dass er eine andere, wenn auch womöglich ungenaue Maßangabe erhielt, die er mit seiner eigenen vergleichen konnte, empfand Scott als äußerst konstruktiv. Sie vermittelte ihm ein besseres Gespür für sein Compliance-Niveau.

Die Messung, um die ich Sie im nächsten Kapitel bitten werde, ist ebenfalls eine weiche, subjektive Zahl. Dabei werden Sie Ihre Leistung auf einer Skala von 1 bis 10 bewerten. Egal ob Sie sich eine 6 oder eine 9 geben: Ihre Bewertung wird genauso unwissenschaftlich sein wie Scotts 98,5 Prozent, denn schließlich handelt es sich dabei nur um Schätzungen. Doch im Kontext Ihres Strebens nach einem Leben, das Sie wirklich verdienen, werden Sie ihnen trotzdem große Bedeutung beimessen; vor allem dann, wenn Sie Ihre Zahlen mit den Ergebnissen anderer Menschen vergleichen können.

Sobald Sie erst einmal damit begonnen haben, die Strategien für ein Leben ohne Reue umzusetzen, werden Ihnen die vier Bestandteile Ihres Fahrplans für den Weg in Richtung eines verdienten Lebens bald in Fleisch und Blut übergehen. Dann werden Sie Ihre Compliance und Ihre Verantwortlichkeit nicht länger als tägliche Prüfungen Ihres schwankenden Engagements betrachten – ganz als ob Sie die Wahl hätten, die Arbeit zu erledigen oder sich einen Tag frei zu nehmen –, sondern sie werden sich zu automatischen Reflexen entwickeln, wie Ihr Herzschlag oder Ihre Atmung. Und das Follow-up und die Messungen, die Sie vornehmen, werden zu Feedbackschleifen, die Ihrem Tag eine Bedeutung und einen Sinn geben. Sie werden sich an den Daten orientieren, anstatt Augen und Ohren vor der Wahrheit zu verschließen. Auf diese Weise halten Disziplin und Willenskraft allmählich Einzug in Ihr Leben. Sie werden Ihnen nicht in die Wiege gelegt, sondern Sie verdienen Sie sich jeden Tag aufs Neue.

Es gibt jedoch noch ein weiteres Element, das die zuvor genannten vier Bausteine miteinander verbindet. Und es ist so offensichtlich, dass es Ihnen geradezu ins Auge springen sollte. Es umfasst alle Menschen in Ihrem Leben. Es ist die Sphäre, die Sie als Ihre *Community* betrachten.

Vielleicht halten Sie sich für einen mit allen Wassern gewaschenen Einzelkämpfer und Selfmade-Menschen, der die Verantwortung für seine Entscheidungen übernimmt, niemals jammert, dass etwas nicht fair ist, und der nie in die Opferrolle schlüpft oder den Märtyrer spielt. Ich habe viele bewundernswerte Menschen kennengelernt, die all diese Eigenschaften verkörpern – bis auf eine: *Keiner von ihnen glaubt, dass er all seine Ziele ganz alleine erreicht hat.* Jeder von ihnen weiß, dass ein verdientes Leben nicht in der Isolation erreicht werden kann. Es kann sich nur in einer Gemeinschaft entwickeln.

Diesen Menschen ist nicht nur bewusst, dass ihre Entscheidungen und Aspirationen Auswirkungen auf andere Menschen haben (eine der ersten Lektionen der Menschlichkeit: »Kein Mensch ist eine Insel« und so weiter), sie verlieren zudem nie die Tatsache aus den Augen, dass eine Community niemals nur aus Einbahnstraßen besteht. In einer Gemeinschaft beruht alles auf Gegenseitigkeit. Alle Dienste, die Sie anderen erweisen, ohne eine Gegenleistung zu erwarten – Trost spenden, ein Follow-up bieten, Kontakte anbahnen oder schlicht Ihre Anwesenheit und ein offenes Ohr – kommt unweigerlich zu Ihnen zurück, weil die gegenseitige Unterstützung ein entscheidendes Merkmal einer Gemeinschaft ist.

Dabei muss diese Gegenseitigkeit nicht zwingend nur zweidimensional zwischen zwei Individuen erfolgen. In der richtigen Art von Community ist sie sogar dreidimensional – als ob jeder die Lizenz besäße, jedem anderen jederzeit zu helfen und ihn zu coachen. In dieser Community geht es nicht darum, aggressiv Networking zu betreiben und die eigene Unterstützung nur im Rahmen wechselseitiger Transaktionen anzubieten (»Ich kratze dir deinen Rücken, wenn du mir meinen Rücken kratzt«). In dieser Community sagt jemand: »Ich brauche Hilfe.« Und jemand anderes antwortet ganz ohne Hintergedanken (»Was habe ich davon?«): »Ich kann helfen.« In gesunden Gemeinschaften ist »Ich kann helfen« die Standardantwort. Wenn Sie mithilfe von Linien darstellen würden, wie Mitglieder einer gesunden Gemeinschaft miteinander kommunizieren und sich gegenseitig unterstützen, dann würde das Ergebnis so wild und willkürlich aussehen wie ein Drip Painting von Jackson Pollock oder wie eine Karte unseres Nervensystems.

Diese Tatsache wurde mir erst bewusst, als ich bereits auf die siebzig zuging, eines Morgens aufwachte und feststellte, dass ich rein zufällig eine eigene Community erschaffen hatte – mein »100-Coaches-Projekt«– und dass diese Gemeinschaft zu einem kraftvollen Multiplikator geworden war, der Menschen dabei half, ein verdientes Leben zu leben. Wie ich so weit gekommen bin, ist mir immer noch ein Rätsel, doch die Entstehungsgeschichte ist es wert, erzählt zu werden.

KAPITEL 9
WIE ALLES ENTSTAND

Sie wissen bereits, was Sie tun müssen, um ein verdientes Leben zu führen: *Entscheiden Sie, wie dieses Leben aussehen soll, und arbeiten Sie dann so hart wie nötig daran, Ihre Entscheidung zu verwirklichen.*

Niemand außer Ihnen kann ein Bild Ihrer Zukunft zeichnen. Die einflussreichen Menschen in Ihrem Leben können Ihnen lediglich das intellektuelle und emotionale Rüstzeug in Form von Ansichten und Anregungen geben, um Sie auf diese Weise dabei zu unterstützen, einen klugen Weg einzuschlagen. Doch egal, ob sie sie früh im Leben oder erst nach jahrelangen Fehlschlägen treffen: Letzten Endes liegt die Entscheidung allein bei Ihnen.

Und was die harte Arbeit angeht, so können Sie diese Herausforderung meistern, indem Sie einer Struktur folgen. Strukturen helfen uns dabei, die ungestümen Impulse zu bändigen, die uns vom Erreichen unserer Ziele abhalten. Eine Struktur ist das wirksamste Instrument, das wir einsetzen können, um unsere Fehler zu korrigieren und unser Leben neu zu gestalten, und im Gegensatz zu der Entscheidung, welchen Lebensweg wir einschlagen sollen, fällt uns das Festhalten an Strukturen dank der Inspiration anderer leicht.* Wenn wir nicht in der

---

* Strukturen sind besonders bei kleinen Dingen nützlich. Ein Freund hat mich einmal damit aufgezogen, dass ich dokumentierte, wie oft ich täglich etwas Nettes zu meiner Frau sagte. »Du solltest dich nicht daran erinnern müssen, nett zu deiner Frau zu sein«, lautete sein Urteil. »Offensichtlich brauche ich das aber«, entgegnete ich ihm. »Ich schäme mich nicht, dass ich eine Erinnerungsstütze

Lage sind, auf eigene Faust eine geeignete Struktur zu entwickeln, dann suchen wir uns Hilfe, beispielsweise bei einem Personal Trainer, der für uns ein Fitnessprogramm ausarbeitet, oder bei unserem Chef, der uns eine Arbeitsagenda aufträgt, oder in einem Buch, das uns einen Plan an die Hand gibt, mit dem wir in unserer Wohnung für Ordnung sorgen können.

Es wäre durchaus legitim, wenn ich mich auf meiner Visitenkarte unter meinem Namen als STRUKTURBERATER titulieren würde. Denn das ist es, was ich tue. Ich lüfte den Deckmantel eines Verhaltensproblems, um seine Infrastruktur zu untersuchen und diese anschließend umzugestalten, um das *wahre* Problem zu beheben.

Ich bekenne freudig, dass ich bereits existierende Ideen nicht schon deshalb missachte, weil ich sie nicht selbst entwickelt habe. Ich bin vielmehr ein echter Connaisseur der Einfälle anderer Menschen, und wenn ich auf eine brauchbare Idee eines anderen stoße, mache ich sie mir zu eigen. Der Mehrwert, den ich beisteuere, besteht darin, dass ich die Idee aufgreife und sie mit anderen Ideen zu einer Struktur zusammenfüge, die für mich und meine Kunden funktioniert. Die sogenannte »Life Plan Review«, kurz LPR, die wir in Kapitel 10 behandeln werden, ist eine solche Struktur. Sie ist das wichtigste Instrument, das ich Ihnen mit diesem Buch an die Hand geben will: ein wöchentliches Jour-fixe-Format, das Ihnen dabei hilft, konstruktive Veränderungen zu bewirken und ein verdientes Leben zu führen. Sie ist das Ergebnis meines Versuchs, die sieben Eingebungen, die ich in verschiedenen Momenten meiner beruflichen Karriere hatte – und denen ich meine Haltung in der Frage verdanke, wie ich Menschen helfen kann, sich zum Besseren zu verändern – an einem Ort zu versammeln und ihnen eine verständliche Struktur zu geben. Ich habe dieses Konzept erst vor Kurzem entwickelt. Vor fünf

benötige, um mich besser zu verhalten. Es wäre beschämend, wenn ich es wüsste und nichts dagegen unternehmen würde.« Das ist die Macht von Strukturen, die wir uns auferlegen. Strukturen erinnern uns daran, unsere Standards nicht zu senken, insbesondere nicht bei den kleinen, aber notwendigen Gesten, die wir für selbstverständlich halten. Inzwischen führt mein Freund Protokoll darüber, wie oft er seine Frau fragt: »Wie kann ich dir helfen?«

oder zehn Jahren wäre ich noch nicht auf die Idee gekommen. Damals war ich noch nicht bereit dafür.

Damit Sie mein Konzept der »Life Plan Review« verstehen, das im nächsten Kapitel auf sie wartet, sollten Sie sich zunächst mit den Eingebungen vertraut machen, die mich so nachhaltig beeinflusst haben, und erfahren, wie es dazu kam, dass ich sie miteinander kombinierte, und lernen, weshalb die Summe ihrer Teile wichtig ist.

1. Die Bezugsgruppe

Rufen wir uns kurz ins Gedächtnis, was wir in Kapitel 2 besprochen haben. Als Roosevelt Thomas, Jr. mich Mitte der 1970er-Jahre mit seiner Bezugsgruppen-These vertraut machte, war mir noch nicht klar, wie bedeutend sie war, da ich sie als Konzept betrachtete, das er entwickelt hatte, um amerikanische Unternehmen über die Notwendigkeit von Diversität am Arbeitsplatz aufzuklären. Roosevelt vertrat die Überzeugung, dass es Unternehmen bereichert und stärker macht, wenn sie ein breites Spektrum an Unterschieden umfassen. Sein Bezugsgruppen-Konzept war die Struktur, die er schuf, um den Menschen vor Augen zu führen, dass der Wunsch nach Anerkennung einer bestimmten Bezugsgruppe, mit der sich eine Person identifiziert, ihr Verhalten und ihre Leistung beeinflusst. Wir Menschen würden fast alles tun, um von dem »Stamm« akzeptiert zu werden, dem wir uns zugehörig fühlen. Ein Teil seiner Struktur für die amerikanische Unternehmenslandschaft bestand in der Unterscheidung zwischen dem, was er *Präferenz*, und dem, was er *Anforderung* nannte. Die Präferenzen eines Menschen – wie er sich kleidet, welche Musik er mag, welche politischen Ansichten er vertritt – sind nicht relevant, wenn derselbe Mensch die Anforderungen seines Jobs erfüllt oder übertrifft. Wenn Führungskräfte diese Unterscheidung akzeptieren – dass die Vorlieben eines ihnen unterstellten Mitarbeiters nicht in einer Beziehung zu den Anforderungen seiner oder ihrer Stelle stehen müssen –, würde dies viel Raum für Unterschiede und Exzentrizitäten am Arbeitsplatz lassen. Dann würden sie sich weniger über

Oberflächlichkeiten ärgern und weniger Wert auf Konformität legen, und ihre Mitarbeiter würden sich willkommener fühlen. Das war eine brillante Erkenntnis, die darauf abzielte, die Einstellung von Führungskräften in Bezug auf die individuellen Mitglieder eines Teams zum Positiven zu verändern.

Ich näherte mich dem Konzept aus der Perspektive der Frage an, inwiefern es dazu beitragen könnte, die Führungsqualitäten hochrangiger Manager zu verbessern. Und deshalb übersah ich zunächst die andere Perspektive und verkannte, welche Macht Bezugsgruppen aus der Sicht ihrer Mitglieder entfalten. Ich war zudem nicht besonders erfahren darin, das Konzept auch außerhalb der Arbeitssphäre anzuwenden oder sogar in meinem eigenen Leben. Jahrzehntelang hatte ich mich über ansonsten intelligente Menschen geärgert, deren soziale Werte und Ansichten für mich keinen Sinn ergaben. Wie konnten sie Dinge glauben, die zumindest in meinen Ohren völlig ignorant und unlogisch klangen? Diese Verwirrung hielt bis weit in meine Sechziger hinein an. Dann erinnerte ich mich an die Kernthese von Roosevelt Thomas: Wenn wir die Bezugsgruppe eines Menschen kennen – wenn wir wissen, wem oder was er sich zutiefst verbunden fühlt, wen er beeindrucken will und nach wessen Respekt er sich sehnt –, können wir verstehen, warum er so spricht, denkt und sich verhält, wie er es nun einmal tut. Wir müssen seine Meinung nicht teilen, aber wir werden sie weniger schnell als verblendet oder ignorant abtun. Und gleichzeitig wird uns bewusst, dass unsere Ansichten ihm womöglich genauso unbegreiflich erscheinen. Diese Einsicht machte mich toleranter oder sogar fast schon empathisch. Sie brachte mich außerdem dazu, mir Gedanken über den Nutzen von Bezugsgruppen zu machen: Gab es vielleicht eine Struktur, in die ich Roosevelts Erkenntnisse einbetten konnte, um Menschen zu helfen, ihr Verhalten zu ändern?

Roosevelt Thomas war ein Gigant, auf dessen Schultern ich schon viel früher hätte klettern sollen.

2. Das Feedforward

»Feedforward« ist ein Wort, das ich nach einem Gespräch mit John Katzenbach in meinen aktiven Wortschatz aufnahm, als ich damals gerade anfing, CEOs zu coachen. Ich nutzte es als Kontrapunkt zum »Feedback«, dem gängigeren Begriff für einen Meinungsaustausch am Arbeitsplatz. Während Feedback die Meinung anderer Personen über Ihr bisheriges Verhalten widerspiegelt, steht das Feedforward für die Ideen anderer, die Sie in Zukunft nutzen sollten. Das Feedforward ist das finale Strukturelement in der zwölf- bis achtzehnmonatigen Kampagne eines Klienten, mit dem Ziel, eine konkret definierte Verhaltensweise zu ändern – nachdem der Klient sich zuvor dazu verpflichtet hatte, sich zu ändern, seine Absicht anschließend öffentlich kundgetan, sich für sein vergangenes schlechtes Verhalten entschuldigt und die Leute gebeten hatte, ihn auf eventuelle Rückfälle hinzuweisen, und Ihnen dabei stets für Ihre Unterstützung dankte. Dieser finale Schritt ist nicht kompliziert:

- Nachdem Sie entschieden haben, welche Verhaltensweise Sie ändern wollen, teilen Sie Ihre Absicht in einem persönlichen Gespräch einem Menschen mit, den Sie gut kennen.
- Bitten Sie diesen Menschen – jeder kommt infrage, es muss sich nicht zwingend um einen Kollegen handeln – um zwei Ratschläge, die Ihnen helfen könnten, Ihr Ziel zu erreichen.
- Hören Sie zu, ohne zu urteilen, und sagen Sie anschließend: »Danke«.
- Versprechen Sie nicht, jede Idee in die Tat umzusetzen. Nehmen Sie sie einfach an und versprechen Sie, ihr Bestes zu geben.
- Wiederholen Sie diese Schritte mit Ihren anderen Stakeholdern.

Das Feedforward fand bei den CEOs, die es nicht gewohnt waren, ehrliche Ratschläge von ihren Untergebenen zu erhalten, sofort Anklang. Es holte die Diskussionen über ihr Verhalten auf die intime Ebene eines Gesprächs zwischen zwei Menschen. Es funktionierte, weil erfolgreiche

Menschen Kritik zwar nicht unbedingt schätzen, Ideen für die Zukunft hingegen aber gerne entgegennehmen. Zudem mussten die CEOs keinen der erhaltenen Ratschläge in die Tat umsetzen. Sie mussten einfach nur zuhören und anschließend »Danke« sagen.

Irgendwann schlug ich den CEOs vor, den Gefallen zu erwidern und ihr Gegenüber zu bitten, eine Sache zu benennen, die es gerne ändern würde, um das Gespräch in einen wechselseitigen Austausch zu verwandeln. Bei den Ratsuchenden handelte es sich nur selten um Mitglieder des leitenden Managements. In der Regel befand sich ihr Platz weiter unten in der Nahrungskette. Ihnen bot das Feedforward die Möglichkeit, auf Augenhöhe mit ihrem Chef zu sprechen – und einfach einer von zwei Menschen zu sein, die sich gegenseitig unterstützen. (Denken Sie nur an Barack Obama, der während seiner Präsidentschaft mit den Mitarbeitern des Weißen Hauses Basketball spielte. Auf dem Feld spielt die soziale Stellung keine Rolle: Dort waren alle – der Präsident, seine Mitspieler und seine Gegner – gleich.)

Feedforward ist ein sehr simples Konzept (weil es dabei um Erkenntnisse oder Tipps geht, und nicht um Kritik), das selbst zwischen Fremden gerne praktiziert wird. Einmal war ich als Speaker auf einer großen Veranstaltung in Moskau eingeladen, die in einer Arena mit fünfzigtausend Menschen stattfand, von denen die meisten einer Übersetzung meines Vortrags lauschten. Ich forderte die Menge auf, sich zu erheben: Suchen Sie sich einen Partner. Stellen Sie sich einander vor. Wählen Sie eine Sache aus, die Sie verbessern wollen. Bitten Sie um Feedforward. Sagen Sie »Danke«. Fragen Sie Ihren Partner, was er oder sie verbessern möchte, und bieten Sie ihm dann ein Feedforward an. Wiederholen Sie diesen Prozess so lange mit neuen Partnern, bis ich »Stopp« sage. Die Lautstärke und die Temperatur im Saal stiegen spürbar an, während ich zehn Minuten lang auf der Bühne stand und fünfzigtausend Menschen dabei zusah, wie sie sich angeregt miteinander unterhielten.

Die Struktur des Feedforward erzeugte ein Phänomen, das ich nicht jeden Tag in den oberen Etagen einer Unternehmenshierarchie beobachten konnte: *Gegenseitige Unterstützung gepaart mit echtem Wohlwollen und ohne jegliches Urteil.*

3. Stakeholder-zentriertes Coaching

Meine nächste Idee basiert auf Peter Druckers bekannter Frage »Wer ist Ihr Kunde und worauf legt er Wert?«. Ich habe sie in mein Stakeholder-zentriertes Coaching überführt. Drucker hat uns viele wichtige Erkenntnisse hinterlassen, aber ich glaube, dass es besonders sein konsequenter Fokus auf den Kunden ist, der am längsten Bestand haben wird. Drucker vertrat die Ansicht, dass sich im Geschäftsleben alles um den Kunden dreht. Indem er fragte »Wer ist Ihr Kunde?«, hielt er uns dazu an, seine weit gefasste Definition eines »Kunden« zu übernehmen: Ein Kunde ist wesentlich mehr als nur jemand, der für Ihr Produkt oder Ihre Dienstleistung bezahlt. Ein Kunde kann jemand sein, den Sie niemals treffen werden, beispielsweise der Endverbraucher Ihres Produkts oder Ihrer Dienstleistung, der Entscheidungsträger, der den Kauf genehmigt, ein Privatmensch, der Ihr Produkt für seine eigenen Zwecke weiterentwickelt und umfunktioniert, oder eine Person des öffentlichen Lebens, die Einfluss auf zukünftige Kunden nehmen kann. Damit wollte Drucker Folgendes sagen: Es kann bisweilen herausfordernd sein, in der jeweiligen Situation zu ermitteln, wer unser »Kunde« ist, weil viele Situationen in unserem Leben keine offensichtlichen Transaktionen sind, bei denen ein Käufer kauft, was der Verkäufer verkauft – vor allem dann, wenn kein Geld den Besitzer wechselt. Der Kunde ist nicht immer unbedingt der, für den Sie ihn halten.

Diese Erkenntnis traf mich wie ein Paukenschlag. Sie führte mir schließlich vor Augen, dass auch meine Coaching-Klienten klarer definieren mussten, wer ihre Kunden waren – und dass es sich dabei in erster Linie um die Menschen handelte, die für meine Klienten arbeiteten. Schließlich profitierten die Mitarbeiter von Führungskräften sowohl persönlich als auch beruflich davon, wenn Erstere ihr Verhalten zum Besseren veränderten. Also habe ich Druckers »Kunden« zu »Stakeholdern« gemacht, zu »Teilhabern«, um meinen Klienten zu verdeutlichen, dass ihre Mitarbeiter ein persönliches Interesse daran hatten, dass ihre Vorgesetzten sich verbesserten. Ich wollte meine CEO-Klienten dazu bringen, sich selbst als dienende Führungskräfte wahrzunehmen, die zuallererst das tun, worauf ihre Mitarbeiter – ihre Stakeholder – Wert legen, bevor sie sich um sich selbst kümmern. Deshalb war die Struktur, die ich vorgab, Stakeholder-zentriert und nicht führungszentriert. Außerdem konzentrierte sie sich auf Transaktionen, auf eine Win-win-Situation: Die Führungskräfte verdienten sich den Respekt ihrer Mitarbeiter und die Mitarbeiter verdienten sich die Dankbarkeit ihrer CEOs.*

Das war eine neue Perspektive, die auch über den Arbeitsplatz hinaus von Nutzen war. Denn Menschen, die in kundenorientierten Unternehmen arbeiten, überleben dort nicht, wenn sie sich ihren Kunden gegenüber unhöflich und rücksichtslos verhalten. Deshalb zeigen sie sich ihren Kunden gegenüber von ihrer besten Seite und legen ihnen gegenüber oft sogar ein besseres Verhalten an den Tag als gegenüber ihren Mitarbeitern und ihrer Familie. Ich habe die Erfahrung gemacht, dass sich die Bedachtsamkeit, die Führungskräfte entwickeln, wenn sie sich bei der Arbeit angewöhnen, Stakeholder-zentriert zu denken, schließlich auch in ihrem Privatleben bemerkbar macht. Dann sind sie auch netter zu den Menschen, die sie lieben – ihren privaten Stakeholdern –, weil sie alle Menschen in ihrem Leben als »Kunden« betrachten. Wenn das geschieht, dann schaffen Sie für sich ein toleranteres, hilfsbereiteres und freundlicheres Umfeld. Solch ein Ort zieht Menschen magisch an – und bindet sie.

4. Die BPR

»BPR« steht für Business Plan Review. Erinnern Sie sich noch, dass ich Ihnen erzählt habe, wie der ehemalige Ford-CEO Alan Mulally in einem Unternehmen, für das er zuvor gearbeitet hatte, eine wöchentliche Meeting-Struktur etablierte, um zu verfolgen, ob die Geschäftsentwicklung in sämtlichen Unternehmensbereichen planmäßig

* Am 19. August 2019 hat sich die Vereinigung »Business Roundtable« in einer von 181 CEOs unterzeichneten Erklärung ausdrücklich dazu bekannt, dass Unternehmen vor allem anderen ihren Stakeholdern dienen sollen.

verlief? Sie haben in Kapitel 4 davon gelesen. Schon als wir begannen, miteinander zu arbeiten, hat mir Alan dieses brillante Führungskonzept erklärt, aber ich habe damals nicht richtig zugehört. Ich dachte, es handele sich um ein starres Schema für den Ablauf eines Meetings (mit einer festen Uhrzeit an einem bestimmten Tag, einer Anwesenheitspflicht, fünf Minuten Zeit, um Fortschritte zu berichten, Ampelfarben (Rot, Gelb, Grün) zur Bewertung von Status-Updates, kein Urteilen, keine zynischen Bemerkungen, und anderen Regeln) – die Art von Struktur, die einen überlegenen Ingenieur wie Alan nun einmal faszinierte. Er nahm dieses Konzept mit zu Ford und machte es zum Kernstück seiner Transformation des angeschlagenen Automobilherstellers. Erst bei näherer Betrachtung stellte ich fest, dass das BPR kein kaltes und blutleeres technokratisches Instrument war, sondern auf einem tiefgreifenden Verständnis des Menschen beruhte. Es wirkte, als habe er Alan Druckers These über den »Kunden« verinnerlicht und die wöchentliche BPR entwickelt, um die Mitarbeiter seines Führungsteams nicht wie Untergebene zu behandeln, sondern wie Stakeholder, die ein Interesse am Erfolg ihrer Kollegen haben (und die in den Meetings wiederum weitere Gruppen von Stakeholdern repräsentierten, nämlich Kunden, Lieferanten, Mitglieder der Community usw.). Auf diese Weise waren alle BPR-Teilnehmer in der Pflicht, sowohl gegenüber sich selbst als auch gegenüber der Gruppe Rechenschaft abzulegen, wodurch ihr duales Bedürfnis nach interner Bestätigung sowie der Zugehörigkeit zu etwas Größerem befriedigt wurde.

Mit der BPR hatte Alan, der Ingenieur, eine unbezwingbare Festung errichtet, die sich an jedes Unternehmen und jedes Ziel anpassen ließ. Nun lag es an mir, herauszufinden, wie ich diese Struktur nutzen könnte, um erfolgreichen Menschen zu helfen, ihr Verhalten dauerhaft zum Positiven zu verändern.

5. Das »Was kommt als Nächstes?«-Wochenende

Um das Jahr 2005 herum begann ich, immer wieder einmal eine Handvoll Klienten für zwei Tage in mein Haus einzuladen, um ihnen im Rahmen der Fragestellung »Was kommt als Nächstes?« dabei zu helfen, die nächste Phase ihres Lebens zu planen. Mit den meisten meiner Klienten war ich auch lange nach dem Ende unserer Einzelcoachings noch in Kontakt geblieben, bis zu dem unausweichlichen Tag, an dem sie sich einen Nachfolger suchen und über einen neuen Karriereschritt nachdenken mussten. (Mein Rat lautete immer gleich: Lieber ein Jahr zu kurz als eine Minute zu lang. Mit anderen Worten: Gehen Sie jetzt, auf dem Höhepunkt Ihres Wirkens. Warten Sie nie darauf, dass der Vorstand Sie auffordert zu gehen. Die Kandidaten, die darauf warten, Ihre Nachfolge anzutreten, werden es Ihnen nicht übelnehmen.) Auch nach ihrem Ausscheiden blieb ich weiter an ihrer Seite, um sie bei der Entscheidung, wie es weitergehen sollte, zu unterstützen. Mir war natürlich bewusst, dass erfolgreichen Führungskräften für ihre nächsten Schritte viele Optionen offenstehen – Consulting, eine Lehrtätigkeit, Private Equity, soziales Engagement, ein Sitz in einem Aufsichtsrat, eine neue CEO-Position, Skifahren in Aspen –, doch eine Fülle von Optionen macht die Entscheidung nicht leichter. Wenn Sie alles tun können und nicht mehr auf ein Gehalt angewiesen sind, kann es leicht passieren, dass Sie auf der Stelle treten und gar nichts machen. Einer meiner Klienten hat diese Gefahr einmal treffend als »Ärger im dritten Akt« bezeichnet. Der Abstieg vom Gipfel ist immer gefährlicher als der Aufstieg.

Die interessanteste Erkenntnis, die ich gewann, nachdem ich bereits einige »Was kommt als Nächstes?«-Wochenenden veranstaltet hatte, war, wie isoliert sich viele der Teilnehmer fühlten und wie sehr sie alle, aber insbesondere die ehemaligen CEOs, den Austausch mit den anderen Anwesenden genossen. An der Spitze der Karriereleiter ist es sehr einsam, weshalb nur wenige von ihnen Menschen hatten, mit denen sie offen sprechen konnten. Die »Was kommt als Nächstes?«-Wochenenden boten ihnen einen Rahmen, in dem sie mit Menschen, die sie respektierten, über alles Mögliche reden konnten. Dabei wurde deutlich, dass wir alle oft ähnliche Probleme haben und in der richtigen Umgebung, in einer kleinen Gruppe, in der Menschen mit unterschiedlichem Hintergrund, aber ähnlichen Situationen zusammenkommen, gerne bereit sind, uns zu öffnen und sie mit anderen zu teilen. Diese Wochenenden wurden zu einem jährlichen Höhepunkt.

6. Tägliche Fragen

Wir sind hervorragende Planer und schlechte Macher. »Tägliche Fragen« sind das Werkzeug, das ich vor eineinhalb Jahrzehnten zu nutzen begann, um mein übliches Muster gut gemeinter Absichten, aber unzuverlässiger Umsetzung zu durchbrechen. In meinem Buch *Triggers* habe ich dieses Konzept ausführlich erklärt, inklusive einer Liste von zweiundzwanzig Fragen, mit denen ich täglich prüfe, ob ich meine Absichten entschlossen umsetze, und ob das, was ich tue, meinen Plänen entspricht. Das entscheidende Merkmal: Jede Frage beginnt mit »Habe ich mein Bestes getan, um …«, und benennt dann ein konkretes Ziel, etwa »… mir klare Ziele zu setzen?« oder »… Sport zu treiben?« oder »… keine Energie auf Dinge zu verschwenden, die ich nicht ändern kann?«. Jeden Abend bewerte ich bei jeder Frage mithilfe einer Skala von 1 bis 10, wie sehr ich mich bemüht habe. Dieser Prozess misst den Aufwand und nicht die Ergebnisse. Letztere können wir nicht immer kontrollieren, aber wir können alle unser Bestes geben. Weil ich Unterstützung benötige, damit ich mich an den Plan halte, habe ich vor einigen Jahren einen »Coach« engagiert, der mich jeden Abend anruft und meine Ergebnisse abfragt. Es ist die beste Durchsetzungsstrategie, die ich kenne, um ein gewünschtes Ergebnis zu erzielen. Sie kann aber auch schmerzhaft sein, denn es ist entmutigend, wenn Sie für Ziele, die Ihnen nach eigener Aussage wirklich wichtig sind, immer wieder nur 1 oder 2 Punkte aufschreiben können. Dieser Schmerz kann dazu führen, dass Sie schließlich aufgeben. Doch wenn Sie am Ball bleiben, funktioniert die Methode. Für alles.

Die morgendliche Frage: Was werde ich heute Gutes tun?	5	Steh auf, wasche dich, bete zum *Allmächtigen;* richte dir das Geschäft des Tages ein und fasse deine Entschlüsse für denselben, setze das jeweilige Studium fort und frühstücke.
	6	
	7	
	8	Arbeite.
	9	
	10	
	11	
	12	Lies oder geh kurz über deine Geschäftsbücher, iss zu Mittag.
	1	
	2	Arbeite.
	3	
	4	
	5	
	6	Bring alle Dinge wieder an ihre Stelle. Nimm das Abendbrot ein. Unterhalte dich mit Musik, Lesen, Gespräch oder Zerstreuung. Prüfe den verlebten Tag.
	7	
	8	
	9	
	10	Schlafen.
Die abendliche Frage: Was habe ich heute Gutes getan?	11	
	12	
	1	
	2	
	3	
	4	

Ich habe sie nicht erfunden. Wir verdanken sie Ben Franklin, dem amerikanischen Gründervater der Selbstoptimierung (»Ein gesparter Penny ist ein verdienter Penny.«).

In seiner Autobiografie beschrieb er nicht nur seine tägliche To-do-Liste (»Steh auf, wasche dich, bete zum Allmächtigen; richte dir das Geschäft des Tages ein und fasse deine Entschlüsse für denselben, setze das jeweilige Studium fort und frühstücke.«), sondern erläuterte darüber hinaus auch eine längerfristige Methode zur Selbstkontrolle. Dafür nannte er dreizehn Tugenden, die er perfektionieren wollte.*

Anstatt alle dreizehn in der Fußnote gelisteten Tugenden auf einmal in Angriff zu nehmen (das unrealistischste Ziel schlechthin), widmete sich Franklin einer Tugend nach der anderen und arbeitete jeweils so lange an ihr, bis er sie beherrschte. Immer, wenn ihn der Mut verließ, notierte er es in einem Buch und zählte am Ende des Tages seine Fehler zusammen. Sobald die Summe null ergab, erklärte er seinen Sieg und ging zur nächsten Tugend über. Obwohl diese Routine mehr als 250 Jahre alt ist, ist sie immer noch äußerst zeitgemäß. (Sie erinnert mich an die 100er-Regel des NBA-Spielers Steph Curry, der als bester Distanzschütze der Basketballgeschichte gilt: Er übt Sprungwürfe von fünf verschiedenen Punkten des Spielfelds aus und wechselt erst dann zum nächsten Punkt, wenn es ihm gelungen ist, zwanzig Würfe hintereinander zu versenken. Ein Fehlwurf, und er fängt wieder bei null an.) Sie diente mir als inspirierende Grundlage für die hier beschriebenen »Täglichen Fragen«.

7. Die 100 Coaches

Der Beitritt zu einer Community ist das neueste Strukturelement, das ich übernommen habe – und es ist das Element, das mir geholfen hat zu erkennen, wie wir ein verdientes Leben führen können.

Als Ayse Birsel mich damals aufforderte, meine Helden zu benennen, öffnete Sie mir die Tür zu einer Aspiration, mit der ich nicht gerechnet hatte. Laut auszusprechen, dass Buddha mein Held ist, brachte den Stein ins Rollen. Einer der interessantesten Fakten über Buddha ist, dass er vor drei Jahrtausenden lebte und keine schriftlichen Aufzeichnungen über seine Lehren hinterlassen hat, und dass dennoch schätzungsweise 560 Millionen Menschen auf der Welt praktizierende Buddhisten sind.

* Mäßigkeit, Schweigen, Ordnung, Entschlossenheit, Genügsamkeit, Fleiß, Aufrichtigkeit, Gerechtigkeit, Mäßigung, Reinlichkeit, Keuschheit, Gemütsruhe, Demut.

Wie es dazu kam? Die Antwort: Buddha verschenkte sein gesamtes Wissen und die Empfänger seines Geschenks verbreiteten es in alle Welt.

Könnte ich auf meine eigene bescheidene Art und Weise nicht dasselbe tun? Diese Idee kam mir im Mai 2016 während meines täglichen Spaziergangs. Sobald ich wieder zu Hause war, griff ich zu meinem Handy und nahm spontan ein 30-sekündiges Selfie-Video in meinem Garten auf, in dem ich anbot, 15 Bewerber mein gesamtes Wissen zu lehren – unter der einzigen Bedingung, dass jeder von ihnen versprechen musste, es mir nachzutun, und es irgendwann in der Zukunft ebenfalls weiterzugeben Ich nannte es mein 15-Coaches-Programm und postete das Video auf LinkedIn, in der Erwartung, dass ein paar wenige Antworten hereintröpfeln würden. Einen Tag später hatte ich bereits zweitausend Bewerbungen erhalten und in der Summe waren es letztlich sogar achtzehntausend. Die meisten Bewerber waren Fremde. Es waren allerdings auch bekannte Namen dabei: Coaches und bekannte Wissenschaftler, Personalverantwortliche, mit denen ich fruher zusammengearbeitet hatte, Unternehmer und CEOs sowie Freunde von mir. Daraufhin erweiterte ich meine Zielsetzung ein wenig und wählte fünfundzwanzig Personen aus. Anfang 2017 fand unser erstes Treffen in Boston statt, wo ich den Coaching-Prozess erläuterte und jeden meiner Adoptivcoaches besser kennenlernen konnte. Ich plante, jeden der fünfundzwanzig Teilnehmer auf dieselbe Weise zu coachen, wie ich es bei meinen Einzelcoachings mit erfolgreichen Führungskräften tue: mit vielen Kontrollanrufen und der Möglichkeit, mich jederzeit zu kontaktieren. Das erforderte einen hohen Zeitaufwand. In meinen arbeitsreichsten Jahren konnte ich parallel acht Klienten betreuen. Nun bürdete ich mir das dreifache Arbeitspensum auf. Aber das war in Ordnung, denn ich betrachtete meinen Plan als Vermächtnisprojekt, indem ich meine Adoptivcoaches als fünfundzwanzig individuelle Aufträge und nicht als kollektive Gruppe betrachtete. Wäre dieses Vorhaben ein Rad, so würde ich die Nabe sein und meine Coaches die Speichen. Das Einzige, was sie miteinander verband, war ich. (Bemerkenswerterweise nimmt meine Begeisterung stets zu, wenn ich im Mittelpunkt der Aufmerksamkeit stehe.)

Ich hatte nicht damit gerechnet, dass sie eine bessere Idee haben könnten. Die Lernkurve meines Coaching-Prozesses ist steil und meine Adoptivcoaches erwiesen sich als schnelle Lerner. Nach ein paar Monaten merkten sie, dass sie mich nicht mehr brauchten. Stattdessen vernetzten sie sich untereinander, tauschten Ideen aus und unterstützten sich gegenseitig. Meine angehenden Gefolgsleute wurden zu ihrer eigenen Bezugsgruppe. Sie waren zudem begierig darauf, neue Mitglieder zu gewinnen – eine Idee, die ich nicht in Betracht gezogen hatte, jedoch sofort zu schätzen wusste (starke Gemeinschaften wollen unbedingt wachsen, schwache weigern sich). Innerhalb eines Jahres wurden 25 Coaches zu 100 Coaches. Es gab keinen Nominierungsprozess und keine Bewerbungsgespräche (wir waren weder ein Country Club noch eine Ehrenverbindung). Wenn eines unserer Mitglieder jemanden kannte, der von der Teilnahme an unserer Enklave profitieren könnte, nahmen wir diese Person als Adoptivcoach dieses Mitglieds auf. Dadurch wurde unsere Gruppe unheimlich divers, was immer eine gute Sache ist.

Ich hatte schon früher in unregelmäßigen Abstand den Versuch unternommen, eine Fachcommunity zu gründen, aber »100 Coaches« entwickelte sich zu etwas ganz Besonderem. Ich war mir nicht sicher, warum, bis ich erfuhr, dass sich Coaches in London, New York, Boston und anderen Städten das ganze Jahr hindurch auch in privatem Rahmen trafen. Als ein Mitglied aus Tel Aviv in unserer Gruppe verkündete, dass sie San Diego besuchen würde, luden mich Mitglieder, die dort lebten, zu einer Dinnerparty ein, die sie für sie organisiert hatten. Das war ein augenöffnendes Erlebnis. Niemand machte an diesem Abend Eigenwerbung oder betrieb Networking. Es fühlte sich eher wie ein Familientreffen an, allerdings ohne die verrückten Onkel und die anstrengenden Familiengeschichten – eine Zusammenkunft von Menschen in einer unvoreingenommenen Umgebung, die den glücklichen Umstand feierten, dass sie einander begegnet waren.

Die sieben Ideen, von denen Sie soeben gelesen haben, haben eines gemeinsam: Sie sind nicht dafür gedacht, dass Sie sie alleine umsetzen, sondern sie sind am effektivsten, wenn zwei oder mehr Personen beteiligt sind. Mit anderen Worten: Diese Konzepte sind in einem Umfeld, das wir als Gemeinschaft bezeichnen, tragfähiger. Selbst das vermeintliche Einzelritual der »täglichen Fragen« funktioniert besser, wenn es einen Partner gibt, der sich jeden Abend nach Ihren Ergebnissen erkundigt; das steigert Ihr Verantwortungsgefühl und die Wahrscheinlichkeit, dass Sie auf Kurs bleiben.

Ich bin weder überrascht noch traurig darüber, dass ich vier Jahrzehnte gebraucht habe, um die Zusammenhänge zwischen diesen Konzepten zu entdecken. Ich musste mir jede Idee in meinem eigenen Tempo verdienen – sobald ich bereit war, sie zu hören. Alans BPR und seine Erkenntnisse über die Gruppendynamik in einem wöchentlichen Meeting waren sicherlich ein Wendepunkt. Eines Tages schoss mir der Gedanke in den Kopf, dass wir, wenn wir die unermüdliche Selbstkontrolle der »täglichen Fragen« mit den langfristigen Vorteilen von Alans Business Plan Review kombinieren könnten, eine Struktur erhalten würden, die sich auf jedes Leben anwenden ließe. Alan stimmte meinem Vorschlag zu. Wir gaben dem Konstrukt den Namen »Life Plan Review« (Lebensplanüberprüfung).

Im Januar 2020 reisten 160 Mitglieder unserer wachsenden 100-Coaches-Community aus der ganzen Welt zu einer dreitägigen Konferenz, zu der ich nach San Diego eingeladen hatte. Als ich sah, wie sie sich an diesem Wochenende amüsierten, staunte ich über die großherzige Gemeinschaft, die ich unabsichtlich geschaffen hatte. Sie war ein echtes Wunder.

Nur sechs Wochen später wurde die Welt dann von einer Pandemie heimgesucht – und alles veränderte sich. Die Coronapandemie war eine ernste Bedrohung für unsere Gesundheit, unsere Lebensgrundlage und unsere finanzielle Sicherheit, aber sie war auch ein Angriff auf unsere 100-Coaches-Community.

Katastrophenereignisse stellen die Gesundheit einer Gemeinschaft auf die Probe. Die Schwachen zerbrechen. Die Starken intensivieren ihre Bemühungen und werden noch stärker. Zu welcher Kategorie zählten wir?

❶ Bezugsgruppe
Affinitäten zu bestimmten Gruppen prägen unsere Entscheidungen

❷ Feedforward
Kehrseite des Feedbacks: Ideen für die Zukunft, keine Kritik an der Vergangenheit

❸ Stakeholder-zentriertes Coaching
Wer sind Ihre »Kunden« und worauf legen sie Wert?

❹ Business Plan Review
Wöchentliches Meeting, um über die Fortschritte »laut Plan« zu berichten, kein Urteil, kein Zynismus

❺ Das »Was kommt als Nächstes?«-Wochenende
2-tägige Seminare in Kleingruppen zum Planen der nächsten Lebensphase

❻ Tägliche Fragen
Tägliche Kontrolle des Bemühens um die Umsetzung der eigenen Absichten

❼ 100 Coaches
Schaffung einer Community von Menschen, die sich gegenseitig helfen, besser zu werden; keine anderen Absichten

In einer der Präsentationen, die ich vor den 100 Coaches in San Diego hielt, bevor der Lockdown kam, stellte ich unterstützt von Alan Mulally den Mitgliedern das Life-Plan-Review-Konzept vor. Es kombiniert alle Elemente, die ich schätze, weil sie Menschen helfen, sinnvolle Veränderungen zu erreichen, darunter nicht zuletzt die verbindende Kraft der Gemeinschaft. Die Life Plan Review ist ein Konzept, das unsere Gruppe in nur einem Jahr so sehr gestärkt hat wie kein anderes. Wenn Sie nur eine Idee aus diesen Seiten mitnehmen, dann diese.

KAPITEL 10
DIE LPR

Ziel der Life Plan Review (oder LPR) ist es, die Lücke zwischen dem zu schließen, was Sie sich in Ihrem Leben vornehmen, und dem, was Sie tatsächlich erreichen.

Die Methode, die diesem Konzept zugrunde liegt, ist bereits in den drei Wörtern seines Namens enthalten. Life. Plan. Review. (Leben. Planen. Überprüfen.) Es setzt voraus, dass Sie bereits entschieden haben, wie Sie Ihr Leben gestalten wollen und wie Ihr zukünftiges Ich aussieht, wenn alles nach Plan verläuft. Aber im Gegensatz zu vielen anderen zielorientierten Selbstoptimierungsstrategien setzt es nicht auf Appelle, um Sie zu mehr Kühnheit in Bezug auf Ihre Motivation, Ihre Gewohnheiten, Ihren Einfallsreichtum und Ihren Mut zu ermuntern. Die LPR ist eine Übung in Selbstkontrolle: Sie ruft Sie dazu auf, wöchentlich zu *überprüfen*, wie sehr Sie sich darum bemühen, sich das Leben zu verdienen, das Sie angeblich ersehnen. Sie misst, wie sehr Sie sich anstrengen, wobei sie eher von Versäumnissen als von einem unerschütterlichen Streben ausgeht, und berücksichtigt, dass Sie in den meisten Wochen wahrscheinlich keine perfekte Leistung erbringen werden. Wie viel Fehlbarkeit, Verleugnung und Trägheit Sie in Ihrem Leben akzeptieren können und was Sie diesbezüglich unternehmen werden, liegt allein bei Ihnen. Die LPR verlangt lediglich, dass Sie das Niveau Ihrer Bemühungen im Auge behalten. Kein Verdienst ohne heroische Anstrengung. Und dann verlangt sie noch eine weitere Sache von Ihnen, wie ein Trainer, der noch einen weiteren Satz Crunches einfordert: Sie müssen Ihre

Ergebnisse mit anderen Menschen teilen – in einer Gemeinschaft –, und zwar nicht nur, um Zahlen herunterzubeten, sondern um Notizen zu vergleichen und sich gegenseitig zu helfen.

Die LPR besteht aus einer simplen, vierstufigen Struktur, die ohne eine Community viel von ihrer Kraft verliert:

Schritt 1. In der LPR berichten Sie und alle anderen Mitglieder Ihres wöchentlichen Meetings nacheinander von Ihren Antworten auf sechs festgelegte Fragen, die Ihr Leben nachweislich besser machen können. »Habe ich mein Bestes getan, um …«

1. … mir klare Ziele zu setzen?
2. … Fortschritte beim Erreichen meiner Ziele zu machen?
3. … einen Lebenssinn zu finden?
4. … glücklich zu sein?
5. … positive Beziehungen aufrechtzuerhalten und aufzubauen?
6. … mich voll und ganz zu engagieren?

Sie beantworten jede Frage, indem Sie eine Zahl auf einer Skala von 1 bis 10 angeben (wobei 10 die beste Bewertung ist), die den Grad Ihrer Bemühungen misst, nicht Ihre Ergebnisse. Die Trennung von Leistung und Ergebnis ist wichtig, denn sie zwingt Sie zu der Einsicht, dass Sie Ihre Ergebnisse nicht immer kontrollieren können (es kann immer etwas passieren), aber dass es keine Entschuldigung dafür gibt, es nicht wenigstens zu versuchen.

Schritt 2. In den Tagen zwischen den wöchentlichen LPR-Meetings dokumentieren Sie täglich Ihre Antworten auf diese Fragen – sodass Sie die Gewohnheit entwickeln, sich selbst zu kontrollieren. Dieses Ritual ist ebenso essenziell wie das Frühstücken oder das Zähneputzen. Ich persönlich dokumentiere meine Punktzahl am liebsten am Ende eines jeden Tages und teile sie meinem Coach anschließend in unserem Telefonat um 22 Uhr mit. Aber ich bin nicht doktrinär, wenn es darum geht, wann Sie die Fragen beantworten. Manche Menschen warten bis zum nächsten Morgen, schlafen lieber noch einmal über ihren Antworten und nutzen die hohen oder niedrigen Werte des Vortags, um sich für den neuen Tag zu motivieren. Entscheidend ist lediglich, dass Sie diese Daten zusammentragen, damit Sie aufschlussreiche Muster entdecken können: Wo ist Ihr Trend eher negativ und wo haben Sie alles unter Kontrolle?

Ergänzen Sie meine Liste gerne um Ihre eigenen Fragen, oder streichen Sie eine oder zwei davon, die nicht auf Sie zutreffen. Diese sechs Fragen sind nicht heilig, obwohl sie einen Großteil des empfohlenen Tagesbedarfs an Nährstoffen abdecken, die wir benötigen, um das Leben zu führen, das wir wirklich verdienen. Das Setzen und das Erreichen von Zielen, Sinn, Glück, Beziehungen und Engagement sind ziemlich weit gefasste Begriffe. Sie lassen uns aber den erforderlichen Raum für sämtliche Details, wie außergewöhnlich oder exzentrisch sie auch sein mögen, die unser Leben individuell machen. Ich hätte noch weitere Fragen hinzufügen können, zum Beispiel Folgende:

- Habe ich mein Bestes getan, um meine Dankbarkeit auszudrücken?
- Habe ich mein Bestes getan, um meinem früheren Ich zu verzeihen?
- Habe ich mein Bestes getan, um das Leben eines anderen zu bereichern?

Diese Fragen standen auch einmal auf meiner Liste. Aber ich erhalte diesen Prozess nun schon seit zwei Jahrzehnten aufrecht. Er ist dynamisch und darauf ausgelegt, dass Sie sich verbessern und mit der Zeit immer neue Ziele setzen. Es wäre entmutigend, wenn ich mithilfe meiner täglichen Selbstkontrolle keine Fortschritte machen und die Fragen nicht anpassen würde, nachdem ich mich zum Besseren verändert habe. Entsprechend wurde mir nach und nach klar, dass ich meine Entwicklung in Bezug auf diese drei Fragen nicht mehr zu dokumentieren brauchte. Ich bin ziemlich gut darin, mich bei anderen zu bedanken. Ich bin Weltklasse darin, mir selbst zu verzeihen. Und wenn ich nicht dafür bezahlt werde, das Leben anderer Menschen zu bereichern, dann berate ich auch kostenlos. Die sechs verbliebenen Fragen sind extrem anspruchsvoll und von enormer Tragweite – und ich bezweifle, dass ich mich jemals so gut entwickeln werde, dass ich irgendwann aufhören kann, sie mir zu stellen.

Schritt 3. Prüfen Sie einmal pro Woche, ob Ihr Plan noch relevant ist und ihren persönlichen Bedürfnissen entspricht. Indem Sie Ihre Leistung messen, überwachen Sie die Qualität Ihrer Bemühungen. Von Zeit zu Zeit sollten Sie allerdings auch das Ziel Ihrer Bemühungen an sich hinterfragen. Strengen Sie sich womöglich enorm an, um ein inzwischen bedeutungslos gewordenes Ziel zu erreichen?

Unser Bemühen ist ein relativer, weder festgelegter noch objektiver oder präziser Wert. Es drückt die Meinung der einzigen qualifizierten Person aus, die diese Meinung haben kann: Sie selbst. Und während Sie ein Ziel verfolgen, ändert sich diese Meinung mit der Zeit. Wenn ein Personal Trainer Ihr aus der Form geratenes Ich bei Ihrer ersten Trainingseinheit beispielsweise bitten würde, zwanzig Liegestütze zu machen, dann würde womöglich nicht mal ein Bemühen, das Sie mit 10 bewerten würden, dazu führen, dass Sie alle zwanzig Liegestütze schaffen. Sechs Monate später würde Ihr durchtrainiertes Ich die gleichen zwanzig Liegestütze mithilfe einer Anstrengung, die gerade mal einer 2 entspricht, relativ mühelos schaffen. Je länger Sie etwas tun, desto weniger müssen Sie sich anstrengen, um es gut zu machen. Aber so wie der Frosch nicht bemerkt, dass das Wasser, in dem er sitzt, sich langsam erhitzt, bemerken Sie womöglich ebenso wenig, wie die Messlatte, an der Sie Ihre Anstrengung messen, mit der Zeit nach unten wandert. Dadurch könnten Sie der Versuchung erliegen, mit geringerer Mühe an Ort und Stelle zu bleiben (es bei zwanzig Liegestütze zu belassen, um im Beispiel zu bleiben). Oder Sie könnten sich der Herausforderung stellen und Ihre Bemühungen intensivieren, um Ihre Ziele zu erreichen (und Ihr Trainingspensum erst auf dreißig Liegestütze erhöhen, dann auf vierzig und so weiter).

Die Kontrolle Ihrer Bemühungen gibt Ihnen die Möglichkeit, den Wert Ihrer Ziele zu überdenken. Wenn Sie Ihr Ziel beibehalten wollen, ist es vielleicht an der Zeit, Ihre Bemühungen zu intensivieren. Wenn Sie jedoch nicht mehr bereit sind, die erforderlichen Anstrengungen zu unternehmen, ist es vielleicht an der Zeit, dass Sie sich ein neues Ziel setzen.

Schritt 4. Tun Sie es nicht allein. Diesen Rat befolgen Sie ganz automatisch, wenn Sie ein LPR-Meeting besuchen. Sein Hauptmerkmal:

Es ist eine Gruppenveranstaltung. Es bietet Ihnen einen Platz in einer Gemeinschaft von Gleichgesinnten. Schon Ihr gesunder Menschenverstand sollte Ihnen sagen, dass es wesentlich besser ist, wenn Sie Ihren Plan in der Gesellschaft ausgewählter anderer Menschen überprüfen als für sich allein. Denn warum sollten Sie versuchen, einen ehrgeizigen Lebensplan zu verwirklichen, und sich dann aber weigern, diese Erfahrung mit anderen zu teilen, vor allem, wenn Sie nicht dazu gezwungen sind, ihn zu verwirklichen? Welchen Mehrwert würde es Ihnen bringen, wenn Sie diesen Weg im Alleingang beschreiten würden? Genauso gut könnten Sie einen Geburtstagskuchen backen und ihn dann ganz alleine aufessen oder eine Rede vor einem leeren Raum halten.

Es ist wie beim Golfspielen: Obwohl es sich dabei um eine der wenigen Sportarten handelt, die Sie auch alleine ausüben können – Skifahren, Schwimmen, Radfahren und Laufen wären weitere Beispiele –, liefert der Golfsport das überzeugendste Argument für ein gutes Zusammenspiel mit anderen. Außerdem ist er die perfekte Metapher für die Vorteile der LPR.

Natürlich spielt ein passionierter Golfer bisweilen auch alleine, wenn er keinen Spielpartner findet, nur wenig Zeit hat oder an bestimmten Elementen seines Spiels arbeiten möchte. Wenn er dabei aber einen anderen Einzelspieler auf dem Platz einholt, vereinen sich die beiden Einzelspieler sofort zu einem Duo. Denn eine der vielen charmanten Regeln der Golf-Etikette lautet: Einzelspieler werden nie allein gelassen, es sei denn, sie wollen es so.

Wenn er die Wahl hat, zieht es jeder passionierte Golfer zudem immer vor, in einer Vierergruppe zu spielen, ganz egal, ob diese Gruppe aus Freunden, Familienmitgliedern oder Fremden besteht. Denn Golf ist die geselligste Sportart von allen. Sie laufen zusammen über den Platz und plaudern zwischen den Schlägen über das Geschäft, Urlaub oder die Ereignisse des Tages. Manchmal machen Sie sogar eine Pause in der Mitte der Runde und essen gemeinsam.

Diese soziale Komponente ist der Grund, weshalb ein Vierer alle Elemente eines gut geführten Meetings aufweist, genau wie das wöchentliche LPR-Meeting, das ich Ihnen ans Herz lege. Denn das Golfen enthält alle vier Bausteine unseres Fahrplans für den Weg in Richtung eines verdienten Lebens, gepaart mit und getragen vom Bindegewebe einer Gemeinschaft.

Es erfordert *Compliance*. Wenn Sie das Viererspiel ernstnehmen, sind Sie pünktlich am ersten Tee, spielen den Ball, wie er liegt (ohne die Situation zu Ihren Gunsten zu verändern), bekommen keine Wiederholungsschläge (auch Mulligans genannt) und zählen alle Schläge und Strafschläge. Es gibt sogar eine Kleiderordnung.

Es würdigt Ihre *persönliche Verantwortlichkeit*. Jeder Schlag ist Ihr eigener Verdienst oder Patzer. Sie können Ihre Fehler nicht auf andere abwälzen. Sie können sich und anderen nichts vormachen, was die Qualität Ihres Spiels angeht. Wenn Sie eingerostet, unvorbereitet oder einfach nicht so gut sind, wie Sie behaupten, dann wird eine Partie Golf die Wahrheit ans Licht bringen.

Es erfordert ein *Follow-up* und ein *Messen*. Ein Spieler hält die Ergebnisse für sich und seinen Spielpartner fest. Nach jedem Loch melden Sie ihm Ihren neuen Score. Sie tragen Ihr Ergebnis in eine öffentliche Datenbank ein, um einen ehrlichen Handicap-Index zu erhalten. Und ganz gleich, wie begeistert Sie sich bei der Nachbesprechung mit Ihren Spielpartnern an Ihre guten Schläge erinnern und über Ihre schlechten hinwegsehen: Es zählt ausschließlich das, was auf Ihrer Scorekarte steht. Das Spiel duldet keine alternativen Fakten.

Und am wichtigsten: Das Golfspiel verkörpert das, was ich an einer Community schätze. Es gibt Verhaltensregeln. Urteile und Zynismus werden nicht geduldet. Sie applaudieren einem Spieler für einen gut ausgeführten Schlag und sagen nichts Unfreundliches über einen schlechten. Sie helfen Ihrem Mitspieler bei der Suche nach seinem Ball.

Beim Golf entsteht eine Gemeinschaft, deren Mitglieder sich darum bemühen, besser zu werden – und die ihre Ideen gerne mit anderen teilen. Dieses Merkmal ist beachtenswert, denn im Gegensatz zu den meisten Einzelsportarten kann Golf eine Lernerfahrung sein. Wenn Sie gegen einen professionellen Baseballspieler oder einen Tennisprofi antreten, machen Sie die demütigende Erfahrung, dass Sie nicht einmal im Entferntesten mit ihm mithalten können. Nicht so beim Golf. Mittelmäßige Spieler spielen gerne mit besseren Spielern, weil sie wissen, dass sie schon dadurch ihr Spiel verbessern können, indem sie die wirklich guten Spieler beobachten – ihren Schwung, ihr gleichmäßiges Tempo, Ihre Pre-Shot-Routine. Und die besseren Spieler sind gerne bereit, Ratschläge zu geben, wenn Sie sie darum bitten (das ist Feedforward).

Es ist eine geschlechtsneutrale Gemeinschaft, in der jeder jedem anderen in Bezug auf seine Fähigkeiten und seinen Score ebenbürtig oder überlegen sein kann. Ein guter Golfspieler ist niemals herablassend und wird Sie nicht unterbrechen – er respektiert Sie.

Wer sich auf die Golfphilosophie einlässt, würdigt das Leistungsprinzip und die Gerechtigkeit. Es wird uns nichts geschenkt. Alles ist verdient – als Ergebnis unseres Trainings, der Maximierung unseres Talents und dem Streben nach ständiger Verbesserung. Das Golfspiel verkörpert meine Definition eines verdienten Lebens, denn die Entscheidungen, die wir dabei treffen, und die Risiken und Bemühungen, die wir in Kauf nehmen, münden in einer Erfahrung, die wir wertschätzen, egal, welchen Score wir dabei erzielen.

Wenn Sie in den vorangegangenen Absätzen das Wort »Golf« durch den Begriff »LPR-Meeting« ersetzen, finden Sie alle Gründe vor sich, die dafürsprechen, die LPR für sich zu übernehmen und sie zu einer Gruppenübung zu machen. Lassen Sie sich nicht davon abhalten, dass Sie der Gedanke, eine LPR-Gruppe zu gründen, zunächst womöglich einschüchtert – weil Sie logistische Probleme wittern, den Aufwand scheuen und befürchten, dass das Risiko den Nutzen überwiegt. Bitte glauben Sie mir, wenn ich Ihnen sage, dass es nicht so ist. Es ist einfach ein wöchentliches Treffen, das Ihnen aber Ihren Tag, Ihr Jahr oder sogar Ihre Welt retten kann. Das weiß ich, weil es mich gerettet hat.

Am 5. März 2020 begannen Lyda und ich mit dem Verkauf unseres Hauses in einem Vorort von San Diego, in dem wir zweiunddreißig Jahre lang gelebt hatten, und zogen dafür in eine zehn Meilen entfernt gelegene Mietwohnung in La Jolla, mit Blick auf den Pazifischen Ozean. Eine große Veränderung für uns, die aber nicht aus heiterem Himmel kam. Der Plan war, uns sofort auf die Suche nach einem Haus in Nashville zu machen, um unsere Enkelkinder, fünf Jahre alte Zwillinge, aufwachsen zu sehen. Wir wollten ein paar Wochen lang in unserer neuen Wohnung kampieren und von dort aus immer wieder nach Nashville reisen, bis wir eine Wohnung in der Nähe unserer Tochter Kelly und ihrer Kinder gefunden hatten. Anschließend wollten wir unser neues Zuhause mit unseren eingelagerten Möbeln einrichten und dann unsere Großelternzeit genießen. Beruflich würde sich für mich durch den Umzug nichts ändern. Es war lediglich ein Standortwechsel. Ich war noch für die kommenden zwei Jahre mit Seminaren und Vortragsterminen ausgebucht, die meisten davon in Übersee. Ich engagierte mich stärker denn je für meine 100-Coaches-Community. Ich hatte ein Buch zu schreiben.

Sechs Tage später waren alle unsere Pläne Makulatur! Wie viele andere Amerikaner erinnere ich mich noch genau an den Moment, der alles veränderte: Es war am Abend des 11. März, ein Mittwoch, als ich hörte, dass die NBA den Rest der Saison 2020 wegen der sich abzeichnenden Coronapandemie ausgesetzt hatte, einschließlich der Playoffs und der Finals. Aus irgendeinem Grund war es ausgerechnet das plötzliche Verschwinden eines beliebten Profisports aus dem nationalen Terminkalender, das den amerikanischen Politikern und uns Bürgern klarmachte: »Die Sache ist ernst.« Eine Woche später ging Kalifornien in den Lockdown, der Flugverkehr wurde eingestellt, meine Vortragstermine abgesagt, und ich saß da und starrte aus dem Fenster auf den Pazifik. Lyda und ich würden das schon schaffen. Sie lebt sogar noch selbstverständlicher im Hier und Jetzt als ich. Deshalb haben wir keinen Gedanken an die Vergangenheit verschwendet oder uns im Nachhinein darüber geärgert, dass wir unser deutlich größeres Haus eine Woche zu früh geräumt hatten. Das Leben war immer noch schön, und wir wohnten nun mit Blick aufs Meer.

Ich machte mir wesentlich mehr Sorgen um meine 100-Coaches-Community. Noch sechs Wochen zuvor hatten Alan Mulally und ich im Hyatt Regency bei La Jolla gestanden und 160 Mitgliedern unserer 100-Coaches-Gruppe vier Stunden lang das LPR-Konzept vermittelt. Nur wenige Tage später hatte es den ersten bestätigten COVID-19-Fall in Kalifornien gegeben. Damals hatte uns das nicht gekümmert. Die Zukunft stand uns allen weit offen. Doch jetzt machte ich mir Sorgen. Wenn sich meine Speaker-Verpflichtungen im Handumdrehen in Luft auflösen konnten, wie würde es dann erst den jüngeren, weniger etablierten Coaches, Kursleitern und Beratern in unserer Community ergehen, die nicht über das gleiche Finanzpolster verfügten wie der Rest von uns? Es musste eine furchtbare Situation für sie sein. Die Akademiker und leitenden Angestellten unter unseren 100 Coaches konnten für sich selbst sorgen. Aber was war mit den vielen Unternehmern in der Gruppe, zum Beispiel mit meinem Coaching-Klienten und guten Freund, dem Gastronomen David Chang, dessen »Momofuku«-Imperium durch eine Viruspandemie sicherlich gefährdet sein würde? Wenn wir Bienen wären, dachte ich bei mir, befänden wir uns aktuell in einem frühen, aber sich rasch verschlimmernden Stadium eines Bienenvolk-Kollapses.

Ich hatte das Gefühl, als wollte Buddha mich testen, indem er mir sagte: »Okay, Kumpel. Du wolltest ein Vermächtnisprojekt? Das hier ist jetzt deine Familie. Von nun an musst du dir dein Vermächtnis jeden Tag aufs Neue verdienen, indem du diese Familie schützt.«

Zum allerersten Mal in meinem Erwachsenenleben hatte ich plötzlich jede Menge Zeit. Ich musste keinen Flug erwischen, an keiner Besprechung teilnehmen und die Spalten meines Terminkalenders waren nicht mehr vollgestopft mit Terminen. Lyda und ich hatten uns abgeschottet und versuchten, gesund zu bleiben. Alles, was mir blieb, war mein Gefühl der Verantwortung gegenüber den 100 Coaches und ein neues Gefühl der Entschlossenheit, diese Community zu schützen.

Also besorgte ich mir einen Zoom-Account, erklärte eine Ecke unserer winzigen Wohnung zu meinem »Studio« und kündigte an, dass ich jeden Montag um 10 Uhr (EST) ein lose strukturiertes Seminar halten würde. Alle waren eingeladen. Ich startete jeweils mit einem zwanzigminütigen Vortrag über ein bestimmtes Thema, bevor sich die Teilnehmer dann in Dreier- oder Vierergruppen aufteilten und untereinander eine oder zwei Fragen diskutierten, die ich ihnen zuvor gestellt hatte. Anschließend kehrten dann alle wieder zu unserer großen Gruppe zurück, um zu berichten, was sie gelernt hatten. Die Zahl der Teilnehmer wuchs von anfangs fünfunddreißig auf zeitweise über einhundert Personen. Es war eine sehr heterogene internationale Gruppe aus allen Kontinenten der Welt, außer der Antarktis (Notiz an mich selbst: Ich muss dringend Mitglieder am Südpol anwerben). Viele schalteten sich aus Zeitzonen zu, in denen es gerade mitten in der Nacht war. In manchen Wochen begannen wir mit unserer eigenen Version einer CNN-Eilmeldung, indem uns beispielsweise Omran Matar, ein belarussischer Anwalt, der inzwischen als Consultant arbeitet, in Echtzeit über die neuesten Entwicklungen der Revolution in den Straßen von Minsk auf dem Laufenden hielt, die sich direkt vor seinem Fenster abspielte. Dass wir andere Gesichter sahen und Stimmen aus einer globalen Gemeinschaft hörten, war schon für sich genommen eine äußerst wertvolle Erfahrung für uns alle. Irgendwann erfuhr ich, dass Zoom eine Chat-Funktion besitzt, über die sich viele Leute während meiner »Predigten« Nachrichten schickten, wie Schüler, die sich im Unterricht Zettel zustecken, und sich untereinander für private Calls verabredeten. Ich dachte, ich wäre derjenige, der unsere Gemeinschaft schützen würde, aber die eigentliche Arbeit leisteten unsere Mitglieder auf einer elementareren Ebene. Sie retteten sich gegenseitig.

Im Juni 2020 stand fest, dass die Pandemie nicht so schnell abklingen würde und dass es mindestens noch ein Jahr oder länger dauern würde, bevor Lyda und ich nach Nashville ziehen könnten. Weil alle zu Hause festsaßen, bot die 100-Coaches-Community die perfekte Gelegenheit, die LPR (die wir unseren Mitgliedern fünf Monate zuvor, kurz vor dem Lockdown, vorgestellt hatten) in einer Gruppenumgebung zu testen. Also verpflichtete ich fünfzig Personen dazu, zehn Wochen lang die sechs grundlegenden LPR-Fragen zu beantworten und jeden Samstag- oder Sonntagmorgen per Zoom-Call über ihre Ergebnisse zu berichten. Ich wiederholte meine übliche Warnung, dass die Selbstkontrolle anstrengend sein könnte: »Das Konzept ist leicht zu verstehen. Aber es ist nicht leicht, dauerhaft daran festzuhalten.«

Wenn Sie erfolgreiche Menschen vor die Herausforderung stellen, zu bewerten, wie sehr sie sich darum bemüht haben, ein selbst gewähltes Ziel zu erreichen, und sie dann mit ihrer Unzulänglichkeit konfrontieren, geben sie oft schon nach zwei oder drei Wochen auf. Meistens schämen sie sich aber zumindest dafür, dass sie in einem Test, den sie selbst »geschrieben« haben, durchgefallen sind. Ich hatte erwartet, dass zehn der fünfzig Teilnehmer das Handtuch werfen würden, was einer Abbrecherquote von 20 Prozent entsprochen hätte.

In diesem Sommer boten mein Coaching-Partner Mark Thompson und ich an jedem Wochenende sechs einstündige Calls für acht Personen an. Die Teilnahme war quasi verpflichtend, aber wie sich herausstellte, hätten wir uns darüber ohnehin keine Sorgen machen müssen. Niemand schwänzte. Nicht ein einziges Mal. Die Mitglieder der Gruppe hatten die Wahl zwischen Terminen um 9.00 Uhr, 10.30 Uhr oder 12.00 Uhr, entweder samstags oder sonntags. Manche nahmen immer denselben Termin wahr, während andere hin- und herwechselten – was meiner informellen Studie einen kleinen, unwissenschaftlichen Knick versetzte. Denn auf diese Weise mussten die Leute nicht jede Woche vor derselben Gruppe von Menschen Rechenschaft ablegen. Andererseits widmeten sie sich dem Prozess sicherlich umso eifriger, weil sie nicht wussten, wem sie in der kommenden Woche in der Konferenz begegnen würden. Meine Aufgabe war es, dafür zu sorgen, dass jeder jeden zumindest einmal kennenlernte.

Zehn Wochen sind nicht genug, um in Bezug auf komplexe Ziele wie Engagement, Lebenssinn und dem Reparieren von Beziehungen eine dauerhafte positive Veränderung einzuleiten. Das ist in so kurzer Zeit zu viel verlangt, und es entspricht auch nicht dem Zweck, den die LPR verfolgt. Sie soll uns ein Leben lang begleiten. Zehn Wochen reichen jedoch aus, um einige aussagekräftige Indikatoren für ihren Wert zu liefern.

Alle Probanden hielten ihre Punkteentwicklung fest, sodass sich Fortschritte oder Rückschritte leicht messen ließen. Im Laufe dieser zehn Wochen stiegen die Punktstände der Mitglieder stetig an. In der zehnten Woche lagen die Teilnehmer, die Ihre Bemühungen anfangs mit weniger als 5 Punkten bewertet hatten, regelmäßig im Bereich von 8 bis 10 Punkten. Meine Schlussfolgerung: Wenn Sie die ersten Wochen überstehen, ohne aufzugeben, wird sich unweigerlich ein gewisses Maß an Erfolg einstellen. Die öffentliche Überprüfung der erzielten Punktzahlen steigert Ihre Verantwortlichkeit, Ihre Rechenschaftspflicht, sowohl gegenüber der Gruppe als auch gegenüber sich selbst. Wenn Sie sehen, dass Sie stetig Fortschritte machen, ist es unwahrscheinlicher, dass Sie einen erneuten Rückschritt auf niedrigere Werte zulassen.

Dies ist der wichtigste Nutzen der LPR: Sie werden innerhalb weniger Wochen feststellen, wie Sie sie dazu zwingt, sich die folgende schwierige Frage zu stellen: »Was habe ich diese Woche tatsächlich unternommen, um meinen Zielen näherzukommen?« Angesichts unserer Tendenz, hervorragend im Planen, aber schlecht im Machen zu sein, gehen wir dieser Frage in der Regel lieber aus dem Weg. Doch die LPR lässt uns keine andere Wahl. Und das ist auch der Grund, weshalb sich Ihre Ergebnisse so schnell verbessern werden. Die Alternative – das öffentliche Eingeständnis, sich Woche um Woche zu wenig bemüht zu haben – ist zu schmerzhaft, um sie zu ertragen.

Wir haben die Struktur der LPR so einfach wie möglich gehalten, weil sich einfache Strukturen der Selbstkontrolle leichter umsetzen lassen und deshalb die Gefahr deutlich geringer ist, dass wir auf halber Strecke aufgeben. Sie müssen einfach nur Tag für Tag Ihr Bemühen um das Erreichen von sechs Zielen Ihrer Wahl dokumentieren und ein Mal pro Woche in einer Gruppensitzung über Ihr Durchschnittsergebnis bei jeder Frage berichten. Wie schwer kann das sein?

Vor 2020 hätte ich gesagt, dass der soziale Faktor – dass Menschen, die nicht zusammenarbeiten, sich jede Woche zur gleichen Zeit persönlich treffen müssen – die größte Herausforderung der LPR darstellen würde. Denn wie bringen Sie vielbeschäftigte Menschen dazu, jede Woche teilzunehmen? Doch die Coronapandemie und die rettende Verbreitung von Videokonferenz-Apps wie Zoom haben mit diesem Problem aufgeräumt. Wir alle haben uns längst daran gewöhnt, die Gesichter anderer eher auf dem Bildschirm als in echt zu sehen.

Doch wie jede erfolgreiche Führungskraft weiß, steht und fällt das Schicksal eines Teams mit der Auswahl der richtigen Menschen. Wie besetzen Sie die Rollen in Ihrer LPR-Gruppe so, dass das Meeting möglichst attraktiv wird und die Mitglieder jede Woche aufs Neue dabei sein wollen? Mit Zoom allein ist es nicht getan. Sie brauchen eine Strategie, um eine Gruppe zu bilden, die Woche für Woche mit Begeisterung bei der Sache ist.

Setzen Sie auf maximale Vielfalt. Das war die wichtigste Erkenntnis, die ich aus dem Erfolg meiner jährlichen »Was kommt als Nächstes?«-Seminare gezogen hatte. Beginnen Sie mit einer ausgewogenen Aufteilung der Geschlechter – immer ein absolutes Muss. Sorgen Sie dann dafür, dass Ihre Gruppe auch was Alter, Herkunft, Nationalität, berufliche Stellung und Branche ihrer einzelnen Mitglieder betrifft, so divers wie möglich ist. Unterstellen Sie nicht automatisch, dass grundverschiedene Menschen sich nicht gut verstehen oder sich nicht füreinander interessieren werden. Erfolgreiche Menschen sind von Natur aus neugierig. Die Diversität sollte im Mittelpunkt stehen und nicht reglementiert werden. Denn das ist ja der Sinn der Vielfalt: Je größer die Unterschiede zwischen den Teilnehmern eines Meetings sind, desto frischer und überraschender sind die Standpunkte, die ausgetauscht werden. Als ich die fünfzig Personen für das erste zehnwöchige LPR-Experiment auswählte, machte ich es wie Noah, als er damals seine Arche füllte, und wählte höchstens zwei Menschen vom selben »Schlag« aus. Deshalb sah ein typisches Meeting damals dann so aus: Jan Carlson, der CEO von Europas größtem Hersteller von Sicherheitsgurten und anderen Autosicherheitssystemen, schaltete sich aus Stockholm zu; Gail Miller, eine Großmutter, die ein riesiges Familienunternehmen leitet, meldete sich aus Utah; Nankhonde van den Broek, eine neununddreißigjährige Non-Profit-Expertin, die das Unternehmen ihres verstorbenen Vaters übernommen hatte, nahm von Sambia aus teil; Pau Gasol, der neununddreißigjährige NBA-Star, der zu diesem Zeitpunkt kurz vor seinem Karriereende stand, war ebenfalls dabei, genau wie der Chirurg Dr. Jim Downing, der Direktor des St. Jude Children Research Hospital in Memphis; Margo Georgiadis, die CEO von Ancestry.com, die gerade dabei war, ihren Job abzugeben, indem sie Ancestry an eine private Kapitalbeteiligungsgesellschaft verkaufte, kam aus Boston hinzu; und dann war da noch Marguerite Mariscal, die einunddreißigjährige CEO, die Dave Chang bei der Umstrukturierung seines Restaurantimperiums unterstützte. Vielleicht würden Sie diese sieben Personen bei einer Hochzeit nicht unbedingt am selben Tisch platzieren – aber im Rahmen unseres wöchentlichen Gruppentreffens, bei dem alle das gleiche Ziel hatten, nämlich besser zu werden, war eindeutig zu spüren, dass die Chemie zwischen ihnen stimmte. Das ist die Macht der Vielfalt.

Bei der Gruppengröße dreht sich alles darum, die richtigen Personen einzubeziehen und auf die falschen zu verzichten. Wenn Sie Zweifel daran haben, dass ein möglicher Kandidat Ihrer Gruppe einen Mehrwert bieten kann, sollten Sie Ihre Bedenken nicht ignorieren, nur um eine bestimmte Gruppenstärke zu erreichen und Ihre Vorstellung von einer angemessenen Teilnehmerzahl zu verwirklichen. Es ist besser, auf eine Person zu verzichten, als zuzulassen, dass er oder sie die Stimmung in der Gruppe zerstört. Ich empfehle, eine Gruppe aus nicht weniger als fünf und nicht mehr als acht Personen zu bilden. Und sorgen Sie dafür, dass ein Meeting nicht länger als neunzig Minuten dauert.

Die LPR ist keine Therapie. Sie ist eine Zusammenkunft erfolgreicher Menschen mit gemeinsamen Zukunftszielen, und keine Jammerstunde für erfolglose Menschen mit Problemen. Mit »erfolgreich« meine ich nicht zwingend Menschen, deren Erfolg sich an ihrem beeindruckenden Status, ihrer Macht und ihrem Einkommen bemisst. Sie sollten Menschen jeglicher Couleur auswählen, die sich gleichermaßen optimistisch darum bemühen, sich zu verbessern. Sie sind keine Opfer oder Märtyrer. Wenn Sie diesen Rat befolgen, werden Sie Ihren Raum stets mit ebenbürtigen Menschen füllen, von denen niemand zu eingeschüchtert ist, um etwas zu sagen, oder zu selbstzufrieden, um zuzuhören.

Jemand muss die Gruppe leiten. Wenn die LPR-Gruppe Ihre Idee war, dann sind Sie dafür verantwortlich, die Meetings zu leiten – vorzugsweise mit leichter und nicht mit harter Hand. Andernfalls kann es passieren, dass Ihre LPR an einem »Übermaß an Struktur und einem Defizit an Moderation« leidet. So wie Alan Mulally stets die BPR-Sitzungen bei Boeing und Ford moderierte (weil sie seine Idee waren), übernahmen Mark Thompson und ich die Moderatorenrolle in unseren LPRs. Dabei geht es aber eher um eine administrative Aufgabe als um einen Coachingjob: Sie müssen Leute ansprechen, die Dinge vorantreiben, die »Nicht urteilen«-Regel durchsetzen und für einen geschützten Raum sorgen. Solange die Gruppe nicht gelernt hat, auf eigenen Beinen zu stehen, sollten Sie davon ausgehen, dass die Mitglieder von Ihnen erwarten, dass Sie den Ball im Spiel halten.

Wenn Sie dann erst einmal mit den Meetings begonnen haben, werden Sie noch weitere Vorteile der LPR entdecken:

1. Sie können sie auf jedes Ziel anwenden

Als Alan Mulally und seine Frau Nicki in Seattle ihre fünf Kinder großzogen, adaptierte er das Konzept der Business Plan Review, das er mit seinem Team bei Boeing nutzte, für familiäre Zwecke, und rief die »Family Plan Review« ins Leben. Fortan setzten er, Nicki und die fünf Kinder sich ab sofort an jedem Sonntagvormittag mit ihren Kalendern zusammen und besprachen, was jeder von ihnen in der kommenden Woche geplant hatte und wer welche Unterstützung benötigte. Das war Alans Methode, um die fünf Bereiche seines Lebens, die ihm wichtig waren, miteinander in Einklang zu bringen: Beruf, Privatleben, Familie, Spiritualität und Rekreation. Er überprüfte täglich seinen Kalender und vergewisserte sich, dass er das tat, was er tun wollte, und dass er in einem dieser fünf Bereiche einen positiven Beitrag leistete. Wenn er sah, dass die Dinge aus dem Gleichgewicht gerieten, nahm er eine Kurskorrektur vor und änderte den in seinem Kalender festgelegten Plan. Auf diese Weise verlor die Familie auch nie den Bezug zueinander.

Wie Sie sehen, müssen Sie die LPR nicht für Ihre Bemühungen um ein verdientes Leben im allerbesten Sinn reservieren, sondern können sie auch auf jede Station auf dem Weg in das Leben, das Sie wirklich verdienen, anwenden – auf jedes Ihrer Ziele, egal ob groß oder klein. Angenommen, Sie wollen etwas für die Umwelt tun, anstatt ständig nur über

Umweltschutz zu reden. Was hält Sie davon ab, sich ein halbes Dutzend Gleichgesinnte zu suchen, persönliche Ziele festzulegen und Ihre Fortschritte jede Woche im Rahmen eines Gruppentreffens zu prüfen? Dadurch würden Sie den LPR- in einen EPR-Prozess ummünzen, Ihre ganz persönliche Environmental Plan Review. Ihr Ziel mag in diesem Fall womöglich enger gefasst und klarer umrissen sein, aber die Herausforderung ist deshalb nicht weniger groß. Denn Sie und die anderen Mitglieder müssen sich trotzdem Woche für Woche der unangenehmen Frage stellen: »Was habe ich diese Woche getan, um den Planeten zu retten?« Letzten Endes bestimmen Sie auf diese Weise, ob Sie sich diese Woche verdient haben oder ob es eine verschwendete Woche war.

Auf welche berufliche oder persönliche Herausforderung Sie den LPR-Prozess anwenden, hängt einzig und allein davon ab, wie weit Ihre Vorstellungskraft reicht und wie einfallsreich Sie bei der Rekrutierung von Menschen vorgehen, die sich Ihrem Vorhaben anschließen sollen.

2. Ein geschützter Raum schützt uns auch vor uns selbst

Die Teilnehmer an LPR-Meetings schätzen die angenehme Atmosphäre, die ohne Zynismus und ohne Urteile auskommt, und sind immer gerne bereit, sich diesen Regeln zu beugen; allerdings mit einer Ausnahme: wenn sie über sich selbst sprechen. Aus irgendeinem Grund glauben sie häufig, dass sie von den LPR-Regeln, die für einen geschützten Raum sorgen sollen, ausgenommen sind, sofern sich ihre Negativität nicht gegen andere richtet. Von den sechzig Meetings, die ich in unserer ersten LPR-»Saison« geleitet habe, kann ich mich an kein einziges erinnern, in dem ich nicht einen oder zwei Teilnehmer mitten in einem harschen, selbstkritischen Urteil über ihre vergangenen Verhaltensfehler unterbrechen musste. Dabei handelte es sich meistens um beiläufige Eingeständnisse vermeintlicher Mängel (»Ich bin nicht gut darin, …«), woraufhin ich eindringlich mit den Armen fuchtelte und »Stopp, hören Sie auf!« rief. Anschließend bat ich sie, die Hand zu heben, ihren Namen zu nennen und mir nachzusprechen: »Obwohl ich in der Vergangenheit schlecht darin war, X zu tun, war das mein früheres Ich. Ich habe keinen unheilbaren Gendefekt, der mich daran hindert, mich zum Besseren zu verändern.« In der Regel kommt meine Botschaft direkt beim ersten Mal an: Ein geschützter Raum ist für alle da, auch für die Menschen, die wir einst waren.

3. Dass Messen Ihrer Bemühungen zwingt Sie dazu, zu definieren, was wichtig ist

Wann immer Garry Ridge, der langjährige CEO von WD-40 (genau, die blau-gelbe Dose mit dem roten Deckel, die jeder zu Hause hat), in unserer LPR-Gruppe von seinen wöchentlichen Ergebnissen berichtete, blieb er stets an einer bestimmten Frage hängen: »Habe ich mein Bestes getan, um einen Sinn zu finden?« Sechs Wochen hintereinander bewertete er sich bei diesem Thema mit einer neutralen 5 und erklärte, dass es ihm schwerfalle, seine Kriterien für »Sinn« zu definieren. Dazu sollten Sie Folgendes über Garry wissen: Nachdem er CEO von WD-40 geworden war, ging er noch einmal zur Uni und erwarb einen Master-Abschluss in Executive Leadership, was so ähnlich wäre, als würde ein Schauspieler, der einen Oscar gewonnen hat, damit anfangen, auf eine Schauspielschule zu gehen. Er ist ein Suchender, der die praktische Umsetzung von Management sehr ernst nimmt, und der sich ständig neues Wissen aneignet. Genau diesen Nerv traf die LPR bei Garry. Er war fest entschlossen, sich eine passende Definition der »Sinnhaftigkeit« zu erarbeiten. Nachdem er sich sechs Wochen lang angehört hatte, welche Kriterien die anderen Gruppenmitglieder diesem Begriff zugrunde legten, und parallel dazu an seiner eigenen Definition gefeilt hatte, konnte Garry in Woche 7 eine Antwort präsentieren: »Sinnhaftes Tun heißt für mich, dass mir das Ergebnis meiner Arbeit etwas bedeutet und anderen hilft.« Für Sie mag das keine weltbewegende Erkenntnis sein, aber für Garry war es das.

Dies war kein Einzelfall. Als Theresa Park, eine Filmproduzentin, die zuvor als Literaturagentin in New York gearbeitet hatte, der Gruppe mitteilte, dass Glück für sie nicht unbedingt bedeutete, »außer sich vor Freude« sein zu müssen, beobachtete ich, wie alle nickten und diese Worte als Offenbarung behandelten, die Glück für sie sofort neu definierte. Und Ähnliches geschah auch, als Nankhonde van den Broek, die aus Sambia anrief, den anderen Mitgliedern ihrer Gruppe von ihrem obersten Ziel als neue Leiterin eines Unternehmens erzählte: »Ich möchte den Tornado beobachten, ohne zu seiner Entwicklung beizutragen.« Die anwesenden Manager applaudierten dieser Einsicht, als ob sie einen unmittelbaren Nutzen daraus ziehen konnten.

Genau das geschieht in der LPR: Einsichten und Klarheit schleichen sich still und heimlich in Ihren Kopf, weil Sie (a) jeden Tag messen müssen, wie intensiv Sie sich bemüht haben, an bedeutsamen Themen zu arbeiten,* und weil Sie sich (b) am Ende der Woche klugen Leuten stellen müssen, die diese Themen diskutieren. Alles, was Sie dafür tun müssen, ist, zu den Meetings zu erscheinen und das Gold aufzusammeln, das Ihren Mitstreitern über die Lippen kommt.

4. Machen Sie sich die starre Struktur zunutze

Es gibt nur wenige Regeln für die LPR, aber sie sind streng: jede Woche erscheinen, nett sein, den Score melden. Aber selbst die starrsten Strukturen lassen Ihnen immer noch etwas Raum für Improvisation. Nach einigen Wochen stellte ich jedem Teilnehmer zum Abschluss unserer Meetings zwei Fragen: *Was haben Sie diese Woche gelernt?* und *Worauf sind Sie diese Woche stolz?* Ich wollte niemanden provozieren, ich war einfach nur neugierig. Diese Neuerung wurde zu einem festen Bestandteil unserer Sitzungen.

---

* Die Erkenntnis, dass es wertvoller ist, unsere Bemühungen zu messen statt unsere Ergebnisse, verdanke ich meiner Tochter Kelly Goldsmith, die mir den Unterschied zwischen »aktiven« und »passiven« Fragen beigebracht hat. »Haben Sie klare Ziele?« ist eine passive Frage. »Haben Sie Ihr Bestes getan, um sich klare Ziele zu setzen?« ist hingegen eine aktive Frage, denn sie bürdet Ihnen die Verantwortung auf und nicht der Situation.

Als ich ein anderes Mal sah, dass ein neues Mitglied sichtlich unter seelischen Schmerzen litt (2020 war für viele Menschen ein hartes Jahr), entschied ich spontan, den Ablauf des Meetings zu ändern. Ich bat jedes Mitglied, dem Neuling einen Rat zu geben, der ihm helfen würde (Feedforward). Die Sitzung dauerte dreißig Minuten länger als gewöhnlich, aber ich glaube, unser neuer Teilnehmer war von der Anteilnahme und Großzügigkeit aller zutiefst berührt. In der Woche darauf war er wie ausgewechselt.

Das wertvollste Merkmal der LPR ist, dass sich die Menschen dort gegenseitig helfen.

Wenn Sie während des Treffens eine Gelegenheit sehen, das Leben eines anderen ein wenig besser zu machen, ergreifen Sie sie. Improvisieren Sie. Spielen Sie mit dem Format. Nehmen Sie einen Kurswechsel vor. (Und geben Sie mir Bescheid. Damit werden Sie auch mir helfen.)

5. Was nach der LPR geschieht, kann bedeutsamer sein als das, was während der LPR geschieht

Das habe ich aus meinen montäglichen Zoom-Gruppen gelernt, als ich entdeckte, dass sich so viele Mitglieder im Nachklang miteinander vernetzt und sich gegenseitig geholfen haben. Und auch bei den LPRs konnte ich dieses Phänomen beobachten. Angesichts der bekenntnishaften Natur der Dinge, die in einer LPR geäußert werden, hätte mich das nicht überraschen sollen. Schließlich wird von den Teilnehmern verlangt, über ihre Ziele, ihr Glück und ihre Beziehungen zu sprechen. Sie präsentieren keinen Fortschrittsbericht über den Absatz von Feuchtigkeitscreme in der Metropolregion Dallas und Fort Worth. Emotionale Ehrlichkeit lädt zur Erwiderung dieser Ehrlichkeit ein. Sie motiviert die Menschen, einander zu helfen. Und so entsteht eine Verbindung.

Einer der positiven Nebeneffekte der Einführung der LPR besteht darin, dass sie die sieben Eingebungen, deren Konzepte meine Coaching-Karriere geprägt haben, mühelos miteinander kombiniert. Die

Menschen, die Woche für Woche an der LPR teilnehmen, sind im Grunde genommen ihre eigene *Bezugsgruppe*, in der alle denselben Standpunkt vertreten, was das Besserwerden und die gegenseitige Unterstützung betrifft. Sie machen bestmöglichen Gebrauch von *Feedforward*, das heißt, sie bitten darum und Sie bieten es an, ohne zu urteilen, nur voller Dankbarkeit. Die LPR ist *stakeholder-zentriert*, weil die Meetings von dem Gedanken beherrscht werden, dass jeder einen Anteil an den Fortschritten der anderen hat. Was ihre Struktur (ein Meeting, um Fortschritte oder Rückschritte zu überprüfen), den Meeting-Rhythmus (wöchentlich) und die Einstellung (wir sind versammelt, um zu lernen und zu helfen) betrifft, ist sie ein Ableger der *Business Plan Review* meines Freundes Alan Mulally. In Sachen Vielfalt der Mitglieder und schonungsloser gegenseitiger Ehrlichkeit ist sie eine Kopie meiner jährlichen »*Was kommt als Nächstes?«-Seminare* für meine Klienten. Zur Selbstkontrolle nutzt sie mein Konzept der *täglichen Fragen*. Und zu guter Letzt setzt sie auf die Kraft der Gemeinschaft, die ich bei der Gründung unserer *100-Coaches-Community* kennen- und schätzen gelernt habe.

Nachdem die »erste Staffel« unseres LPR-Experiments endete, in der Woche vor dem Labor Day, erhielt ich auf einmal viele Anrufe und Nachrichten von Mitgliedern, die wissen wollten, wann ich mit der zweiten Staffel weitermachen würde. Sie vermissten die wöchentlichen Treffen – etwas, das ich sonst nicht so oft höre. Denn vielbeschäftigte Menschen beklagen sich nur selten darüber, dass sie an zu wenigen Meetings teilnehmen. Und doch waren sie nun hier und litten unter einem LPR-Entzug. Ich betrachtete es als Beweis, dass das Konzept funktioniert. Ihre Sehnsucht verriet mir, dass die LPR eine Struktur ist, die etwas anspricht, das mehr ist als ein bloßes Ziel, wie zum Beispiel besser bei X zu werden oder ein besserer Mensch oder Chef oder Partner zu sein. Sie kann unsere grundlegendsten Aspirationen adressieren und uns helfen, Erfüllung zu finden – und zwar kontinuierlich, als wäre der Versuch, ein verdientes Leben zu führen, eine Tugend, die es wert ist, zu unserer neuen Gewohnheit zu werden. Die Bitten um Fortsetzung waren der Beweis dafür, dass die LPR besser funktionierte, als ich es mir vorgestellt hatte. Sie gab den Menschen nicht nur mehr Einfluss auf ihre Fortschritte im Leben – ein verstärktes Gefühl, dass sie es sich verdienten, anstatt es geschenkt zu bekommen –, sondern sie kamen auch immer wieder zurück, weil sie noch mehr davon wollten. Sie wollten nicht aus einer Community austreten, in der alle anderen genauso hohe Ziele anstrebten wie sie selbst.

Wenn ich sage, dass die LPR meine Welt gerettet hat, dann meine ich das wortwörtlich. Es erinnert mich an Lao Tzu's Erkenntnis über Führung: Eine Führungspersönlichkeit ist am besten, wenn die Menschen kaum wissen, dass es sie gibt. Wenn ihre Arbeit getan, ihr Ziel erreicht ist, werden sie sagen: Wir haben es selbst geschafft.« In einem gefahrvollen und schwierigen Jahr hatte ich mich auf den Weg gemacht, um die 100-Coaches-Community zu beschützen – und am Ende hat die Community sich selbst beschützt.

KAPITEL 11

DIE VERLORENE KUNST, UM HILFE ZU BITTEN

Im Grunde genommen ist die LPR ein Instrument, das unser Verantwortungsgefühl stärkt. Sie sorgt dafür, dass wir mehr Verantwortung für unser Verhalten übernehmen, indem sie uns regelmäßig dazu zwingt, vor anderen Menschen Rechenschaft abzulegen. Sie erinnert uns daran, die Dinge zu messen, die uns in unserem Leben wichtig sind, und sagt auf diese Weise einer unserer hartnäckigsten menschlichen Schwächen den Kampf an: unserem täglichen Versagen, tatsächlich das zu tun, was wir angeblich tun wollen. Schon diese Tatsache für sich genommen, macht die LPR zu einem wertvollen Hilfsmittel für unser Streben nach einem verdienten Leben. Je besser wir imstande sind, die Kluft zwischen unserem Handeln (Aktion), unserem ehrgeizigen Ziel (Ambition) und unserem höheren, übergeordneten Ziel (Aspiration) zu überbrücken, desto mehr fühlt sich unser Fortschritt gerechtfertigt und dadurch verdient an.

Zu den vielen frappierenden Management-Prognosen, die Peter Drucker abgegeben hat, zählt auch diese: »Führungspersönlichkeiten der Vergangenheit wussten, wie man anderen etwas befiehlt; Führungspersönlichkeiten der Zukunft werden wissen, wie man andere um etwas bittet.« Ich verstand schnell, dass uns die LPR einen nicht ganz offensichtlichen, aber genauso wertvollen Nutzen bot. Allein durch die Entscheidung, am LPR-Prozess teilzunehmen, überwinden wir eines der größten Hindernisse auf dem Weg zu einem verdienten Leben: *Wir bitten um Hilfe.*

Der Mythos des Selfmade-Menschen, dem alles aus eigener Kraft gelingt, ist eine der heiligsten Fiktionen unseres modernen Lebens. Er hat Bestand, weil er uns einen gerechten und zufriedenstellenden Lohn in Aussicht stellt, der unsere Beharrlichkeit, unseren Einfallsreichtum und unsere harte Arbeit aufwiegt. Wie die meisten Versprechen, die zu schön klingen, um wahr zu sein, ist auch in diesem Fall Skepsis angebracht.

Es ist nicht unmöglich, aus eigener Kraft ein gewisses Maß an Erfolg zu erreichen, das Sie mit Fug und Recht als selbst erarbeitet bezeichnen könnten. Die wesentlich wichtigere Frage lautet aber: Warum sollten Sie das tun, wo Sie mit Sicherheit ein besseres Ergebnis erzielen könnten, wenn Sie auf dem Weg dorthin andere Menschen um Hilfe bitten? Ein verdientes Leben wird nicht »verdienter« oder glorreicher oder befriedigender – oder wahrscheinlicher –, nur weil Sie versucht haben, alles alleine zu meistern.

Zu viele von uns versuchen, alles alleine zu schaffen. Unser fast schon krankhafter Widerwille, andere um Hilfe zu bitten, ist kein genetischer Defekt wie beispielsweise Farbenblindheit oder Taubheit. Es ist ein erworbener Defekt, eine Verhaltensstörung, auf die wir von klein auf konditioniert wurden. In den Vorlesungen über Organisationspsychologie während des Studiums wurde ich nie davor gewarnt, wie listig Unternehmen ihre Mitarbeiter davon abhalten, um Hilfe zu bitten. Das habe ich erst im Rahmen meiner Arbeit gelernt.

1979 arbeitete ich in der IBM-Zentrale in Armonk, New York, zu einer Zeit, als IBM das vielgepriesenste Unternehmen der Welt war, der Goldstandard des Managements. Doch IBM hatte ein Problem: Intern wurde seinen Führungskräften nachgesagt, dass sie nicht gut darin waren, die ihnen direkt unterstellten Mitarbeiter zu coachen. Deshalb wurde ich hinzugezogen, um das Schulungsprogramm zu überprüfen, das IBM-Manager zu guten Coaches machen sollte. Im Lauf der Jahre hatte man Millionen von Dollar in dieses Programm investiert, ohne nennenswerte Verbesserungen zu erzielen. Die Manager waren immer noch schlecht darin, ihre Mitarbeiter zu führen und anzuleiten. Also lud man mich nach Armonk ein, damit ich mir selbst ein Bild darüber machen konnte, was schiefgelaufen war und warum. Meine Gespräche mit den Mitarbeitern liefen alle gleich ab.

Ich fragte sie:
F: Ist Ihr Vorgesetzter ein guter Coach?
A: Nein.

Ich fragte die Manager:
F: Haben Ihre direkten Mitarbeiter Sie jemals um ein Coaching gebeten?
A: Nein, noch nie.

Zurück zu den Mitarbeitern.
F: Bitten Sie Ihren Vorgesetzten um Coaching?
A: Nein.

Weil ich neugierig auf das Leistungsbeurteilungssystem von IBM war, analysierte ich anschließend die jährlichen Mitarbeiterbeurteilungen und fand heraus, wie IBM einen Leistungsträger definiert. *Erbringt eine effektive Leistung, ohne dass ein Coaching erforderlich ist.* Im Prinzip hatte IBM damit einen Teufelskreis in Gang gesetzt: Wenn Vorgesetzte ein Coaching anboten, bestand für die Mitarbeiter der Anreiz, es mit folgender Begründung abzulehnen: »Nein danke, Chef. Ich erbringe meine Leistungen auch ohne Coaching.« (So etwas kann man sich nicht ausdenken!)

Ich würde gerne behaupten, dass das Dilemma, in dem IBM steckte, ein Einzelfall war. Aber das war es nicht. IBM war lediglich das mit Platin überzogene Paradebeispiel für unzählige Unternehmen, die denselben Fehler machten. Es fing damit an, dass sich schon in der Führungsriege des IBM-Managements kaum jemand dazu herablassen und zugeben wollte, dass sie Hilfe brauchten. Um Hilfe zu bitten, galt als Zeichen der Schwäche. Um Hilfe bat man, wenn man (a) etwas nicht wusste, (b) etwas nicht konnte oder (c) nicht die erforderlichen Mittel hatte. Oder anders (abschätziger) formuliert: Um Hilfe bat man nur aufgrund von:

- Unwissenheit
- Inkompetenz
- Not

In keinem Fall stand man gut da. Weil Menschen in allen beliebigen Organisationen dazu neigen, sich das Verhalten ihrer Vorgesetzten zum Vorbild zu nehmen, drang die Einstellung, die der CEO in Bezug auf Hilfestellung vertrat, in Windeseile von der Spitze der Hierarchie bis nach unten durch und etablierte sich als Beispiel, dem alle nacheiferten. Natürlich heuerten Unternehmen auch schon damals aktiv Trainer an, die Kurse zu allgemeinen Business-School-Themen hielten – Teamarbeit, situatives Führen, Dezentralisierung, Total-Quality-Management, Six Sigma, »Exzellenz« und der ganze Rest –, doch dabei handelte es sich eher um Fortbildungskurse, wie Ärzte und Wirtschaftsprüfer sie regelmäßig besuchen müssen, um ihre Zulassung zu behalten.

Das Einzelcoaching zwischen Führungskräften und Mitarbeitern – das immer damit beginnt, dass ein Mensch eine Schwachstelle offenbart und »Ich brauche Hilfe« sagt –, hatte in der Unternehmenswelt damals jedoch noch kaum jemand auf dem Radar. Schulungssituationen, die einem Coaching ähnelten, gab es lediglich in Branchen, die große handwerkliche Kompetenz erfordern, etwa in der Medizin, den darstellenden Künsten oder in Handwerksberufen wie der Tischlerei und Klempnerei, in denen Fertigkeiten in einer traditionellen Meister-Lehrling-Beziehung vermittelt werden. Aber das ist kein echtes Coaching, sondern nur eine intimere, praxisorientierte Form der Lehre. Es ist ein begrenzter Prozess, der endet, sobald der Lehrling genug gelernt hat, um ab sofort als Fachmann zu gelten. Im Gegenteil dazu ist Coaching ein fortlaufender Prozess, der so grenzenlos ist wie unser Wunsch, uns weiter zu verbessern. Der Unterschied zwischen Unterricht und Coaching spiegelt sich symbolisch wider im Unterschied zwischen den Aussagen »Ich will lernen« und »Ich brauche Hilfe, um immer besser zu werden«.

Während meiner Zeit in Armonk habe ich diesen Unterschied noch nicht wirklich wahrgenommen. Wie bei den meisten folgenreichen Entwicklungsschritten in meiner Karriere wurde mir diese Tatsache erst einige Monate später und durch den Vorschlag eines anderen bewusst – in diesem Fall war es der Anruf des CEO eines großen Pharmaunternehmens.

Ich hatte gerade ein Führungsseminar in der Personalabteilung seines Unternehmens gehalten. Der CEO hatte ebenfalls teilgenommen und musste etwas gehört haben, das einen Nerv getroffen hatte. Nun wandte er sich mit einer ungewöhnlichen Bitte an mich: »Marshall, ich habe hier diesen Mitarbeiter, der eine große Abteilung leitet und uns jedes Quartal die gewünschten Zahlen und noch mehr liefert. »Er ist ein junger, kluger, moralisch einwandfreier, motivierter, kreativer, charismatischer, arroganter, sturer, besserwisserischer Vollidiot. Das Problem ist: Wir sind ein Unternehmen, dessen tragende Säule die Teamarbeit ist, aber niemand hält ihn für einen Teamplayer. Es wäre uns ein Vermögen wert, wenn wir diesen Kerl auf den richtigen Weg bringen könnten. Andernfalls muss er gehen.«

Mit nur einer Führungskraft alleine hatte ich noch nie gearbeitet (das Executive Coaching, wie wir es heute kennen, gab es damals noch nicht), und schon gar nicht mit jemandem, der nur einen Karrieresprung vom Chefsessel eines milliardenschweren Unternehmens entfernt war. Die prägnante Beschreibung des Geschäftsführers verriet mir, dass ich diesem Typ Mensch schon viele Male begegnet war. Er war die Art von Mann, die mühelos jede neue Sprosse der Erfolgsleiter erklommen hatte. Er liebte es zu gewinnen, egal ob bei der Arbeit, beim Dartspiel oder bei einer Diskussion mit einem Fremden. Seit seinem ersten Tag im Unternehmen, stand »großes Potenzial« auf seiner Stirn geschrieben. Würde jemand wie er, dessen ganzes Leben eine einzige Bestätigung dafür war, dass er alles richtig machte, meine Hilfe annehmen?

Ich hatte schon viele Gruppencoachings für Manager der mittleren Ebene durchgeführt. Es waren Menschen, die an der Schwelle des Erfolgs standen, aber noch nicht dort angekommen waren. Würden meine Methoden auch bei einer wesentlich exklusiveren Führungspersönlichkeit Wirkung zeigen? Würde ich in der Lage sein, einen nachweislich erfolgreichen Menschen noch erfolgreicher zu machen?

Also sagte ich dem CEO: »Vielleicht kann ich helfen.«

Der CEO seufzte. »Das bezweifle ich.«

»Ich mache Ihnen einen Vorschlag«, entgegnete ich. »Ich werde ein Jahr lang mit ihm arbeiten. Wenn er sich bessert, bezahlen Sie mich. Wenn nicht, schulden Sie mir keinen Cent.«

Am nächsten Tag flog ich nach New York City, um den CEO und meinen ersten Einzelcoaching-Klienten zu treffen.

Bei diesem ersten Klienten hatte ich einen großen Vorteil: Er hatte keine andere Wahl, als sich auf das Coaching einzulassen. Hätte er sich geweigert, hätte er seinen Job verloren. Glücklicherweise besaß er die richtige Arbeitsmoral und den Willen, sich zu ändern; er besserte sich und ich erhielt mein Honorar. Als ich nach und nach mehr Klienten wie ihn gewann, lernte ich, eine Umgebung zu schaffen, in der es Führungskräften nicht unangenehm war, um Hilfe zu bitten. Das erinnerte mich an das Paradox, das mir bei IBM aufgefallen war: Dort waren die Führungskräfte der Meinung, dass Mitarbeiter von einem Coaching profitieren könnten, sie selbst aber nicht. Das war natürlich Unsinn. Niemand ist perfekt. Wir sind alle nur Menschen und machen Fehler. Wir sollten alle um Hilfe bitten. Mein Durchbruch bestand darin, dass ich meinen erfolgreichen Klienten diese ewige Wahrheit vor Augen führte.

Das gelang mir, indem ich sie unter anderem bat, alle Dinge aufzulisten, die sie als Führungskraft tun konnten, um ihre Mitarbeiter zu unterstützen. Ich bezeichnete das als die »Bedürfnis-Übung«: Was brauchen Ihre Mitarbeiter von Ihnen?

Daraufhin leierten sie zunächst die offensichtlichsten Dinge herunter: Unterstützung, Anerkennung, ein Gefühl der Zugehörigkeit und ein Ziel. Anschließend wurde es tiefgründiger: Menschen wollen geliebt, gehört und respektiert werden. Sie wollen ihre Loyalität beweisen und im Gegenzug ebenfalls Loyalität erfahren. Sie wollen für gute Arbeit fair entlohnt und nicht übersehen oder benachteiligt werden.

»Das sind eine Menge Bedürfnisse, die Ihre Mitarbeiter haben«, sagte ich diesen CEO-Klienten dann. »Wie wäre es, wenn Sie sie auch auf sich selbst übertragen würden? Gestehen sie ein, dass Sie dieselben Dinge brauchen. Sie sind nicht besser als Ihre Mitarbeiter. Ein oder zwei von ihnen haben vielleicht sogar das Potenzial, die Leitung Ihres Unternehmens zu übernehmen, wenn Sie nicht mehr da sind. Diese Menschen sind quasi Sie.«

Ich wollte, dass meine Klienten Folgendes erkennen: Wenn sie einerseits betonen, dass Sie Ihre Mitarbeiter unterstützen, im gleichen Atemzug jedoch behaupten, dass sie selbst diese Unterstützung nicht nötig haben, verletzen sie die Würde der Mitarbeiterbedürfnisse. Und das bleibt Mitarbeitern nicht verborgen. Es ist ein massives Führungsversagen.

Weil erfolgreiche Führungskräfte den Gedanken nicht ertragen können, dass sie in irgendeiner Hinsicht versagen könnten, dauerte es nicht lange, bis meine Klienten ihre Scham und ihren Gräuel vor dem Satz »Ich brauche Hilfe« überwunden hatten – und das Coaching annahmen. Sie erkannten, dass sie mit Unterstützung besser abschneiden würden als ohne. Es ist erstaunlich, dass ich kluge Menschen überhaupt erst darauf aufmerksam machen musste, aber es war eine andere Zeit damals. Inzwischen ist die Nachfrage nach Executive Coaching hoch, was zeigt, dass Unternehmen ihre Führungskräfte schätzen und bereitwillig Geld ausgeben, um ihnen dabei zu helfen, noch besser zu werden.

Die LPR kostet deutlich weniger Geld und bietet in weiten Teilen dieselben Vorteile wie das Coaching. Vor allen Dingen gibt sie Ihnen die Erlaubnis, zu sagen: »Ich möchte mich bessern und brauche Hilfe.« Dieses Eingeständnis ist gewissermaßen der Eintrittspreis, den Sie zahlen müssen, wenn Sie sich die LPR zunutze machen möchten.

Je öfter ich die Bedürfnis-Übung mit meinen Kunden durchführte, desto häufiger fiel auf, dass es am Arbeitsplatz scheinbar salonfähig geworden war, darüber zu spotten, wenn jemand zugab, dass er irgendetwas brauchte (egal was, etwa Hilfe, Respekt, eine Auszeit oder eine zweite Chance), und dass es dem »Bedürftigen« als Charakterfehler oder als Schwäche ausgelegt wurde, die genauso verwerflich war wie Unwissenheit oder Inkompetenz.

Das Bedürfnis, das am stärksten belächelt wird, ist unser Bedürfnis nach Anerkennung – eine Tatsache, die mich nach wie vor verblüfft. Wenn Sie den Begriff »Bedürfnis nach Anerkennung« googeln, wird es in den ersten hundert Suchergebnissen als psychische Störung beschrieben, die sich wahlweise in »peinlichen« Verhaltensweisen äußert, wie zum Beispiel die Meinung anderer höher zu bewerten als die eigene, anderen zuzustimmen, auch wenn wir eigentlich eine andere Ansicht vertreten, und andere zu loben, weil wir von ihnen gemocht werden wollen. Wann ist das Streben nach Zustimmung oder Anerkennung eigentlich zu etwas Schlechtem geworden, zu einem Synonym für Verlogenheit, Kriecherei und taktische Heuchlerei? Weshalb wurde das Streben nach Zustimmung oder Anerkennung zu einer Bedürftigkeit abgewertet?

Dass wir uns am Arbeitsplatz schwer damit tun, Anerkennung einzufordern und um Hilfe zu bitten, liegt meiner Meinung nach meist an einem Missstand an der Unternehmensspitze. Nach meiner Erfahrung haben erfolgreiche Leader ein gutes Gespür für das Bedürfnis ihrer Mitarbeiter nach Anerkennung und Bestätigung und sind durchaus in der Lage, ihnen beides zu geben. Doch aus denselben Gründen, aus denen sie nicht zugeben wollen, dass sie ebenfalls Hilfe brauchen, zögern sie auch in diesen Fällen häufig, ihr eigenes Bedürfnis nach Zustimmung oder Anerkennung einzugestehen. Also sagen sie sich, dass einer Führungspersönlichkeit das innere Gefühl der Bestätigung, die eigene Anerkennung, genügen sollte. Alles andere wäre Effekthascherei und quasi so, also würden sie sich selbst applaudieren. Das Ergebnis: Diese Einstellung breitet sich so lange im gesamten Unternehmen aus, bis Zustimmung und Anerkennung nicht mehr den Raum erhalten, den sie eigentlich verdienen.

Die falsche Scheu (»Folge meinen Worten, nicht meinen Taten«), wenn es darum geht, nach Anerkennung zu streben, überkommt bisweilen sogar Experten auf diesem Gebiet. Mein enger Freund (und 100-Coaches-Mitglied) Chester Elton ist *die* weltweite Autorität für die Bedeutung von Anerkennung am Arbeitsplatz. Ich fragte ihn, ob er bei den Führungskräften, mit denen er gearbeitet hat, ebenfalls beobachten konnte, dass sie nur ungern um Anerkennung bitten.

Er sagte: »Ich bin wahrscheinlich nicht die richtige Person für diese Frage. Es gab eine Phase in meinem Leben, in der ich mich sehr schlecht fühlte. Also habe ich ein Dutzend Freunde angeschrieben und ihnen gesagt: ›Ich spreche den lieben langen Tag über Anerkennung. Um ehrlich zu sein, könnte ich im Moment selbst ein wenig Anerkennung gebrauchen.‹ Daraufhin habe ich ein Dutzend wundervoller Briefe erhalten, nach deren Lektüre ich mich fantastisch fühlte. Sie haben mir wieder auf die Beine geholfen.«

»Es klingt, als wärst du die perfekte Person für diese Frage«, entgegnete ich ihm.

»Das war mal, vor zwanzig Jahren. Ich habe es seither nie wieder getan«, sagte er. Und indem er seinen Fehler erkannte (»Folge meinen Worten, nicht meinen Taten«), setzte er hinzu: »Aber ich sollte und werde es wieder tun.«

Führungskräften dabei zu helfen, ihre Bedürfnisse zu akzeptieren und zu auch zu äußern, ist nun schon seit vielen Jahren ein wichtiger Teil meiner Arbeit als Coach. Manchmal ist es sogar die einzige Hilfestellung, die sie benötigen.

Im Jahr 2010 begann ich Hubert Joly zu coachen, den damaligen CEO von Carlson, dem zu dieser Zeit größten Unternehmen im Privatbesitz einer Familie in den Vereinigten Staaten, mit Sitz in Minneapolis. Am Anfang standen meine üblichen Routinevorbereitungen: Ich befragte Huberts direkte Mitarbeiter und den Carlson-Vorstand und fasste ihr Feedback in zwei Berichten zusammen. Zuerst schickte ich Hubert den Bericht mit allen positiven Rückmeldungen und riet ihm, sie zu würdigen. Am nächsten Tag schickte ich ihm dann den längeren Bericht mit dem negativen Feedback und sagte ihm, er solle ihn in Ruhe verdauen. Denn obwohl er bereits eine angesehene Führungspersönlichkeit war, hatte er sich dreizehn der zwanzig schlechten Angewohnheiten von Führungskräften zuschulden kommen lassen, die ich in meinem Buch *Was Sie hierhergebracht hat, wird Sie nicht weiterbringen* aufgelistet habe. Sein größtes Problem war, dass er glaubte, er müsste sich überall einbringen und einen Mehrwert schaffen, woraus wiederum seine anderen Probleme resultierten, wie zum Beispiel sein Bedürfnis, stets gewinnen zu wollen und andere ständig zu beurteilen und zu verurteilen.

Als wir uns dann schließlich zum ersten Mal trafen, erkannte ich, woher sein angeblich übermäßiges Bedürfnis kam, immer recht zu haben. In seinem Heimatland Frankreich war er an fast allen Eliteschulen, die er besucht hatte, Klassenbester gewesen. Dann folgte sein Aufstieg zu einem der Spitzen-Consultants bei McKinsey. Mit Mitte dreißig wurde er Präsident des Ausgliederungsdienstleisters EDS in Frankreich und siedelte dann in die Vereinigten Staaten über, wo er schließlich an die Spitze von Carlson aufstieg. Zudem erfuhr ich, dass er auch gewissermaßen Religionswissenschaftler war und gemeinsam mit zwei Mönchen der Johannesgemeinschaft (sie hatten sich auf der Business School kennengelernt) Artikel über die Natur der Arbeit publiziert hatte. Er war äußerst belesen, nicht nur im Alten und Neuen Testament, sondern auch im Koran und in den Lehren der östlichen Religionen. Ich mochte ihn sofort.

In meinem zweiten Bericht sah ich davon ab, auf all seinen schlechten Angewohnheiten herumzuhacken. Ich sagte ihm, er solle drei Dinge auswählen, an denen er arbeiten wolle, und sich dazu verpflichten, sie zu verbessern. Dann begann der Coaching-Prozess: Er entschuldigte sich bei den Kollegen für sein vergangenes Verhalten, versprach, es in Zukunft besser zu machen, bat sie um Unterstützung und bedankte sich für ihre Ratschläge.

Zwei Jahre später wurde Hubert zum CEO von Best Buy berufen, wo er sich mit einer der größten Herausforderungen in der amerikanischen Geschäftswelt konfrontiert sah: die Rettung eines großen Elektronikhändlers, der sich einen Preiskampf mit Amazon lieferte. Bevor er bei Best Buy anfing, hatte sich Huberts Verhalten so signifikant verbessert, dass er eine Siegerrunde drehen und unsere Coaching-Beziehung hätte beenden können. Doch er tat es nicht, und zwar aus zwei Gründen: (1) Nachdem es ihm inzwischen sehr leichtfiel, öffentlich einzugestehen, dass er Hilfe benötigte, hatte er sich der kontinuierlichen Selbstoptimierung verschrieben, und (2): Er wollte seinen neuen Kollegen bei Best

Buy den Selbstoptimierungsprozess in der Praxis vorleben. Also lud er mich ein, ihn auch in seinem neuen Job als Coach zu begleiten. Er teilte seinen Mitarbeitern offen mit, dass er Hilfe brauchte, indem er ihnen sagte: »Ich arbeite mit einem Coach. Ich brauche Feedback. Und Sie brauchen auch Feedback.«

Seine Strategie für Best Buy lautete, mit Online-Händlern nicht mehr über den Preis zu konkurrieren, sondern stattdessen mit mehr »Beratung, Komfort und Service« zu punkten. Das bedeutete, dass ein Kunde, der einen der mehr als tausend Showrooms von Best Buy besuchte, von so gut informierten und begeisterten Mitarbeitern betreut werden sollte, dass er keinen Grund haben würde, anderswo zu kaufen. Mit anderen Worten: Hubert legte das Geschäft ausschließlich in die Hände der Best-Buy-Mitarbeiter.

Während Hubert sich näher mit dem Unternehmen vertraut machte und wir darüber diskutierten, wie er die Belegschaft dazu bringen könnte, seine Strategie mitzutragen, kam er auf eine bemerkenswert unerwartete Idee. Hubert hatte nicht vor, den Mitarbeitern mit dem üblichen Top-down-Managementansatz zu helfen. Ganz im Gegenteil. Er würde die Mitarbeiter bitten, ihm zu helfen. Er würde ihnen seine Schwächen offenbaren und eingestehen, dass er bei jedem Schritt auf Hilfe angewiesen war. Er würde sie um ihre Zustimmung bitten, nicht in Form persönlicher »Mögen Sie mich?«-Zusicherungen, sondern in Form ihrer aktiven Beteiligung und ihres Engagements für seine Strategie. Wie ein großartiger Verkäufer, der immer nach dem Auftrag fragt, oder ein gewiefter Politiker, der niemals vergisst, die Bürger um ihre Stimme zu bitten, ging Hubert mit seiner Bitte aufs Ganze. Er bat die Belegschaft, seine Strategie mitzutragen, indem er sie um ihr »Herzblut« bat. Und sie gaben es ihm. Alles was er dafür tun musste, war offen und ehrlich danach zu fragen.

Im Zuge des Wandels bei Best Buy – in dessen Verlauf sich sein Aktienkurs vervierfachte und Amazon-Chef Jeff Bezos 2018 sagte: »Die letzten fünf Jahre, seit Hubert zu Best Buy kam, waren bemerkenswert« – wandelte sich auch Hubert selbst. Seine Mitarbeiter erkannten in ihm einen ganz normalen, unvollkommenen und verletzlichen Menschen, der bereitwillig zugab, dass er nicht alles wusste, und deshalb ohne zu zögern um Hilfe bat. Zusammen mit Alan Mulally und Frances Hesselbein zählt er zu meinen drei erfolgreichsten Coaching-Klienten. Alan und Frances, weil sie sich am wenigsten verändern mussten (sie waren schon großartig, als wir uns trafen, und wurden nur noch großartiger), und Hubert, weil er sich am meisten veränderte.

Wenn ich Ihnen nur einen einzigen Ratschlag mit auf den Weg geben kann, um die Wahrscheinlichkeit zu erhöhen, dass es Ihnen gelingt, ein verdientes Leben zu führen, dann ist es dieser: *Bitten Sie um Hilfe. Sie brauchen sie mehr, als Sie glauben.*

Sie würden nicht zögern, einen Arzt zu rufen, wenn Sie starke körperliche Schmerzen hätten, oder einen Klempner, wenn Ihre Spüle verstopft wäre, oder einen Anwalt, wenn Sie Probleme mit dem Gesetz hätten. Sie wissen, wie man um Hilfe bittet. Und doch gibt es jeden Tag Momente, in denen es eindeutig die bessere Wahl wäre, um Hilfe zu bitten, und trotzdem entscheiden Sie sich dagegen. Vorsicht ist vor allem in zwei Situationen geboten.

Zum einen, wenn Sie sich womöglich schämen, Hilfe zu suchen, weil dies Ihre Unwissenheit oder Inkompetenz entlarven würde. Diesbezüglich hat mir eine Golflehrerin einmal erzählt, dass weniger als 20 Prozent der dreihundert Mitglieder ihres Klubs jemals eine Unterrichtsstunde bei ihr genommen hatten. Sie schämten sich zu sehr für ihren fehlerhaften Schwung, um sich von ihr helfen zu lassen. »Ich bezahle meine Rechnungen, indem ich die dreißig oder vierzig besten Golfer des Klubs unterrichte«, fügte sie hinzu. »Die wollen einfach nur bessere Ergebnisse erzielen. Wie sie das schaffen oder wer ihnen geholfen hat, ist ihnen egal. Und ihrer Scorekarte ist es auch egal.

Die zweite Situation tritt ein, wenn Sie sich sagen: »Ich sollte in der Lage sein, das alleine zu schaffen.« In diese Falle tappen Sie, wenn die Aufgabe, vor der Sie stehen, eine Schnittmenge mit dem Wissen oder der Fähigkeit bildet, die Sie vermeintlich bereits besitzen. Sie glauben, Sie bewegen sich auf vertrautem Terrain und sollten Ihr Ziel deshalb auch ohne die Navigations-App Ihres Telefons erreichen. Sie haben schon viele Reden gehalten, also brauchen Sie keine Hilfe von einem Freund, der Ihnen anbietet, ihm Ihre Hochzeitsrede oder Ihre wichtigste Verkaufspräsentation des Jahres vorzutragen, und der Ihnen helfen könnte, sie zu optimieren.

Ich habe dieses Problem nicht mehr, und deshalb steht die Frage »Habe ich mein Bestes getan, um Hilfe zu bitten?« auch nicht mehr auf meiner Liste der grundlegenden »täglichen Fragen«. Ich habe diesen Kampf schon vor vielen Jahren für mich entschieden, als ich mir die Frage stellte, welche Aufgabe oder Herausforderung in meinem Leben sich alleine gewinnbringender und effizienter bewältigen ließe als mit der Unterstützung anderer Menschen – und mir keine Antwort einfiel. Sie sollten dasselbe tun.

Denken Sie an all die Male, in denen Sie jemand – ein Freund, ein Nachbar, ein Kollege, ein Fremder oder sogar einer Ihrer Feinde – um Hilfe gebeten hat. Haben Sie …

- … ihnen diese Hilfe verweigert?
- … es ihnen übelgenommen?
- … sie für dumm gehalten?
- … ihre Kompetenz infrage gestellt?
- … sie hinter ihrem Rücken dafür verspottet, dass sie Hilfe brauchten?

Wenn Sie wie die meisten guten Menschen sind, die ich kenne, lautete Ihr erster Impuls, dass Sie ihnen helfen wollten. Sie würden nur dann zögern, wenn Sie nicht in der Lage wären zu helfen – und Sie würden sich wahrscheinlich dafür entschuldigen und Ihre Unfähigkeit als *Ihr* Versagen betrachten. Die einzige Antwort, die Sie nicht geben würden, wäre ein sofortiges und deutliches *Nein*.

Bevor Sie die Idee, andere um Hilfe zu bitten, zurückweisen, sollten Sie Folgendes bedenken: Wenn Sie bereit sind, jedem zu helfen, der Sie um Hilfe bittet, ohne dass Sie schlecht über ihn denken, warum sollten Sie sich dann darum sorgen, dass andere Menschen nicht so großzügig und versöhnlich handeln könnten, wenn Sie derjenige wären, der um Hilfe bittet? Die Goldene Regel gilt schon per Definition für beide Richtungen, vor allem dann, wenn Unterstützung möglich ist. Und eine noch wichtigere Frage: Wie haben Sie sich gefühlt, als Sie anderen geholfen haben? Ich denke, wir sind uns einig, dass das eines der besten Gefühle ist, die es gibt, oder? Warum also sollten Sie anderen dieses Gefühl vorenthalten?

ÜBUNG
Schreiben Sie Ihre Geschichte der Hilfe

Dies ist eine Übung, die Ihr Gedächtnis auffrischen und Sie Demut lehren soll.

TUN SIE FOLGENDES: Erstellen Sie eine Liste der fünf bis zehn Leistungen, auf die Sie besonders stolz sind – insbesondere der Leistungen, die Sie Ihrer Meinung nach vollauf verdient haben. Stellen Sie sich nun vor, man wollte Ihnen für jede dieser Leistungen eine Auszeichnung überreichen und von Ihnen erwarten, dass Sie vor all Ihren Verwandten, Kollegen und Freunden eine Dankesrede halten. Wem würden Sie danken? Und warum?

Ich vermute, dass Sie in jedem Fall feststellen werden, dass Sie es nicht ohne Hilfe geschafft hätten. Ich meine damit nicht nur unerwartete Glücksfälle und glückliche Zufälle, sondern vielmehr die Weisheit und den Einfluss anderer Menschen, die Ihnen auf diese Weise geholfen haben, ein Projekt voranzutreiben oder eine katastrophale Fehleinschätzung abzuwenden. Ohne diese Reise in die Vergangenheit werden Sie vermutlich auf ewig unterschätzen, wie viel Unterstützung Sie in Ihrem Leben bislang erhalten haben.

Sobald Sie sich all die Hilfe bewusst machen, die Sie entweder vergessen oder nicht gewürdigt haben, sind Sie endlich bereit für die eindrucksvollen Ergebnisse dieser Übung. Sie können sich vorstellen – und sich womöglich vor Reue in den Hintern beißen –, wie viel mehr Sie hätten erreichen können, wenn Sie öfter um Hilfe gebeten hätten. Richten Sie Ihre Vorstellungskraft nun nach vorn: Wo brauchen Sie in Zukunft Hilfe? Und wer sind die Menschen, die Sie als Erstes um Hilfe bitten würden?

KAPITEL 12

SO WIRD VERDIENEN ZUR GEWOHNHEIT

Wann beginnt Verdienen? Wann endet es? Wann nehmen wir uns eine Auszeit von all unserem Streben, um den Prozess zu würdigen und neu zu bewerten, wobei wir oft zu dem Schluss kommen, dass wir uns etwas Neues verdienen müssen? In den vorigen vier Kapiteln haben wir uns mit der Disziplin befasst, die wir brauchen, um ein verdientes Leben zu führen, und mit der Tatsache, dass es sich dabei um eine erworbene Fähigkeit handelt – das Ergebnis unserer Compliance, unserer Verantwortlichkeit, unseres Follow-ups, unserer Messungen und unserer Community. Außerdem haben wir uns die simplen Strukturelemente der Life Plan Review (LPR) angesehen, eines Systems, das uns hilft, *unseren Plan zu verfolgen*. Und wir wurden daran erinnert, dass es uns viel besser geht, wenn wir zugeben, dass wir *Hilfe brauchen*.

Disziplin. Den Plan verfolgen. Um Hilfe bitten. Das nächste wichtige Thema ist die Frage des *Timings*. Ein verdientes Leben zu führen, ist eine harte, oft alles verschlingende Arbeit. Aber wir sind alle nur Menschen. Unsere Ressourcen – Energie, Motivation, Konzentration – sind nicht unendlich. Wann sollten wir aufs Gaspedal treten und wann unseren Fuß wieder lösen, um uns zu erholen und einen Neustart vorzunehmen, im Spagat zwischen dem Drang, »immer etwas zu verdienen«, und unserem Bedürfnis, über das, was wir erreicht haben, und das, was noch zu tun ist, nachzudenken?

Sich sein Leben zu verdienen, ist nicht nur irgendein langes Spiel. Es ist *das* lange Spiel. Um das Streben aufrechtzuerhalten und ein Burn-out zu vermeiden, brauchen Sie eine Strategie, die sowohl in Ihrer Eigenwahrnehmung als auch in Ihrem Situationsbewusstsein verankert ist – bis *Verdienen* zur Gewohnheit geworden ist.

1. Verdienen Sie sich Ihre Neuanfänge

Im Laufe Ihres Lebens werden Sie Situationen erleben, in denen eine Lebensphase endet und eine andere beginnt. Einige davon sind vorhersehbare Stationen unserer modernen Welt: der Schulabschluss, der erste »richtige« Job, eine Heirat, das erste Haus, die Elternschaft, die Scheidung, beruflicher Erfolg, berufliches Scheitern, der Verlust eines geliebten Menschen, ein Glücksfall, eine große Idee. Diese Momente können aufregend sein oder uns so durcheinanderbringen, dass wir wie gelähmt sind (»Was mache ich jetzt?«). Es können Chancen oder Krisen, Wendepunkte oder Rückschläge sein. Gail Sheehy nannte sie in ihrem gleichnamigen Bestseller von 1977 »Passages«, also etwa »Durchreisen« oder auch »Lebensphasen«. Mein verstorbener Freund Bill Bridges nannte sie »Transitions«, Übergänge. (Alle paar Jahre greife ich wieder zu seinem gleichnamigen Klassiker, in dem er sich 1979 diesem Thema widmete. Eine sehr empfehlenswerte Lektüre.)

Wir alle erleben diese Intervalle zwischen dem Alten und dem Neuen. Bill Bridges meinte dazu: »Der Übergangsprozess hängt nicht davon ab, dass bereits eine neue Realität in den Startlöchern steht. Sie befinden sich automatisch im Übergang, wenn ein Teil Ihres Lebens endet.«

Wir begehen allerdings einen schweren Fehler, wenn wir einen Übergang als Flaute betrachten, als Ruhe vor dem Sturm, die es uns erlaubt, eine Auszeit zu nehmen und passiv auf den Beginn unserer nächsten Phase – unserer »neuen Realität« – zu warten. Unsere Übergänge sind keine Hohlräume, die wir ziellos durchstreifen, bis wir einen Ausgang finden. Sie sind lebendige Organismen, genauso lebendig wie andere Teile unseres Lebens, die uns voll und ganz in Anspruch nehmen.

Die amerikanische Choreografin Twyla Tharp ist eine Expertin für Übergänge. In ihrer fünfzigjährigen Karriere hat sie mehr als 160 Ballette und moderne Tänze inszeniert. Das sind mehr als 160 Übergangsperioden zwischen einem fertigen Tanz und dem nächsten, neuen Tanz. Es sind auch mehr als 160 Versuchungen – mindestens drei pro Jahr –, sich hinzulegen und ein Nickerchen zu machen, bevor man mit dem nächsten Stück beginnt. Doch diesen Köder schluckt Tharp nicht. Sie wartet nicht darauf, dass ihr die nächste Inspiration in den Kopf schießt. Sie strebt sie proaktiv an. Oder wie sie es selbst formuliert: Sie muss sich »ihren nächsten Neuanfang verdienen« – das alte Stück hinter sich lassen, Komponisten recherchieren, Musik hören und stundenlang allein vor laufender Kamera Schritte ausarbeiten, damit keine Idee verloren geht. Wenn sich dann all diese getrennten Teile miteinander verbinden, ist sie bereit, in den Schaffensprozess einzutauchen. So verdient sie sich ihren nächsten Neuanfang. Was für das ungeübte Auge wie eine tote Zone der Untätigkeit zwischen Projekten aussehen mag, ist in Wirklichkeit genauso fokussiert und schweißtreibend wie die intensiven Stunden, in denen sie mit ihren Tänzern für die Premiere probt. Übergänge sind für Tharp keine Pause vom Prozess des Verdienens; sie sind ein weiterer wichtiger Teil davon, genauso hart erarbeitet wie alles andere, das sie tut.

Ich denke, Tharp hat recht: Jeder von uns hat eigene einzigartige Kriterien, mit denen wir die Wendepunkte in unserem Leben definieren, den Moment, in dem wir beginnen, uns von unserem früheren Ich zu lösen und uns auf die neue Person einstellen, die wir werden wollen. Während eine kreative Künstlerin wie Twyla Tharp ihre Übergangsmomente auf der Mikroebene womöglich als Intervalle zwischen einzelnen Tänzen oder auf der Makroebene als scharfe Brüche zwischen bedeutenden Stilperioden ihrer Karriere definiert (ähnlich wie die Kluft zwischen Picassos Blauer Periode und seiner Rosa Periode), würden Sie und ich uns vielleicht für andere Wegmarkierungen entscheiden.

In meinem Fall sind Menschen die Markierungen für die großen Wendepunkte in meinem Leben – insbesondere Menschen, *die mir ge-*

genüber eine Variante der »Du kannst mehr«-Ansprache gehalten haben. Meine früheste Erinnerung an einen solchen Menschen ist Mr. Newton aus der elften Klasse, der mir sagte, eine Vier in Mathe sei durch nichts zu entschuldigen. Er hatte mehr von mir erwartet. Ähnliches ist mir in meinem Leben schon ein Dutzend Mal passiert. Jeder dieser Dutzend Menschen löste – absichtlich oder unabsichtlich – eine plötzliche Unzufriedenheit mit meinem jetzigen Ich in mir aus sowie den starken Wunsch, jemand Neues zu werden. Ich wusste noch nicht, wer dieses neue Ich sein könnte, doch auf jeden Fall schoben mich diese Menschen in eine Übergangsphase, in der ich meine Optionen sichten, die Antwort finden und mir meinen nächsten Anfang verdienen konnte.

Welche Markierungen Sie nutzen, um Ihren Lebensbogen zu deuten, ist eine zutiefst persönliche Entscheidung. Ein leitender Angestellter erzählte mir, dass seine wichtigsten Wendepunkte seine Fehlschläge waren – weil er die beschämende Erinnerung an jedes Fiasko in einen lehrreichen Moment verwandelte und sie als Fehler betrachtete, die sich nie wiederholen sollten. Ein anderer sagte, es waren die Momente, in denen er merkte, dass er nicht mehr der nachrangigste Angestellte im Raum war und dass sein Einfluss gewachsen war. Er markierte das Verstreichen der Zeit in Form aller Momente, die ihm seine wachsende berufliche Bedeutung vor Augen führten. Eine Industriedesignerin markiert die Wendepunkte ihrer Karriere anhand der Produkte, die sie entworfen hat. Jedes Design ist wie ein Meilenstein, der den Weg nachzeichnet, den sie zwischen einem Produkt und dem nächsten zurückgelegt hat. Wenn sie sich ihre Entwürfe in chronologischer Reihenfolge ansieht, sieht sie in ihnen den Beweis, dass sich die Person, die sie war, als sie jedes von ihnen auf den Markt brachte, von Mal zu Mal weiterentwickelt hat.

Auch das Alter spielt eine Rolle. Mit den Jahren ändert sich Ihre Sichtweise auf Ihre wichtigsten Wendepunkte. 2022 konnte ich mein Leben durch die Linse von einem Dutzend Menschen betrachten, die mich über einen Zeitraum von dreiundsiebzig Jahren beeinflusst haben, während die Maßeinheit einer Achtzehnjährigen vielleicht die dreizehn Schuljahre zwischen Kindergarten und Schulabschluss sind, wobei die Sommerferien den Übergang von einer Phase zur nächsten darstellen. Später im Leben treten die jugendlichen Übergänge, die sie einst als Wendepunkte empfand, dann in den Hintergrund, während andere Momente, die damals nicht gewürdigt wurden, sich als prägend erweisen. Ich bezweifle, dass sie mehr als ein Erlebnis aus der Schulzeit zu ihren Wendepunkten zählen wird, wenn sie wie ich dreiundsiebzig ist.

Sie können nicht wissen, ob Sie begonnen haben, sich Ihren nächsten Anfang zu verdienen, bevor Sie wissen, dass Sie sich im Übergang befinden. Und Sie können Ihre Übergänge erst dann würdigen, wenn Sie eine Methode gefunden haben, um die Wendepunkte in Ihrem Leben zu markieren.

2. Lösen Sie sich von Ihrer Vergangenheit

Bevor Sie sich die nächste Phase Ihres Lebens erfolgreich verdienen können, müssen Sie sich von der alten Phase lösen, die Sie nach eigener Aussage hinter sich gelassen haben. Sie müssen nicht nur vergangene Erfolge loslassen (Sie sind nicht mehr die Person, die sich diese Erfolge verdient hat), sondern Sie müssen auch Ihre alte Identität und Ihre alte Art, Dinge zu tun, aufgeben. Es ist in Ordnung, aus der Vergangenheit zu lernen, aber ich empfehle nicht, sich jeden Tag aufs Neue mit ihr zu beschäftigen.

Als ich Curtis Martin 2018 zum ersten Mal traf, war es bereits zwölf Jahre her, dass er sich aus der NFL zurückgezogen hatte. Ich war neugierig, wie er den Übergang vom Profisportler zum normalen Bürger bewältigt hatte. Was vermisste er? Was hatte er nur schwer loslassen können? Ich hatte erwartet, dass er den Wettbewerb, seine Mannschaftskameraden, den Jubel und den anderen üblichen Kram nennen würde, den wir üblicherweise in Interviews nach Spielen zu hören bekommen. Doch falsch gedacht. Ich lag nicht einmal ansatzweise richtig.

Curtis sagte, er vermisse die »Muster« eines Profisportlers. Spieler, die es in die NFL schaffen, sind in der Regel die besten Highschool-Athleten ihrer Generation. Sie stehen ab ihren frühen Teenagerjahren unter Beobachtung, sie werden gecoacht und von wohlmeinenden Erwachsenen umsorgt. Sie müssen nie um Ratschläge erfahrener Menschen bitten; sie erhalten sie stets ungefragt, und zwar selbst dann noch, wenn sie reiche Superstars in ihren Dreißigern sind und ihre eigenen Vorstellungen haben. Vom Sommercamp im Juli bis zu den Playoffs im Januar ist jede Minute des Tages eines NFL-Spielers vorprogrammiert und reglementiert: was er essen soll, wann er Sport machen soll, wann er Videoanalysen anschaut und Spielzüge auswendig lernt, wann er trainiert oder Therapiepausen macht und wann er in den Mannschaftsbus oder ins Flugzeug steigen soll. Es ist also nicht überraschend, dass die erfolgreichsten Spieler einen Teil ihres Erfolgs den Trainings- und Arbeitsmustern zuschreiben, die sie über viele Jahren hinweg befolgt haben.

In dieser Hinsicht erwies sich das »Jeder Atemzug«-Paradigma für Curtis als sehr nützlich – »Mit jedem Atemzug, den ich nehme, entsteht ein neues Ich.« Vielleicht liegt es daran, dass er weiß, wie zerbrechlich die Karriere eines Sportlers ist, dass er immer nur so gut ist wie sein letztes Spiel und dass er, wenn er seinen Job behalten will, sich nicht auf seinen Statistiken der vergangenen Saison ausruhen darf. Vielleicht ist es etwas, das ihm sein Trainer Bill Parcells gesagt hat: »Curtis, du darfst dich niemals selbst aus dem Spiel nehmen, denn derjenige, der dich ersetzt, lässt dich vielleicht nie wieder aufs Spielfeld.« Jedenfalls lebt Curtis voll und ganz in der Gegenwart und sein Blick ist auf die Zukunft gerichtet. Seine Vergangenheit liegt stets hinter ihm. Sie ist ein Relikt, das er als einen früheren Curtis betrachtet. Während seiner gesamten Spielzeit war Curtis zweigleisig unterwegs: Curtis der Spieler und Curtis der ehemalige Spieler. Auf der »Spieler-Schiene« hielt er sich an die Muster, die man ihm vorgab, weil er wusste, dass sie ihm den nötigen Fokus für seinen Erfolg boten. Auf der »Ehemaliger-Spieler-Schiene« wandelte er die Lektionen, die der Football ihn lehrte, in Echtzeit in Weisheiten um, von denen er für den Rest seines Lebens profitieren konnte. Als er dem Profisport mit dreiunddreißig den Rücken kehrte, fiel es ihm deshalb nicht schwer, von seinem Bedürfnis nach äußerer Führung abzulassen – denn in seinem Innersten war er nun bereit, sich selbst den Weg zu weisen (und diese innere Überzeugung stand in Einklang mit seinem höheren Ziel, nämlich anderen zu helfen). Er brauchte immer noch »Muster« in seinem Leben, aber jetzt legte er diese Muster selbst fest.

Wenn wir in der Lage sind, uns von allen Versionen unseres früheren Selbst zu lösen, wird uns das Loslassen vergangener Muster, mit dem Ziel, ein neues Ich zu erschaffen, so leicht und automatisch von der Hand gehen, als würden wir lediglich das Licht ausschalten, wenn wir einen Raum verlassen.

3. Meistern Sie die »Verdienstreaktion«

Es ist kein Geheimnis, wie wir uns eine gute Gewohnheit aneignen. Das zugehörige Verhaltenskonzept ist inzwischen gut erforscht und wird im Allgemeinen als dreistufige Abfolge aus einem Reiz, einer Reaktion und einem Ergebnis beschrieben. Meine Dozenten an der Uni nannten es die ABC-Sequenz: A steht für »Antecedents« (vorangegangene Ereignisse), B für »Behaviour« (unser Verhalten) und C für »Consequence« (die Folge). Andere haben es als Abfolge von Ursache, Handlung und Wirkung beschrieben. Unabhängig von der Bezeichnung ist aber ohnehin nur der mittlere Teil dieser Sequenz wichtig: unsere Reaktion (oder unser Verhalten oder unsere Handlung). Denn das ist der Teil, den wir kontrollieren und ändern können.

Wenn wir jedes Mal schlecht auf denselben Reiz reagieren, dürfen wir uns nicht wundern, wenn wir jedes Mal dasselbe enttäuschende Ergebnis erzielen. Irgendwann wird unsere schlechte Reaktion vorhersehbar: Dann haben wir eine weitere schlechte Gewohnheit entwickelt. Die einzige Möglichkeit, diese neue Gewohnheit wieder loszuwerden, besteht darin, unsere Reaktion auf den unverändert gleichen Reiz bewusst durch ein besseres Verhalten zu ersetzen. Warum zum Beispiel nicht einfach ruhig bleiben und »Danke« sagen, anstatt »den Überbringer schlechter Nachrichten« zu bestrafen? Ändern Sie Ihre Reaktion, dann ändern Sie Ihre Gewohnheit.

Ich habe mir eine Karriere darauf aufgebaut, dass ich sehr intelligente Führungskräfte immer wieder an dieses Gebot erinnere. Ich sage ihnen, dass sie jede Besprechung mit ihren Mitarbeitern als ein Minenfeld voller gefährlicher Reize betrachten sollten, die ihre schlimmsten und kontraproduktivsten Gewohnheiten zum Vorschein bringen können: immer die klügste Person im Raum sein zu wollen, sich übermäßig einzumischen, aus jeder Diskussion als Gewinner hervorgehen zu wollen, Offenheit zu bestrafen. Meine Kunden sind schnelle Lerner. Sie brauchen keine klinische Therapie, sondern nur eine Erinnerung daran, dass sie sich in Meetings vor ihren instinktiven Reaktionen hüten müssen. Diese Erinnerung kann etwas so Simples sein wie eine Karteikarte, auf der Sätze stehen, die ihr spezielles Problem adressieren: *Hör auf, unbedingt gewinnen zu wollen. Ist es das wert? Bist du ein Experte auf diesem Gebiet?* Damit es ihnen gelingt, ihre Reaktion auf einen lästigen Reiz zu ändern, genügt es, dass sie die Karte in ihrem Blickfeld platzieren. Auf diese Weise lässt sich gutes Verhalten ritualisieren und wiederholen und in eine dauerhafte Gewohnheit umwandeln.

Kann dieselbe Dynamik auch für etwas so Komplexes und Folgenreiches wie ein verdientes Leben gelten? Können wir Verdienen zu unserer Gewohnheit machen – damit es uns so leichtfällt wie das »Danke«, das uns über die Lippen kommt, wenn wir ein Kompliment erhalten?

Ich sage Ja, solange wir eine bedächtige Pause zwischen dem Reiz und dem Ergebnis einlegen, vor unserer offiziellen Reaktion. Diese Pause gibt uns die nötige Zeit, sowohl die explizite als auch die implizite Botschaft des auslösenden Ereignisses sowie das gewünschte Ergebnis unserer Handlungen zu überdenken. Sie zwingt uns, rational zu reagieren, statt emotional oder impulsiv, und zwar in unserem eigenen besten Interesse,

Rückblickend muss ich in den raren Momenten während meiner Schulzeit, in denen mir jemand sagte »Du kannst mehr sein«, geahnt haben, dass ich vor einem bedeutsamen Übergang in meinem Leben stand. Einer Chance, den alten Marshall abzulegen und ein neuer zu werden. Der Anreiz dazu war die Aussage selbst. Sie warnte mich: »Du vermasselst es, Junge!«. Und implizierte gleichzeitig: »Wenn du dich nicht änderst, wirst du es für den Rest deines Lebens bereuen.« Als Mr. Newton mir das erste Mal sagte, ich könne mehr als ein Vierer-Schüler sein, reagierte ich darauf, indem ich mir seine Anerkennung verdiente und ihm bewies, dass er recht gehabt hatte. In meinem letzten Schuljahr schrieb ich in Mathematik glatte Einsen und erzielte als Erster an meiner Highschool die perfekten 800 Punkte im Mathe-Leistungstest. Ich würde gerne sagen, dass mich meine Reaktion dazu veranlasst hat, meine Einstellung dauerhaft zu ändern. Aber ein einzelnes Ereignis mündet noch nicht in einer guten Gewohnheit. Wiederholung schon.

Während meines Studiums am Rose-Hulman Institute of Technology in Terre Haute, Indiana, fiel ich wieder in meine faulen Gewohnheiten zurück. Doch dann geschah es 1970 erneut, dieses Mal bei Professor Ying im Kurs Volkswirtschaftslehre. Dr. Ying sagte, er habe großes Vertrauen in meine Zukunft, sofern es mir gelänge »mich zusammenzureißen«. Er ermutigte mich, den GMAT zu machen (einen weltweiten standardisierten Eignungstest für die Zulassung zum postgradualen Masterstudium) und mich für das MBA-Programm an der Indiana University zu bewerben, das mich schließlich auf wundersame Weise in das Ph.D.-Programm an der UCLA brachte. Dort angekommen, hielten mir meine Professoren Bob Tannenbaum und Fred Case mindestens zwei »Du kannst mehr«-Ansprachen. Jedes Mal reagierte ich positiv, indem ich meine Anstrengungen verstärkte. Bis ich an meinem Wendepunkt mit Paul Hersey anlangte, hatte ich meine Reaktion auf den YCBE-Appell schon so oft wiederholt, dass sie praktisch zu einer Gewohnheit geworden war. Der Hauptgrund war jedes Mal meine Angst gewesen, dass ich es bereuen würde, wenn ich weniger tun würde. Ich war nicht länger ein unverbesserlicher Faulpelz. Der Wunsch, meine Bemühungen zu maximieren, um mir meine Zukunft zu verdienen und den Schmerz der Reue zu vermeiden, war zu meiner »Verdienstreaktion« geworden.

Ich glaube, das ist der Grund, weshalb ich seither, seit den späten 1970er-Jahren, so eifrig und entschlossen reagiere, wenn ich wieder einmal die YCBM-Ansprache höre: Ich halte inne und prüfe, welche Faktoren diese Ansprache nötig gemacht haben, und weiß sofort, warum sie so vertraut wirken. Mein Gehirn sagt mir: »Ich war schon mal an diesem Punkt. Ich kenne die Zeichen. Das ist ein Wendepunkt.« Der Reiz ist derselbe. Die Belohnung, in Form eines erfolgreichen Ergebnisses, ist dieselbe. Also sollte auch meine Reaktion dieselbe sein. Mein Gehirn zündet den Turbo, um sich anzupassen – und ich verpflichte mich dazu, in die nächste Phase meines Lebens einzutreten. Ich weiß, dass ich sie mir verdienen muss, wie alles andere auch. Und das ist okay für mich. So wird Verdienen zur Gewohnheit.

Bei Ihnen ist es nicht anders, selbst wenn Sie nicht das Glück hatten, so viel Ermutigung von außen zu erhalten wie ich. Die Wahrheit lautet, dass ich so sehr in meiner Komfortzone verhaftet und in meiner Trägheit gefangen war, dass ich darauf angewiesen war, dass mich andere aus meiner Blase herausholten, sodass ich beginnen konnte, mir meinen nächsten Anfang zu verdienen.

Aber das muss nicht auch für Sie gelten. Die YCBM-Routine richtet sich nicht nur an Menschen, die ihr Potenzial nicht ausschöpfen. Sie richtet sich auch an Menschen, die bereits Erfüllung gefunden haben, aber nach wie vor glauben, dass sie noch mehr erreichen können. Im Gegensatz zu mir müssen Sie nicht darauf warten, dass jemand kommt und Ihnen den richtigen Weg weist (obwohl es immer schön ist, wenn das geschieht). Das können auch Sie selbst für sich tun. Machen Sie von der YCBM-Routine Gebrauch, wann immer Sie glauben, dass Sie in Ihrem Leben mehr tun könnten und sollten. Nur weil Sie sich selbst diese Ansprache halten, um sich zum Handeln zu ermuntern, heißt das nicht, dass sie weniger wert ist – oder dass diese Praxis unwürdig wäre, um sie sich zur Gewohnheit zu machen.

4. Schlagen Sie den Ball, der vor Ihnen liegt

Golf ist ein so schwieriges Spiel, dass Ihnen zwangsläufig ein paar Fehler unterlaufen, während Sie Ihre achtzehn Löcher spielen. Das geht selbst den größten Spielern an ihrem besten Tag so. Die größten Spieler kompensieren diese Tatsache durch eine eigens antrainierte »Amnesie«. Ihr Umgang mit unvermeidlichen Fehlern ist kurz, bündig und effizient: Sie gestatten sich einen kurzen Moment des Ärgers und des Selbsthasses, um die Spannung abzubauen, und dann ist der Fehler auch schon vergessen. Während sie die etwa zweihundert Schritte zwischen dem Abschlag und der unglücklichen Stelle zurücklegen, an der ihr Ball gelandet ist (in manchen Fällen zwanzig oder mehr Meter vom Fairway entfernt im hohen, dichten Gras unter tiefhängenden Ästen, die den Weg zum Grün versperren), schaffen Sie es, den Kopf wieder freizubekommen und sich auf den Ball, die Situation und den Schlag zu konzentrieren, der als Nächstes vor ihnen liegt. Sie sind wahre Meister darin, in der Gegenwart zu leben. Was auch immer zuvor auf dem Platz geschehen ist, hat keinen Platz mehr in ihrem Denken. Sie beraten sich mit ihrem Caddie über ihre Strategie, die Distanz und die Wahl des passenden Schlägers. Sie wägen ab, wie hoch die Wahrscheinlichkeit ist, dass sie den Ball im hohen Gras gut treffen. Sie kalkulieren, ob sie es riskieren sollen, einen heldenhaften Schlag in Richtung des Grüns zu wagen, oder ob sie lieber vernünftig sein und den Ball zurück auf das Fairway schlagen sollen. Sie werden sich mit dem nächsten Schlag befassen, sobald es nötig ist, aber in diesem Moment müssen sie einzig und allein entscheiden, wie sie den Ball spielen wollen, der jetzt gerade vor ihnen liegt – und dann den Schlag ausführen. Alles andere ist unwichtig. Genau das tun diese Spieler sechzig bis siebzig Mal pro Runde. Es ist Teil ihrer Routine vor jedem Schlag. Mit anderen Worten: Es ist ihre Gewohnheit.

Der lehrreichste Teil dieser Routine ist der Gang von der vorherigen Position auf dem Platz zum nächsten Schlag, egal ob der Ball zuvor 300 Meter weit geschlagen wurde oder ob es sich um einen Sechs-Meter-Putt handelte, der weniger als einen Meter vor dem Loch zum Liegen kam. Während die Golfer diese Distanz zurücklegen, gehen sie von ihrem vorangegangenen zum gegenwärtigen Schlag über – und bleiben ganz im Hier und Jetzt. Wenn sie das konsequent bei jedem Schlag so machen, werden sie am Ende mit ihrer Runde zufrieden sein, egal ob ihre Scorekarte die Qualität ihres Spiels widerspiegelt oder nicht. Zumindest haben sie die Genugtuung zu wissen, dass sie alles getan haben, was sie unter den gegebenen Umständen tun konnten.

Wenn ich mir als äußerst schlechter Golfer (so schlecht, dass ich das Spielen vor fünfundzwanzig Jahren wieder aufgegeben habe) im Fernsehen ein Turnier anschaue und dabei das zeitraubende Bewertungsritual vor jedem Schlag beobachte, habe ich das Gefühl, ich würde dem Gras beim Wachsen zusehen. Warum gehen die Profis nicht einfach zum Ball und schlagen ihn, so, wie ich es früher getan habe? Doch natürlich ist der Weg der Profis der richtige Weg. Ihr Festhalten an der Routine ist ein wesentlicher Grund dafür, dass sie so gut sind. Und sie ist auch der Grund, weshalb dieser Ansatz der Profis eine so treffende Analogie dafür ist, wie wir die früheren und zukünftigen Versionen unseres Ichs von dem Ich trennen können, das wir jetzt gerade sind. Sie unterstreicht die Weisheit, dass es wichtig ist, im Hier und Jetzt zu leben.

Der Nobelpreisträger Daniel Kahneman ist bekannt für seine Aussage »What you see is all there is« (sinngemäß: Nur was man gerade weiß, zählt), aus der das weit verbreitete Akronym »WYSIATI« hervorgegangen ist, um aufzuzeigen, wie schnell wir bisweilen anhand der begrenzten Informationen, die uns zur Verfügung stehen, voreilige Schlüsse ziehen. Ein weiteres Beispiel dafür, dass wir Menschen oft voreingenommene, irrationale Akteure sind und beispielsweise oft vorschnell ein Urteil fällen.

Ich ziehe es vor, den sogenannten »WYSIATI-Effekt« in einem positiveren Licht zu sehen, nämlich als Erinnerung daran, dass jede Reihe von Fakten, die wir sehen, situationsabhängig ist – und dass es etwas Nobles ist, so gut wie möglich mit dem umzugehen, was direkt vor uns liegt. Wenn Golfer den vor ihnen liegenden Schlag spielen, handeln sie als höchst rationale und uneigennützige Akteure, losgelöst von vergangenen oder zukünftigen Sorgen, die ihr Urteilsvermögen trüben könnten. Sie akzeptieren, dass Golf, wie die meisten Dinge im Leben, situationsabhängig ist und nie den Moment davor oder danach einbezieht, sondern einzig und allein die Gegenwart. In ihren besten Spielen sind sie buddhistische Meister der Achtsamkeit und des Lebens im Moment.

Der enorme Wert der Gegenwärtigkeit sollte nicht strittig sein. Und doch besteht eines unserer beständigsten Verhaltensmuster darin, dass wir nicht einfach »den Ball schlagen«. Es zeigt sich den ganzen Tag über, wenn wir unsere Kinder am Frühstückstisch ignorieren, weil wir im Geist schon die Präsentation durchgehen, die wir später halten müssen; wenn wir während eines Meetings abgelenkt sind, weil wir noch einmal ein aufwühlendes Gespräch durchleben, das wir zehn Minuten zuvor geführt haben; wenn wir andere an unserer Erinnerung an ihre schlimmsten Momente messen und uns weigern, ihnen zu vergeben oder zu akzeptieren, dass Menschen sich ändern können.

Wenn wir dabei straucheln, den vor uns liegenden Ball zu spielen, straucheln wir auch beim Übergang. Dann erkennen wir nicht, dass sich etwas in unserer Welt unwiderruflich verändert hat, im Großen oder im Kleinen, und dass wir uns der neuen Realität stellen müssen. Als im März 2020 die Corona-Lockdowns begannen, konnte ich dieses Phänomen auch in unserer 100-Coaches-Community beobachten. Während einige Mitglieder mühelos in der Lage waren, aus dem *Damals* ins *Heute* umzuschalten, knirschte es bei anderen im Getriebe. Ein Beispiel aus der Gruppe letzterer Menschen war Tasha Eurich, für die sich 2020 ein Durchbruch abgezeichnet hatte. Zwei Jahre vorher hatte sie ihr erstes Buch, *Insight*, das sich mit dem Unterschied zwischen unserer Selbstwahrnehmung und unserer Fremdwahrnehmung durch andere befasst, bei einem großen Verlag veröffentlicht, und es hatte in der Unternehmenswelt großen Anklang gefunden. Tasha war eine dynamische Rednerin, und zwar so gut, dass ich sie bat, die erste Nachmittagssitzung unseres 100-Coaches-Meetings im Januar 2020 in San Diego zu eröffnen. Sie hat den Saal gerockt. Sechs Wochen später lösten sich all unsere großen Pläne in Luft auf. Das traf Tasha sehr hart. Sie hatte zwei Jahre lang auf das Jahr 2020 hingearbeitet – und nun war alles zunichtegemacht. Die Tatsache, dass ihre Kollegen und Freunde ebenso sehr litten wie sie, war kein Trost. Dies war ein exogener Schock, dessen Ende nicht abzusehen war.

Als ich sie Anfang Mai 2020 besuchte, hatte sie immer noch damit zu kämpfen, dass all ihre harte Arbeit vergeblich gewesen war, und sie war nicht bereit, einen Strich unter diese Tatsache zu ziehen und sich der Realität ihrer Situation zu stellen. Die Welt hatte sich verändert, und der Übergang in die neue Welt fiel ihr schwer. Ich erzählte ihr von meiner These und riet ihr, einfach »den Ball zu schlagen« und nicht länger an einer Vergangenheit festzuhalten, die sie nicht ändern konnte. Und ich erinnerte sie daran, dass die Welt vielleicht zusammengebrochen, aber nicht untergegangen war. Als sich ihre Unternehmenskunden allmählich mit der veränderten Arbeitswelt arrangiert hatten – leere Büros, Online-Kommunikation aus den heimischen vier Wänden, der neue Zoom-Trend –, kehrte die Nachfrage nach Tashas Fachwissen langsam zurück. Die Aufträge trafen nicht mehr so verlässlich ein wie früher (zumindest noch nicht), doch langsam, aber sicher begann sie, die Vergangenheit hinter sich zu lassen. Wenn Sie das tun, bleiben Ihnen nur der aktuelle Moment und Ihre Zukunft. Dass es einen Unterschied zwischen ihrem gegenwärtigen und ihrem zukünftigen ich gab, war für Tasha eine wichtige Erkenntnis. Es war ihre Flucht in eine hoffnungsvollere Situation.

Im November 2020, als ihr Beratungs- und Coaching-Business sich noch nicht wieder vollständig erholt hatte, beschloss sie, die freie Zeit zu nutzen und ihre eigene Mentoring-Community zu gründen. In Anlehnung an das Modell, das ich mit den »100 Coaches« eingeführt hatte, stellte sie ein kurzes Video-Selfie online, in dem sie Bewerber einlud, sich von ihr coachen zu lassen. Anschließend wählte sie aus mehreren hundert Rückmeldungen zehn Mitglieder aus und gab ihnen den Spitznamen »Tasha Ten«. Diese Aktion brachte ihr kein Geld und keine öffentliche Anerkennung ein. Sie war ein privater Akt der Großzügigkeit, der ihrem Leben ein wenig mehr Sinn und Bedeutung verlieh. Sie wusste nicht, wohin er führen würde, aber sie war begierig darauf, es herauszufinden.

Das war der Moment, in dem Tashas Übergang abgeschlossen war. Sie klammerte sich nicht länger an eine Welt vor Corona, die ihr gut gedient hatte, aber nie mehr zurückkehren würde, und sie hatte etwas Sinnvolles gefunden, um sie zu ersetzen. Sie hatte sich ihren nächsten Anfang verdient.

Ich habe dieses Kapitel mit zwei Fragen begonnen: *Wann beginnt Verdienen? Wann endet es?* Die kurze Antwort lautet: Verdienen endet, wenn wir das erreicht haben, was wir uns vorgenommen haben, oder wenn veränderte Umstände in der Welt oder in uns selbst uns die Notwendigkeit nehmen, mit dem fortzufahren, was wir bisher getan haben. Verdienen beginnt, wenn wir beschließen, unser Leben neu zu gestalten, es zu unserem eigenen zu machen, um neu zu definieren, wer wir sind – auch wenn die Idee dazu von jemand anderem stammt. Im Zwischenraum zwischen dem Anfang und dem Ende müssen wir viele Dinge loslassen – unsere Rolle, unsere Identität, unsere Loyalität zu unserer Vergangenheit, unsere Erwartungen – und uns dann mit allem, was wir haben, darum bemühen, unser nächstes neues Ding zu finden. Auf diese Weise verdienen wir uns jeden neuen Anfang in unserem Leben. Wir müssen die Tür hinter einem Teil unseres Lebens schließen und eine neue Tür öffnen.

ÜBUNG
Was ist Ihr »Unmöglich«?

Als der Dichter Donald Hall seinen Freund, den Bildhauer Henry Moore, nach dem Geheimnis des Lebens fragte, gab ihm Moore, gerade achtzig Jahre alt geworden, eine schnelle und pragmatische Antwort: »Das Geheimnis des Lebens besteht darin, eine Aufgabe zu haben, etwas, dem du dein ganzes Leben widmen kannst, etwas, für das du alles geben willst, jede Minute des Tages, für den Rest deines Lebens. Und das Wichtigste ist: Es muss etwas sein, das du unmöglich tun kannst!« (Für mich ist das das perfekte Beispiel für eine Aspiration, ein höheres, übergeordnetes Ziel.)

Hall glaubte, dass Moores Definition von »etwas, das du unmöglich tun kannst« darin bestand, »der größte Bildhauer zu sein, der je gelebt hat, und es zu wissen«. Das mag ein erhabenes Ziel sein, aber es ist doch nicht höher als die scheinbar gewöhnlichen Wünsche, die viele Menschen hegen: glücklich zu sein oder Erleuchtung zu finden oder in guter Erinnerung zu bleiben, nachdem wir das Zeitliche gesegnet haben.

Was ist Ihr »etwas, das du unmöglich tun kannst«?

KAPITEL 13

ZAHLEN SIE DEN PREIS UND ESSEN SIE DAS MARSHMALLOW

VOR EINIGEN JAHREN war ich als Speaker bei einer Konferenz zum Thema »Frauen in der Wirtschaft« eingeladen, die von der Private Wealth Group der Schweizer Bank UBS veranstaltet wurde. Meine Vorrednerin war eine Pionierin in der Technologiebranche, die Gründerin und CEO ihres eigenen Unternehmens und eine kleine Berühmtheit. Zwanzig Jahre später erinnere ich mich immer noch an die Weisheit und die erfrischende Offenheit ihrer Worte. Nach ihr ans Rednerpult zu treten, war keine leichte Aufgabe.

Sie erzählte, dass sie nicht allzu oft in die Mentorinnen-Rolle schlüpfe, weil die Leitung eines Unternehmens eine anspruchsvolle Aufgabe war und sie ihre gesamte Zeit mit dem Mentoring von Frauen verbringen würde, wenn sie jede Einladung annehmen würde, die sie erhielt. Sie sagte, sie halte sich an die drei Dinge im Leben, die ihr wichtig seien: Sie verbrachte Zeit mit ihrer Familie. Sie kümmerte sich um ihre Gesundheit und Fitness. Und sie versuchte, einen tollen Job zu machen. Diese drei Rollen nahmen ihre gesamte Zeit in Anspruch. Sie kochte nicht, erledigte keine Hausarbeit und machte keine Besorgungen. Nachdem sie der vollen Aufmerksamkeit aller Frauen im Raum versichert hatte, holte sie mit ihrer unverblümten Botschaft zum finalen Schlag aus: »Wenn Sie nicht gerne kochen, dann kochen Sie nicht. Wenn Sie keine Lust auf Gartenarbeit haben, dann gärtnern Sie nicht. Wenn Sie nicht gerne aufräumen, dann stellen Sie jemanden ein, der aufräumt. Tun Sie nur das, was für Sie wichtig ist. Alles andere? Befreien Sie sich davon.«

Eine Frau aus dem Publikum hob die Hand und erklärte: »Sie können das leicht sagen. Sie sind reich.« Diese Ausrede ließ unsere Rednerin nicht gelten. Sie spielte den Ball zurück, indem sie entgegnete: »Zufällig weiß ich, dass das niedrigste Jahresgehalt in diesem Raum eine Viertelmillion Dollar beträgt. Keine von Ihnen würde hierher eingeladen werden, wenn es Ihnen nicht gut ginge. Wollen Sie mir wirklich sagen, dass Sie es sich nicht leisten können, jemanden einzustellen, der die Dinge tut, die Sie nicht tun wollen? In Ihrem Beruf würden Sie niemals nur für den Mindestlohn arbeiten. Warum also sollten Sie das in einem anderen Kontext tun? Sie würdigen den Wert Ihrer Zeit herab.«

Damit hatte sie eine harte Wahrheit ausgesprochen, die viele Menschen nur schwer akzeptieren können: *Um ein erfülltes Leben zu führen, und insbesondere ein verdientes Leben, müssen Sie einen Preis zahlen.* Sie hatte nicht über Geld gesprochen. Sie hatte davon gesprochen, dass wir uns bei den wichtigen Dingen die größtmögliche Mühe geben und die damit verbundenen Opfer in Kauf nehmen müssen – während wir um die Risiken wissen und das Schreckgespenst des Scheiterns fürchten, aber trotzdem in der Lage sind, diese Aspekte auszublenden.

Einige von uns sind bereit, diesen Preis zu zahlen. Andere sind es nicht, und zwar aus Gründen, die vielleicht einerseits nachvollziehbar, aber letzten Endes bedauerlich sind.

Eine der häufigsten Ausreden ist eine Abwandlung des bekannten Konzepts der Verlustaversion: Unser Drang, einen Verlust zu vermeiden, ist größer als unser Wunsch, einen entsprechenden Gewinn zu erzielen. Wir sind bereit, den Preis zu zahlen, wenn die Wahrscheinlichkeit groß ist, dass unsere Bemühungen erfolgreich sein werden, und wir sind weit weniger bereit, wenn die Wahrscheinlichkeit gering ist. Wir wollen die Gewissheit haben, dass unsere Bemühungen und Opfer nicht vergeblich sein werden. Wir fürchten die Aussicht, alles zu geben, um ein Ziel zu erreichen, und am Ende womöglich nichts vorzuweisen zu haben. Wir sind der Meinung, dass vollkommenes Engagement keine sinnlose Geste sein sollte. Das wäre nicht fair. Also vermeiden wir es, diesen Preis zu zahlen. Kein Commitment, keine vergebliche Mühe.

Weil diese Überzeugung so mächtig ist, thematisiere ich sie auch in meinen Einzelcoachings, obwohl meine erfolgreichen Kunden nachweislich bereit sind, den Preis zu zahlen. Denn das hat sie dorthin gebracht, wo sie jetzt sind. Dennoch habe ich das Bedürfnis, ihnen zu versichern, dass ihr Engagement für den Coaching-Prozess nicht vergeblich sein wird. »Es ist schwer«, sage ich ihnen dann. »Ein einziger Ausrutscher kann all Ihre Fortschritte zunichtemachen und Sie wieder an den Anfang zurückwerfen. Aber wenn Sie das Follow-up praktizieren und die nächsten ein bis zwei Jahre am Ball bleiben, werden Sie sich bessern. Ich will es ihnen nicht zu einhundert Prozent garantieren, aber ihnen meine Gewissheit zu geben, ist Teil des Coachings. Indem ich die Aversion meiner Kunden, den Preis zu zahlen, verringere, verschaffe ich ihnen auf dem Weg zum Erfolg einen Vorsprung.

Ein weiterer Grund ist eine fehlende Vision. Das Opfer, das wir in der Gegenwart bringen, führt nicht zu einer Belohnung, die wir sofort genießen können. Der Erfolg, den wir mithilfe unserer Selbstkontrolle erzielen, liegt weit in der Zukunft und wird einer zukünftigen Version von uns zugutekommen, die wir nicht kennen. Deshalb geben wir unser übriges Geld lieber sofort für uns selbst aus, als es zu sparen und dreißig Jahre lang darauf zu warten, dass die Wunder des Zinseszinses es in eine nützliche Summe verwandeln. Manche Menschen sind in der Lage, diesen Preis zu zahlen, weil sie voraussehen können, dass sie ihrem früheren Ich, das dieses Opfer für sie gebracht hat, künftig einmal dankbar sein werden. Manche Menschen können nicht so weit in die Zukunft sehen.

Ein dritter Grund ist, dass wir das Leben als Nullsummenspiel betrachten, indem wir glauben, dass wir, wenn wir in einem Bereich etwas gewinnen, dafür in einem anderen etwas verlieren. Der Preis, den wir dafür zahlen, besteht aus Opportunitätskosten, die sich aus dem errechnen, was wir opfern müssen: Wenn ich dies tue, kann ich das nicht tun. Diese Ansicht ist nicht völlig falsch, aber es ist sinnlos, sich in diesem

Kontext darüber Gedanken zu machen. Wenn wir uns dafür entscheiden, den Preis zu zahlen – wenn wir etwas Herausforderndes und Risikoreiches tun, anstatt etwas Einfaches und Sicheres –, bedeutet das nicht, dass wir die sichere Sache geopfert haben. Denn durch unsere Entscheidung für den schwierigen Weg, eliminieren wir meist automatisch alle anderen Möglichkeiten, auch die sichere Bank. Schließlich können wir nicht an zwei Orten gleichzeitig sein; irgendwo müssen wir Abstriche machen. Je eher Sie das akzeptieren, desto eher werden Sie bereit sein, den Preis zu zahlen. Ich erinnere mich an eine Geschichte, die ich über den großen französischen Skifahrer Jean-Claude Killy gelesen habe, der zu seinem Manager sagte: »Ich trainiere immer dort, wo gerade Winter ist. Die eine Hälfte des Jahres in der nördlichen Hemisphäre, die andere Hälfte in der südlichen Hemisphäre. Ich habe seit Jahren keinen Sommer mehr gesehen.« Killy, ein französischer Nationalheld und der dominierende Athlet bei den Olympischen Winterspielen 1968, wo er sämtliche Goldmedaillen im alpinen Skisport gewann, beschrieb das Fehlen von Sommern in seinem Leben nicht als eine Härte, unter der er litt. Er unterstrich, dass er diesen Preis für seine Weltmeistertitel gerne bezahlt hatte. Er konnte noch so viele Sommer erleben, wie er wollte, nachdem er seine goldene Karriere an den Nagel gehängt hatte.

In den letzten Jahren ist mir bewusstgeworden, dass es noch einen vierten Grund gibt, aus dem Menschen zögern, den Preis zu zahlen, um sich etwas zu verdienen: Sie müssen dafür ihre Komfortzone verlassen. Ich selbst mag zum Beispiel keine Konfrontationen und gehe ihnen in neun von zehn Fällen aus dem Weg. Das ist es mir einfach nicht wert. Aber in einem von zehn Fällen – wenn etwas, das ich sehr schätze, in Gefahr ist (ein Projekt, meine Familie, ein Freund in Not) – bin ich dann doch bereit, mich mit jedem anzulegen und das zu tun, was ich für nötig halte. Es macht mir keinen Spaß, aber ich bereue später in der Regel nicht, dass ich es getan habe.

Ich möchte all diese Gründe nicht belächeln. Wenn der Preis, den Sie für etwas zahlen müssen, den zu erwartenden Gewinn bei Weitem übersteigt, klingt jeder von ihnen plausibel. Dann ist der erforderliche Aufwand das Ergebnis einfach nicht wert; als würden wir sechs Monate lang eine Fremdsprache lernen, um dann nur für einen Tag in das Land zu reisen, in dem sie gesprochen wird. In diesem Fall ist es besser, einfach einen Dolmetscher zu engagieren.

Um klüger darüber zu entscheiden, wann wir den Preis zahlen und wann wir verzichten sollten, müssen wir zunächst die allgegenwärtige Dichotomie zwischen einem Belohnungsaufschub und der sofortigen Befriedigung von Bedürfnissen lösen. In meinem persönlichen Wörterbuch wäre »den Preis zahlen« ein Synonym für »Belohnungsaufschub« (und »den Preis nicht zahlen« ein Synonym für »sofortige Bedürfnisbefriedigung«). Bei beiden geht es um Selbstkontrolle. Mit diesem Dilemma werden Sie jeden Tag konfrontiert, und zwar den ganzen Tag hindurch, von dem Moment, in dem Sie aufwachen. Angenommen, Sie wollen früh aufstehen, um vor der Arbeit noch Sport zu treiben. Wenn um 5.45 Uhr der Wecker klingelt, stehen Sie nicht sofort auf, sondern wägen die Verlockung der sofortigen Befriedigung, die Ihnen eine weitere halbe Stunde Schlaf im Bett verschaffen würde, gegen den Nutzen Ihrer Fitnessroutine sowie gegen den seelischen Schmerz ab, unter dem Sie leiden würden, weil Sie schon den ersten Vorsatz des Tages nicht eingehalten haben – ein ärgerliches Versagen Ihres Willens und Ihrer Absicht. Unabhängig davon, ob Ihr Training über Ihr Schlafbedürfnis triumphiert oder nicht, ist dies nur der erste von vielen Anlässen, bei denen Sie im Tagesverlauf einen Zwiespalt zwischen verzögerter und sofortiger Bedürfnisbefriedigung überwinden müssen. Denn schon beim Frühstück geht es weiter. Sollen es wie üblich die gesunden Haferflocken mit Obst sein oder doch lieber die verlockenden Eier mit Speck und Toast, zusammen mit einem großen Milchkaffee? Dann zur Arbeit: Werden Sie gleich als Erstes den schwierigsten Punkt auf Ihrer To-do-Liste in Angriff nehmen oder lieber ein wenig mit Ihren Bürokollegen plaudern? In dieser Manier geht es immer weiter, bis zum Ende des Tages, wo Sie zu guter Letzt entscheiden müssen, ob Sie zu einer anständigen Zeit zu Bett gehen oder noch bis spät in die Nacht Netflix schauen. Es hört niemals auf.

Unsere Einstellung zu Belohnungsaufschüben ändert sich im Verlauf unseres Lebens auf interessante Weise. Meiner Meinung nach gibt es nur zwei Phasen im Leben eines Erwachsenen, in denen die sofortige

Bedürfnisbefriedigung keine Entscheidung ist, die die Seele quält. Die erste Phase umfasst die ersten Jahre des Erwachsenseins, wenn wir noch kein Gefühl für das Verrinnen der Zeit haben. In diesen Jahren sehen Sie keine Notwendigkeit, ihr Geld zu sparen, sich um Ihre Gesundheit zu kümmern oder sich auf eine bestimmte Karriere zu konzentrieren. Sie können mit Ihrer Zeit und Ihren Ressourcen verschwenderisch umgehen, weil Sie noch genug Zeit haben, um das alles nachzuholen. Sie können den Preis auch »später« zahlen (was auch immer das heißen mag). Die andere Phase kommt am Ende unseres Lebens, wenn die Spanne zwischen unserem jetzigen und unserem zukünftigen Ich immer kleiner wird. Ab einem gewissen Alter werden Sie entweder zu dem, der Sie schon immer sein wollten, oder Sie akzeptieren die Person, die sie nun einmal geworden sind, sofern Sie Ihr höheres, Ihr übergeordnetes Ziel nicht erreicht haben. Nun ist es an der Zeit, Ihre Jetons einzulösen. Also buchen Sie die teure Reise. Sie opfern Ihre Zeit für ein Ehrenamt. Sie essen den Liter Eiscreme ohne schlechtes Gewissen.

In den vielen Jahren, die zwischen diesen beiden Phasen liegen, stellt der Belohnungsaufschub Sie ständig auf die Probe. Deshalb ist die Fähigkeit zum Belohnungsaufschub ein äußerst entscheidender Faktor für ein erfülltes Leben, und vielleicht sogar ein zuverlässigerer Prädiktor als die Intelligenz.

Letztlich besteht der überzeugendste Grund, der dafürspricht, den Preis zu zahlen, darin, dass Sie immer dann, wenn Sie für eine Sache ein Opfer bringen, gezwungen sind, diese Sache auch mehr wertzuschätzen. Dem eigenen Leben mehr Wert zu verleihen, ist ein Ziel, das es wert ist, verdient zu werden. Andererseits fühlt es sich auch gut an, den Preis zu zahlen, ganz egal, ob unser heldenhafter Einsatz belohnt wird oder nicht. Wir müssen uns nicht schämen, wenn wir unser Bestes gegeben und es trotzdem nicht geschafft haben.

Und wir müssen nichts bereuen. Denn Reue ist der Preis, den Sie dafür zahlen, dass Sie den Preis nicht gezahlt haben.

Trotzdem gibt es Zeiten in unserem aktiven Leben, in denen wir das berechtigte Gefühl haben, genug gezahlt zu haben – und uns, wenn auch nur für eine kurze Zeit, eine Pause gönnen sollten. Ein Marshmallow wartet auf uns.

In den späten 1960er-Jahren führte der Stanford-Psychologe Walter Mischel mit Vorschulkindern der dortigen Bing Nursery School seinen berühmten »Marshmallow-Test« durch. Den Kindern wurde ein Marshmallow gezeigt und man sagte ihnen, dass sie das Marshmallow essen können, wann immer sie wollen. Außerdem wurde ihnen mitgeteilt, dass sie eine größere Belohnung in Form eines weiteren Marshmallows (oder andere Leckereien wie Kekse, Minzbonbons, Mini-Brezeln usw.) erhalten würden, wenn sie bis zu zwanzig Minuten allein warten würden, ohne das Marshmallow zu essen. Das war ein anschauliches Beispiel für die Entscheidung zwischen der sofortigen Bedürfnisbefriedigung und dem Belohnungsaufschub. Das Kind saß allein an einem Tisch, auf dem ein Marshmallow und eine Glocke lagen, die es jederzeit läuten konnte, um den Versuchsleiter zurückzurufen und das Marshmallow zu essen. Alternativ hatte das Kind die Wahl, zu warten bis er, bis zu zwanzig Minuten später, von selbst zurückkehrte, und erhielt dann, wenn es das erste Marshmallow bis dahin nicht gegessen hatte, insgesamt zwei Marshmallows. Mischel schrieb:

> »Die inneren Kämpfe, die wir bei diesen Kindern beobachteten, als sie versuchten, sich zurückzuhalten und die Glocke nicht zu läuten, hätten Ihnen die Tränen in die Augen getrieben und Sie dazu bringen können, ihrer Kreativität zu applaudieren und sie anzufeuern, und die Tatsache, dass selbst kleine Kinder das Potenzial haben, der Versuchung zu widerstehen und zugunsten einer verzögerten Belohnung durchzuhalten, hätte Ihnen neue Hoffnung gegeben.«

Folgeuntersuchungen mit diesen Kindern ließen Mischel Jahre später zu dem Schluss kommen, dass die Probanden, die auf das weitere Marshmallow warteten, bei der Bewerbung um Studienplätze bessere Ergebnisse im dafür erforderlichen SAT-Test erzielten, höhere Bildungsabschlüsse machten und einen niedrigeren Body-Mass-Index aufwiesen. Diese Studien mündeten schließlich in Mischels 1994 erschienenen

Buch *Der Marshmallow-Test: Willensstärke, Belohnungsaufschub und die Entwicklung der Persönlichkeit*, das diesen Test zu einer von nur wenigen Laborstudien über das menschliche Verhalten machte, die zu einem kulturellen Referenzpunkt wurden (es gibt zum Beispiel T-Shirts mit der Aufschrift »Don't Eat the Marshmallow«, also »Lass die Finger vom Marshmallow«).*

Grob gesagt bedeutet Belohnungsaufschub, dass wir auf kleinere, angenehme Belohnungen, die wir sofort haben könnten, verzichten, um dafür später größere und bedeutendere Belohnungen zu erhalten. Ein Großteil der Literatur auf dem Gebiet der Psychologie glorifiziert den Belohnungsaufschub und verbindet ihn mit allem, was wir mit »Leistung« assoziieren. Wir bekommen ständig zu hören, dass wir auf unser unmittelbares Vergnügen verzichten sollten, um nachhaltige Ergebnisse zu erzielen.

Aber wir können den Marshmallow-Test auch aus einer anderen Perspektive betrachten. Auch wenn die implizite Aussage der Studie – Belohnungsaufschub ist ausschließlich etwas Gutes – schwer zu ignorieren ist: Stellen Sie sich vor, die Studie wäre über das zweite Marshmallow hinaus weitergeführt worden. Angenommen, das Kind hätte die erforderlichen Minuten gewartet und ein zweites Marshmallow erhalten, man hätte ihm aber gleichzeitig gesagt: »Wenn du noch ein bisschen länger wartest, bekommst du ein drittes Marshmallow!«

Und ein viertes Marshmallow … ein fünftes Marshmallow … ein hundertstes Marshmallow.

Nach dieser Logik wäre der ultimative Meister des Belohnungsaufschubs ein alter Mensch, der, dem Tod nahe, in einem Raum mit Tausenden von harten, nicht verzehrten Marshmallows säße. Ich bin

---

* In späteren Studien wurde die Stichhaltigkeit des ursprünglichen Tests unter Berücksichtigung des gesunden Menschenverstands infrage gestellt. Wohlhabende Kinder mit hochgebildeten Eltern aus der elitären Stanford-Community wuchsen eher in einem Umfeld auf, in dem die Belohnungen des Bedürfnisaufschubs offensichtlicher zum Tragen kamen als bei armen Kindern mit weniger gebildeten Eltern. Es war außerdem wahrscheinlicher, dass diese Kinder davon ausgehen würden, dass die Autoritätsperson – der Versuchsleiter – ihnen die Belohnung auch tatsächlich übergeben würde.

mir sicher, dass niemand von uns dieser Mensch sein möchte, wenn wir einmal alt sind und im Sterben liegen.

Dieses Marshmallow-Beispiel nutze ich häufig als Warnung an meine Coaching-Klienten. Ihr Leistungsniveau ist ebenso beeindruckend wie ihre Willenskraft und ihre Fähigkeit, Belohnungen aufzuschieben. Zu meinen Klienten zählen viele der erfolgreichsten Führungskräfte der Welt. Sie können oft auf eine beeindruckende Bildungslaufbahn zurückblicken. Manchmal aber sind sie so sehr damit beschäftigt, Opfer zu bringen, um in Zukunft etwas zu erreichen, dass sie völlig vergessen, das Leben im Hier und Jetzt zu genießen. Mein Rat an diese Menschen ist auch mein Rat an Sie: *Machen Sie sich bewusst, dass es Zeiten gibt, in denen man das Marshmallow essen sollte. Wenn es so weit ist, dann essen sie es auch!* Tun Sie es noch heute (und sei es nur, um die Ekstase der sofortigen Bedürfnisbefriedigung zu erleben). Warten Sie nicht darauf, bis Sie irgendein augenöffnendes Erlebnis irgendwann zur Besinnung bringt, wenn Sie alt sind und es beinahe zu spät ist.

Der Wirtschaftsjournalist John Byrne (ich will es nicht verschweigen: Ich habe ihn und seine Frau einst getraut), der gemeinsam mit Jack Welch an dessen 2001 erschienenen Memoiren *Was zählt: Die Autobiographie des besten Managers der Welt* gearbeitet hat, hat mir eine Geschichte über Welchs Leben nach seinem Herzinfarkt und einer dreifachen Bypass-Operation erzählt, der er sich 1995, im Alter von neunundfünfzig Jahren, unterziehen musste. Diese Operation brachte Welch dazu, all die großen und kleinen Dinge in seinem Leben zu überdenken. Eine Lektion, die er dabei lernte? Hör auf, billigen Wein zu trinken! Welch war zu diesem Zeitpunkt bereits seit vierzehn Jahren der CEO von General Electric und damit ein wohlhabender Mann – was man angesichts des preiswerten Weins, den er zu Hause servierte, jedoch nicht hätte erahnen können. Dank seines geschärften Bewusstseins für die Vergänglichkeit des Lebens füllte Welch seinen Weinkeller fortan nur noch mit den edelsten Bordeauxs. Wenn Sie bei Welch zum Abendessen geladen waren, kredenzte er Ihnen von nun an nur noch edle Tropfen. Im Grunde genommen tranken Sie auf diese Weise die Marshmallows eines glücklichen Mannes.

Wenn Sie sich ein großartiges Leben aufbauen wollen, müssen Sie die Tatsache akzeptieren, dass langfristige Erfolge kurzfristige Opfer erfordern. Aber übertreiben Sie es nicht mit dem Belohnungsaufschub. Halten Sie zwischendurch an und genießen Sie Ihre Reise. Das Leben ist ein immerwährender Marshmallow-Test, aber es gibt keine Medaille für das Sammeln der meisten unangetasteten Marshmallows zu gewinnen. Sie könnten genauso gut reuevolle Erinnerungen sammeln.

Am Ende seines Buches erzählt Walter Mischel die Geschichte zweier gegensätzlicher Brüder. Der eine ist ein seriöser und wohlhabender Investmentbanker mit einer langen, glücklichen Ehe und erwachsenen Kindern, denen es gut geht. Der andere Bruder, ein Schriftsteller, lebt in Greenwich Village und hat fünf Romane veröffentlicht, die kaum Beachtung fanden. Er »beschreibt sich selbst aber dennoch als einen Menschen, dem es bestens geht, der tagsüber schreibt und des Nachts das Junggesellenleben genießt, indem er von einer Kurzzeitbeziehung zur nächsten wechselt«. In einer Referenz an den Marshmallow-Test spekuliert der Schriftsteller, dass sein ernsthafter, geradliniger Banker-Bruder – ganz im Gegensatz zu ihm selbst, der seinen Lebensstil über die sofortige Befriedigung seiner Bedürfnisse definiert – imstande ist, ewig auf seine Marshmallows zu warten.

Überraschenderweise nutzt Mischel diese brüderlichen Kontraste, um schließlich dem Leben des Schriftstellers seinen Segen zu geben, indem er darauf hinweist, dass auch er eine große Selbstbeherrschung entwickelt haben muss, um am College seine Kurse für kreatives Schreiben zu bestehen und in den Folgejahren dann tatsächlich fünf Romane hervorzubringen. Gleichzeitig entschuldigt Mischel dessen freizügiges Beziehungsleben und merkt an, dass er wahrscheinlich dieselbe Selbstkontrolle aufbringen musste, »um seine unverbindlichen Beziehungen zu pflegen, eine engere Bindung jedoch gleichzeitig zu vermeiden«.

Mit anderen Worten: Der Mann, der den Marshmallow-Test erfunden hat, möchte, dass wir alle ebenfalls ein paar Marshmallows essen.

ÜBUNG
Wie Sie die Belohnung ganz ohne Aufschub erhalten

Dies ist eine Übung, durch die Sie besser verstehen sollen, welche Rolle der Belohnungsaufschub in unserem Leben spielt.

TUN SIE FOLGENDES: Betrachten Sie einen Tag lang jedes Dilemma, mit dem Sie konfrontiert werden, durch die Brille der Dichotomie Belohnungsaufschub (den Marshmallow nicht essen) vs. sofortige Bedürfnisbefriedigung (ihn essen). Wenn Sie vor einer Entweder-oder-Entscheidung stehen, halten Sie sieben Sekunden lang inne (eine kurze Verzögerung, die wirklich jeder aushalten kann) und fragen Sie sich dann: *Kann ich die Befriedigung in diesem Moment zugunsten einer größeren Belohnung in der Zukunft aufschieben, oder mache ich es mir leicht und gebe mich der sofortigen Befriedigung hin?* Mit anderen Worten: *Zahle ich in dieser Situation den Preis oder kassiere ich ab?*

Wenn Sie feststellen, dass die Übung Ihr Bewusstsein für den zukünftigen Lohn, den Ihnen ein Belohnungsaufschub verspricht, schärft, sowie für Ihre Fähigkeit, der Versuchung zu widerstehen – oder ihr zumindest besser standzuhalten, als wenn Sie sich gedankenlos der sofortigen Befriedigung hingeben würden –, dann versuchen Sie, sie so lange wie möglich fortzusetzen. Es ist nicht leicht und erfordert ein großes Maß an Selbstkontrolle, wenn wir bedenken, welchen Versuchungen wir jeden Tag ausgesetzt sind. Aber genau wie bei einer Diät oder einem Fitnessprogramm gilt auch hier: Wenn Sie die ersten vier oder fünf Tage durchhalten, ohne aufzugeben, haben Sie die Chancen erhöht, dass der Belohnungsaufschub zu Ihrer Standardreaktion wird und nicht länger ein außergewöhnliches Ereignis bleibt. Wenn Sie das geschafft haben, sind Sie bereit für eine anspruchsvollere Übung.

TUN SIE NUN DIES: Wir alle ordnen unsere Ziele gedanklich in Hierarchien. Einige haben für uns hohe Priorität, andere niedrige. Einige sind schwer zu erreichen, andere ganz leicht. Meiner Erfahrung nach genießen die schwierigen Ziele meist hohe Priorität, den leichten messen wir dagegen eine geringere Bedeutung bei. Ein beliebter Ratschlag besagt, dass wir jeden Tag zunächst die leichten Ziele mit niedriger Priorität von unserer Liste streichen sollten, weil es schön ist, den Tag mit ein paar Siegen zu beginnen. Und weil wir uns von Natur aus zu leicht erreichbaren Zielen hingezogen fühlen, folgen wir diesem Rat nur allzu gerne, während wir aber gleichzeitig die Befriedigung aufschieben, die sich aus der Verwirklichung der Ziele ergibt, die hohe Priorität für uns haben.

Seien Sie einen Tag lang unkonventionell. Nehmen Sie das Ziel, das höchste Priorität hat, zuerst in Angriff.

Wie jeder Vorschlag, der sich über Konventionen hinwegsetzt, kann auch diese einmalige Aufgabe (schließlich fordere ich Sie nur für einen Tag dazu auf) für die meisten von uns eine Herausforderung darstellen – gerade weil unsere höchsten Ziele in der Regel einen hohen Schwierigkeitsgrad haben. Ich zum Beispiel versuche, jede Korrespondenz, die ich erhalte – Anfragen, Einladungen, Vorschläge, positive oder negative Kommentare, sowohl analog als auch digital –, innerhalb von zwei Tagen nach Erhalt zu beantworten. Ich mag es nicht, Menschen zu ignorieren, die sich die Zeit nehmen, mir zu schreiben; sie verdienen eine Antwort. Sie ist nicht besonders dringend und nur selten folgenreich, und ich verbringe auch nicht gerne jeden zweiten Tag drei Stunden damit, Nachrichten und E-Mails an Leute zu schreiben, die ich noch nie getroffen habe. Aber die Erledigung meiner Korrespondenz ist bei Weitem nicht so anspruchsvoll wie das Schreiben eines Buchkapitels. Wenn ich also das Bedürfnis verspüre, bis in den Abend hinein zu arbeiten, anstatt den Tag zu beschließen, nehme ich mir daher lieber meine Briefe und E-Mails vor, als mich dem zuzuwenden, was für mich als hochrangigeres Ziel gilt, beispielsweise zwei Stunden lang zu schreiben. In meiner Hierarchie der To-dos ist das Beantworten von Post eine einfache Aufgabe von mittlerer Priorität. Das Schreiben ist wiederum eine schwere Aufgabe von sehr hoher Priorität. Wenn ich mich für die leichte Aufgabe entscheide, bevor ich Feierabend mache, kann ich nicht ehrlich behaupten, dass ich eine große Genugtuung verspüre oder verdiene, denn die Beantwortung meiner Korrespondenz ist bei Weitem nicht so befriedigend wie die Fertigstellung des nächsten Kapitels. (Es ist kein Belohnungsaufschub, wenn ich mich nicht belohnt fühle.) Wie hoch ist der Preis, den ich zahle, also wirklich?

Wäre das Schreiben tatsächlich so wichtig, wie ich behaupte, würde ich die Strategie vieler erfolgreicher Schriftsteller anwenden, die über mehr Selbstkontrolle verfügen als ich. Sie schreiben gleich morgens, wenn ihr Geist noch frisch ist und bevor sie irgendetwas anderes ablenken kann. Egal, ob ihr Plan darin besteht, fünf Stunden lang ununterbrochen am Schreibtisch zu sitzen oder eine bestimmte Anzahl von Wörtern zu erreichen: Wenn sie sich an diesen Plan halten, verspüren sie die extreme Befriedigung, die sich einstellt, wenn sie den Tag mit ihrer größten Leistung beginnen. Ihre erste Leistung ist die verdiente Leistung. Alles, was danach kommt, ist nur ein Bonus.

Diese Aussicht ist so verlockend, dass es erstaunlich ist, dass die meisten von uns (mich eingeschlossen) diesem Beispiel nicht folgen. Indem sie sich mit schöner Regelmäßigkeit morgens als Erstes an den Schreibtisch setzen, um zu schreiben, haben diese Autoren aus dem Belohnungsaufschub die Komponente des Aufschubs herausgenommen. Sie haben ihr Marshmallow und sie essen es auch (gleich nachdem sie Feierabend gemacht haben).

KAPITEL 14

GLAUBWÜRDIGKEIT MÜSSEN SIE SICH ZWEIMAL VERDIENEN

WORIN BESTEHT DER Sinn eines verdienten Lebens? Peter Drucker hat eine Antwort auf diese Frage gegeben, die ich sehr bewundere: »Es ist unsere Aufgabe im Leben, einen positiven Unterschied zu machen, und nicht, zu beweisen, wie klug wir sind oder wie recht wir haben.«

Wir allein bestimmen, wie wir diesen positiven Unterschied bewirken wollen. Manche Menschen tun es mit großer Aufopferung und Ambition: Ärzte, die Leben retten, Aktivisten, die Unrecht korrigieren, Philanthropen, die die Gesellschaft umgestalten. Andere tun es mit bescheidenen, kleinen Gesten: Wir tun unser Möglichstes, um einen Freund zu trösten, dem es nicht gut geht, wir trainieren ein Kinder-Sportteam, wir stellen zwei Menschen einander vor, die sich schließlich ineinander verlieben, wir sind die Eltern, die unsere Kinder brauchen. Zwischen diesen Extremen gibt es zudem noch die unzähligen alltäglichen guten Taten, die ein Klima der Rücksichtnahme und Güte erzeugen.

Als ich erfolgreiche Menschen fragte, welche Erfüllung sie aus ihrem Beruf ziehen, lautete die häufigste Antwort: »Menschen zu helfen.« Ich sehe diese Antwort als erneute Bestätigung (falls es überhaupt weiterer Bestätigung bedarf) von Peter Druckers scharfsinniger, aber großherziger Erkenntnis über uns. Indem er sagte: »Unsere Lebensaufgabe ist es, einen positiven Unterschied zu machen«, hat er uns nicht dazu aufgefordert, das Richtige zu tun, sondern er hat beschrieben, was bereits gegeben ist, was wir bereits über uns wissen. Wir verdienen unser Leben am meisten, wenn wir anderen dienen.*

Um zu verstehen, welche Art von positivem Einfluss Sie in Ihrem Leben bewirken wollen, müssen Sie sich mit zwei sehr persönlichen Eigenschaften auseinandersetzen: mit Ihrer Glaubwürdigkeit und mit Ihrem Einfühlungsvermögen. Um einen positiven Unterschied zu machen, brauchen sie beides. In diesem Kapitel beschäftigen wir uns mit der Bedeutung der Glaubwürdigkeit.

Glaubwürdigkeit ist eine Reputation, die Sie sich im Lauf der Zeit verdienen, wenn die Menschen Vertrauen zu Ihnen aufbauen und an das glauben, was Sie sagen.

Diese Glaubwürdigkeit müssen Sie sich in einem zweistufigen Prozess verdienen. Der erste Schritt besteht darin, Ihre Kompetenz in einem Bereich unter Beweis zu stellen, den andere Menschen schätzen – und sie dann immer wieder aufs Neue zur Schau zu stellen. Auf diese Weise gewinnen Sie das Vertrauen anderer Menschen. Sie begreifen, dass Sie das, was Sie versprechen, auch halten werden. Der zweite Schritt besteht darin, sich die Anerkennung und Zustimmung dieser Menschen für Ihre besondere Kompetenz zu verdienen. Sie brauchen beides, Ver-

* Sogar einige der eher Ich-zentrierten Antworten, die ich ebenfalls häufig zu hören bekam, schlugen den Ton der positiven Veränderung an: »Für meine Familie sorgen« und »meine Kinder zu gesunden, produktiven Bürgern erziehen« dabei wahrscheinlich noch stärker als »ein Unternehmen aufbauen« oder »genug Geld verdienen, um mit fünfzig in Rente zu gehen«. Aber wenn Sie tiefer graben, bis Sie auf die individuelle Quelle der Erfüllung verschiedenster Menschen stoßen, werden Sie vermutlich feststellen, dass »einen positiven Unterschied machen« in der Regel ein Teil dieser Quelle ist. Mein Kunde Harry Kraemer war beispielsweise fünfzig Jahre alt, als er 2005 als CEO von Baxter Pharmaceuticals in Chicago in den Ruhestand ging. Er brauchte und wollte keinen weiteren CEO-Job übernehmen. Stattdessen wurde er einer der beliebtesten Professoren an der Northwestern Kellogg School of Business und prägte Hunderte von Studenten in einer Weise, die seiner Meinung nach auf einer Stufe mit seinen früheren guten Taten bei Baxter stand, wo er lebensrettende Medikamente produziert hatte.

trauen und Zustimmung, um sich selbst glaubwürdig als glaubwürdig bezeichnen zu können. Wenn Sie zum Beispiel eine Verkäuferin sind, die ihre Verkaufsvorgaben Monat für Monat übertrifft, werden die Leute irgendwann darauf aufmerksam. Wenn Sie diese makellose Serie nun wiederum ein oder zwei Jahre lang fortsetzen, werden Sie glaubwürdig, weil eine beständige Kompetenz Glaubwürdigkeit erzeugt. Glaubwürdigkeit erzeugt Einfluss. Es ist unsere erworbene Autorität, die uns hilft, Menschen davon zu überzeugen, das Richtige zu tun, wodurch wir noch besser in der Lage sind, etwas Positives zu bewirken.

Der Weg von der eigenen Kompetenz hin zu einer positiven Veränderung in seiner Umgebung verläuft ziemlich geradlinig. Den guten Willen eines Menschen immer vorausgesetzt, führt Kompetenz in Verbindung mit der Anerkennung dieser Kompetenz zu Glaubwürdigkeit, die Einfluss erzeugt, der wiederum dazu führt, dass jemand etwas Positives bewirken kann. Auf jeden Fall trifft das auf meine Vorbilder und Mentoren Paul Hersey, Frances Hesselbein und Peter Drucker zu. Sie haben sich über Jahre hinweg einen Namen gemacht und sich Bewunderung (beziehungsweise Anerkennung) verdient, lange bevor ich in ihr Leben trat. Ihre offensichtliche Hyperkompetenz war die Quelle ihres großen Einflusses auf mich und der Grund, warum mein Wunsch, mit ihnen zusammenzuarbeiten, eine klare Sache war. Doch das war nur der Anfang. Der positive Unterschied, den sie in meinem Leben bewirkten, war so groß, dass mir bald klar wurde, dass ich genauso sein wollte wie sie, vor allem, wenn ich dieselbe Art von Glaubwürdigkeit erreichen könnte, die sie besaßen. Ich kann mir keine größere oder befriedigendere Form der Anerkennung vorstellen als ein verdientes Leben zu führen, das sich andere Menschen – unsere Kinder, Schüler, Kollegen, Gefolgsleute, Leser – in Anlehnung an unser Vorbild ebenfalls verdienen wollen.

Diesem Ziel habe ich mich vor mehr als fünfundzwanzig Jahren verschrieben. Ich wusste bereits, dass Glaubwürdigkeit essenziell für meinen Erfolg als Executive Coach war, und zwar besonders dann, wenn ich meinen Klientenkreis auf Menschen an der Spitze der Karriereleiter beschränken wollte. Klienten aus der Spitzenetage müssen nicht nur erkennen können, dass Sie kompetent sind, sondern außerdem sehen, dass diejenigen Menschen, denen sie Respekt zollen, Sie ebenfalls gutheißen. Damals wurde mir zum ersten Mal bewusst, dass wir uns unsere Glaubwürdigkeit zweimal verdienen müssen – bei mir zum ersten Mal, indem ich ein hohes Maß an Kompetenz erwarb, und dann ein zweites Mal, als ich darauf wartete, dass die Menschen meine wachsenden Fähigkeiten bemerken und mir die Anerkennung zollen würden, die zu Glaubwürdigkeit führt.

Viele Jahre später, bei einem unserer LPR-Zoom-Meetings im Jahr 2020, machte Safi Bahcall – Physiker, Unternehmer, Universalgenie und Autor von *Loonshots* –, eine Aussage, die meine Herausforderung, mir Glaubwürdigkeit zu verdienen, perfekt beschrieb. Safi tat sich Woche für Woche schwer, seine Bemühungen um Glück in unseren LPR-Meetings präzise einzustufen, bis ihm schließlich klar wurde, warum ihn das Messen seines Glücks so sehr irritierte. Er assoziierte Leistung mit Glück – d. h., das Erreichen eines Ziels sollte ihn glücklich machen, und umgekehrt sollte sein Glück seine Fähigkeit, ein Ziel zu erreichen, verbessern –, obwohl beide in Wirklichkeit unabhängige Variablen auf dem Weg zu einem guten Leben und zu einer positiven Veränderung sind. Sie können in einer Wechselbeziehung stehen, müssen es aber nicht. Sich Glück zu verdienen ist ein eigenständiges Bestreben, ganz unabhängig vom Streben nach einer bestimmten Leistung. Unsere Erfahrung lehrt uns, dass Glücklichsein nicht zu Erfolg führt und dass Erfolg umgekehrt nicht immer zu Glück führt. Schließlich sind viele Leistungsträger unglücklich oder deprimiert.

Genau wie Leistung und Glück unabhängige Variablen waren, garantierte das Erlangen von Kompetenz nicht automatisch, dass man mir dafür Anerkennung zollen würde. Größere Kompetenz und die zugehörige Anerkennung sind zwei unabhängige Variablen, die ich miteinander verbinden musste, sodass andere sie sehen konnten. Um eine größere Glaubwürdigkeit als Coach zu erlangen, musste ich bekannt werden. Diese Anerkennung würde mir aber nicht einfach geschenkt werden. Ich musste aus meiner »Ich mache einfach nur meine Arbeit«-Komfortzone herauskommen, indem ich meine Definition von »Ich mache einfach nur meine Arbeit« um eine neue, essenzielle

Aufgabe ergänzte – nämlich, bekannter zu werden. Meine gute Arbeit sollte nicht mehr nur »für sich selbst sprechen«. Diese Hybris mag vor fünfzig Jahren funktioniert haben, als die Zeiten noch einfacher waren. Aber in unserer heutigen sogenannten Aufmerksamkeitsökonomie, in der das Von-sich-reden-machen ein Kontaktsport geworden ist, ist es eine unvollständige Strategie. Sie erklären den Sieg für sich, obwohl die Arbeit erst halb erledigt ist. Sie müssen nicht nur eine gute Geschichte erzählen, die für sich selbst spricht, Sie müssen auch Ihr Talent des Geschichtenerzählens verkaufen. Die Verlegenheit, die oft mit der Selbstvermarktung einhergeht – egal, ob wir auf einen Arbeitserfolg aufmerksam machen oder unser neues Unternehmen bekannt machen wollen – ist der neue, zusätzliche Preis, den wir für den Erfolg in einem sich schnell verändernden Umfeld zahlen müssen. Er bringt uns weniger aus der Fassung, wenn wir sinnvoll argumentieren können, dass unsere unangenehme Selbstvermarktung dem erstrebenswerten Ziel dient, etwas Positives zu bewirken. Inzwischen ist das ein wichtiger Bestandteil meines Coachings, aber ich musste es erst an mir selbst testen. Ich habe einen sokratischen Dialog mit vier Fragen geführt:

1. Könnte ich mehr Positives in der Welt bewirken, wenn ich weithin als Experte für das Coaching von Führungskräften anerkannt würde?
2. Fühle ich mich unwohl, wenn ich nach dieser Anerkennung strebe?
3. Hemmt mich meine Verlegenheit, sodass sie meine Fähigkeit, etwas Positives zu bewirken, einschränkt?
4. Was ist mir wichtiger: meine vorübergehende Verlegenheit oder »making a positive difference«?

Wenn ich mich selbst davon überzeugen kann, dass jede unbequeme Aufgabe einem höheren Zweck dient, wird mein Unbehagen plötzlich zu einem Preis, den ich gerne zahle.

Da wir gerade von unserer Verlegenheit bei der Suche nach Anerkennung sprechen, muss ich ein Geständnis ablegen. Von den ersten

Seiten dieses Buches an habe ich es aufrichtig vermieden, ein verdientes Leben ausschließlich durch das stumpfe Kalkül darzustellen, dass uns Entscheidungen, Risiken und Mühen zu einer verdienten Belohnung führen. Sie sind sicherlich ein Teil des Ganzen, aber in erster Linie muss unser Verdienst einem höheren Ziel dienen. Es geht nicht nur um Ergebnisse.

Ich bekenne mich jetzt zu einer schweren Unterlassungssünde. Ich habe es versäumt, auf die absolute Gewissheit einzugehen, dass wir nicht bekommen, was wir wollen, nur, weil wir danach streben, und zwar selbst dann nicht, wenn unsere Entscheidungen untadelig und unsere Bemühungen einwandfrei und umfassend sind. Ich habe die Möglichkeit ausgelassen, dass die Welt nicht immer fair zu uns ist. Wenn es so wäre, würde sich niemand von uns jemals ignoriert, schlecht behandelt oder anderweitig schikaniert fühlen. Als gute Menschen mit edlen Absichten, die etwas Positives bewirken wollen, würden wir genau das bekommen, was wir verdienen.

Doch an diesem Punkt unseres Erwachsenenlebens wissen wir, dass Menschen und Umstände nicht immer so zuvorkommend sind. Wenn Sie jemals etwas Wundervolles getan haben, nur um von der Welt ignoriert oder sogar dafür bestraft zu werden, dann wissen Sie, dass das die Wahrheit ist. In vielen Fällen ist es nicht Ihre Schuld. Ihr Timing war falsch. Die gute Arbeit eines anderen hat Ihnen die Show gestohlen. Sie wurden von einer lauteren Stimme übertönt, die nach Aufmerksamkeit lechzte.

Seltsam ist, dass wir dieses Problem bei anderen Menschen deutlich sehen, es aber selten als Realität akzeptieren, wenn es uns selbst betrifft. Wenn eine Freundin heute ein neues Produkt auf den Markt brächte, würden wir davon ausgehen, dass sie über einen vollständigen Marketingplan verfügt, um die Aufmerksamkeit auf ihre Marke zu lenken – Werbung, eine raffinierte Social-Media-Kampagne, kostenlose Proben, um positive Bewertungen zu erhalten, die bezahlte Platzierung in den Regalen von Geschäften, kostenlose Berichterstattung in den Medien in Form von Pressemitteilungen, Interviews und Profilen –, in dem Bestreben, Anerkennung und Zustimmung zu erhalten und ihrer Marke auf diese Weise ein wenig mehr Glaubwürdigkeit zu verleihen. Alles andere wäre bei einem Einzelhandelsprodukt töricht.

Und trotzdem übertragen wir dasselbe nicht automatisch auch auf uns selbst, weder bei der Arbeit noch sonst irgendwo. Womöglich befürchten wir, es sei unschicklich und narzisstisch, dass wir versuchen, die Aufmerksamkeit auf uns zu lenken. Unsere großartige Arbeit sollte für sich selbst sprechen. Wir sollten das nicht tun müssen. Ich kenne bereits sämtliche Ausreden, und ich antworte darauf so: Sie würden ja auch nicht in der ersten Hälfte eines Spiels alles geben, in der zweiten Hälfte dann aufgeben und trotzdem ein erfolgreiches Ergebnis erwarten, oder? Warum sollten Sie sich dann genau so verhalten, wenn das Schicksal Ihrer harten Arbeit, Ihrer Karriere oder Ihres verdienten Lebens auf dem Spiel steht?

Das ist der Grund, weshalb wir uns mit der Glaubwürdigkeit auseinandersetzen müssen. Sie ist eine essenzielle persönliche Eigenschaft, wenn wir etwas bewirken wollen – und ein verdientes Leben führen wollen. Zum Glück habe ich einen Plan.

Neben seiner Erkenntnis, dass wir einen Unterschied machen müssen, etwas bewirken müssen, hat Peter Drucker fünf weitere Regeln aufgestellt, die für das Erlangen von Glaubwürdigkeit gelten. Auf den ersten Blick mögen sie Ihnen offensichtlich, ja sogar banal erscheinen, aber klügere Menschen als ich haben anfangs genauso reagiert und zitieren sie nun trotzdem regelmäßig. Wenn Sie Ihre Glaubwürdigkeit erhöhen wollen, sollten Sie sich diese »Druckerismen« einprägen:

1. Jede Entscheidung auf der Welt wird von der Person getroffen, die die Macht hat, diese Entscheidung zu treffen. Finden Sie sich damit ab.
2. Wenn wir jemanden beeinflussen müssen, um etwas Positives zu bewirken, ist diese Person unser Kunde und wir sind ein Verkäufer.
3. Nicht unser Kunde muss etwas kaufen; wir müssen etwas verkaufen.
4. Wenn wir versuchen, etwas zu verkaufen, ist unsere persönliche Definition von Wert wesentlich weniger wichtig als die Definition unseres Kunden.

5. Wir sollten uns auf diejenigen Bereiche konzentrieren, in denen wir tatsächlich einen positiven Unterschied machen können. Wir sollten verkaufen, was wir verkaufen können, und ändern, was wir ändern können. Und was wir nicht verkaufen oder ändern können, das sollten wir loslassen.

Jede dieser Regeln setzt voraus, dass das Verdienen von Anerkennung und Zustimmung eine Transaktion ist. Haben Sie die zahlreichen Hinweise auf den Verkauf und die Kunden bemerkt? Das impliziert, dass wir unsere Leistungen und Kompetenzen verkaufen müssen, damit sie von anderen anerkannt und geschätzt werden. Diese Druckerismen bestätigen nicht nur unser Bedürfnis nach Anerkennung, sie betonen auch, dass wir es uns nicht leisten können, dabei passiv zu bleiben – nicht, wenn unsere Glaubwürdigkeit auf dem Spiel steht.

Aber es gibt eine richtige und eine falsche Art, nach Anerkennung zu streben. Seit unseren frühesten Tagen, als wir versuchten, es unseren Eltern recht zu machen, haben wir unser Leben damit verbracht, die Anerkennung von Menschen zu suchen, die unsere Zukunft beeinflussen können. Dieses Muster setzte sich in der Schule fort, als wir uns um die Zustimmung unserer Lehrer bemühten, und steigerte sich in seiner Intensität, als unsere Chefs und Kunden zu den Entscheidungsträgern wurden, die über unseren Lebensunterhalt bestimmten. (Siehe Regel 1.) Je höher wir aufsteigen, desto geübter werden wir darin, uns zu beweisen. Mit der Zeit wird es uns zur zweiten Natur und wir merken gar nicht mehr, dass wir es tun. Das ist der Moment, in dem wir anfangen, Fehler zu machen, die unserer Glaubwürdigkeit eher schaden als sie zu verbessern. Mithilfe der Matrix auf der nächsten Seite können Sie bestimmen, wann es sich lohnt, sich gegenüber anderen zu beweisen – und wann es Zeitverschwendung ist oder mehr schadet als nützt.

Die Y-Achse misst die erste Dimension: den Grad unseres Strebens, uns zu beweisen. Die X-Achse misst die zweite Dimension: den Grad unseres Strebens, einen positiven Unterschied zu machen. Die Matrix veranschaulicht die Verbindungen zwischen den beiden Dimensionen. Wir stellen uns zwei Fragen: (1) Strebe ich danach, mich selbst zu beweisen? Und (2) Wird es mir helfen, etwas Positives zu bewirken, wenn ich mich selbst beweise? Die Matrix hat einen situationsbezogenen Nutzen. In manchen Situationen können unsere Antworten auf diese Fragen hoch oder niedrig ausfallen. Wenn beide entweder hoch oder niedrig sind, sind wir in einer guten Position.

Lassen Sie uns untersuchen, was in jedem dieser vier Quadranten auf dem Spiel steht und wie dies unser Verhalten bestimmt.

GLAUBWÜRDIGKEITSMATRIX

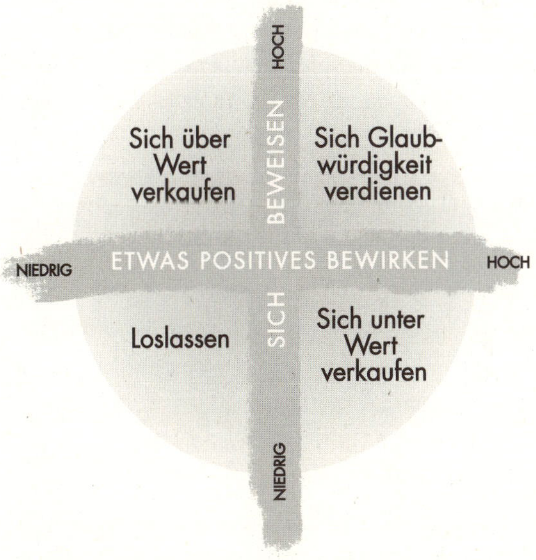

Sich Glaubwürdigkeit verdienen: Der vorteilhafteste Quadrant befindet sich oben rechts: Sie bemühen sich proaktiv um Anerkennung, die sich positiv auf Ihr eigenes Leben oder das Leben anderer auswirken wird. Ein gutes Beispiel ist das entschlossene Bemühen um einen Job, von dem Sie wissen, dass Sie ihn besser als jeder andere erledigen können. Vor einigen Jahren wurde einem meiner Coaching-Klienten das Gerücht zugetragen, dass er bei der Besetzung des CEO-Postens in seinem Unternehmen übergangen werden sollte. Es wurde gemunkelt, dass die Stelle an jemanden von außerhalb gehen sollte, den mein Klient gut kannte und den er für einen Blender und Scharlatan hielt. Obwohl er sehr enttäuscht war, sorgte er sich jedoch hauptsächlich darum, in welche Richtung sich sein Unternehmen wohl in Zukunft mit diesem Schwindler an der Spitze entwickeln würde.

»Wurde die Besetzung des Postens bereits offiziell verkündet?«, fragte ich ihn. Nein.

»Glauben Sie, dass Sie die bessere Wahl wären?« Ja.

»Dann ist es nur ein Gerücht«, entgegnete ich. »Das ist Ihre Chance, um den Job zu kämpfen.«

Also verfasste er einen achtundzwanzigseitigen Entwurf, in dem er seine Pläne für das Unternehmen detailliert darlegte, und schickte ihn an den Vorstandsvorsitzenden (während er gleichzeitig seinen Chef informierte), mit der Bitte um ein Meeting, um sein Anliegen vorzutragen. In dieser Sitzung teilte ihm der Vorstandsvorsitzende schließlich mit, dass er tatsächlich übergangen worden war, weil man das Gefühl gehabt hatte, er besäße nicht das »Feuer«, das die Leitung des Unternehmens erfordere. Sein Mut, den Entwurf zu schreiben und sich direkt an den Vorstandsvorsitzenden zu wenden – an den Entscheidungsträger, der die Macht hatte, den nächsten CEO auszuwählen –, hatte diese Meinung revidiert. Er bekam den Job.

Dies ist der Quadrant, in dem Sie sein möchten – und in dem Sie sich ohne Furcht verkaufen können und sollen –, wenn keine Zweifel an Ihrer Kompetenz bestehen und das Ergebnis in allen Bereichen einen positiven Unterschied machen wird. Alles andere wäre bedauerlich.

Loslassen: Dies ist der »Das ist es nicht wert«-Quadrant, in dem Ihre Anstrengung, sich selbst zu beweisen, nichts Positives bewirkt und in dem Sie kein Bedürfnis nach Anerkennung verspüren. Ein typisches Beispiel dafür wäre die politische Auseinandersetzung mit jemandem, der Ihren Standpunkt diametral ablehnt und den Sie nicht von seiner Haltung abbringen können, egal, was Sie sagen. Anstatt gegen Windmühlen zu kämpfen, sollten Sie sich lieber fragen: »Ist es das wert?« Die Antwort lautet stets Nein, und dann müssen Sie loslassen. In diesem Quadranten befinde ich mich persönlich jeden Tag gleich mehrere

Male, zum Beispiel, wenn ich nach meiner Meinung zu einem Thema gefragt werde, in dem ich nur über ein begrenztes Wissen verfüge (was praktisch alles sein kann, von Unternehmensstrategie über Makroökonomie bis hin zum Kochen). Ich musste auf die harte Tour lernen, dass jede uninformierte Meinung, die ich äußere, mehr Schaden als Nutzen anrichten kann, wenn mein Gegenüber sie ernst nimmt. Ich würde nichts Positives bewirken, weshalb ich inzwischen eine aus drei Wörtern bestehende Standardantwort parat habe: »Nicht mein Fachgebiet.« Auf diese Weise ist das Gespräch beendet und die Interessen aller Beteiligten werden respektiert und gewahrt.

Obwohl hier beide Bedingungen negativ sind, ist dieser Quadrant der andere gute Bereich, in dem wir uns aufhalten können. Schließlich ergibt zweimal Minus trotzdem Plus. Wenn Sie nicht versuchen, sich zu beweisen, und es nichts Positives bewirken würde, wenn Sie es täten, besteht Ihre einzige akzeptable Reaktion darin, einfach loszulassen. Alles andere ist verschwendete Zeit.

Sich unter Wert verkaufen: Dies ist der »Ich habe es nicht nötig …«-Quadrant. Hier würde die Zustimmung anderer Menschen zwar Ihre Glaubwürdigkeit verbessern und einen positiven Unterschied machen, aber Sie sind nicht bereit, sich zu beweisen.

Manchmal liegt es an einem übersteigerten Ego, das Sie glauben lässt, Ihre Fähigkeiten sprächen für sich selbst und Ihr Ruf sei Ihr bestes Verkaufsargument. Also halten Sie sich zurück, obwohl Sie sich von Ihrer besten Seite präsentieren sollten. Und manchmal liegt es an einem zu kleinen Ego. Sie haben Selbstzweifel oder fühlen sich wie ein Hochstapler (Sie glauben, dass die Kompetenz, die man Ihnen zuschreibt, nicht gerechtfertigt ist, und dass Sie keine Anerkennung verdienen). Sie strahlen nicht das Selbstbewusstsein aus, das Sie haben sollten.

Sich über Wert verkaufen: Dies ist der »ignorante« Quadrant, in dem die Chancen, etwas Positives zu bewirken, gering oder sogar gleich null sind, während Ihr Bedürfnis nach Anerkennung dagegen alle Limits sprengt: Sie begehen die Sünde, sich zu Unrecht über Wert zu verkaufen. Sie versuchen, ein Spiel zu gewinnen, das sonst niemand spielt.

Auch dieses Verhalten hat seine Ursache in einem zu großen oder zu kleinen Ego. Wenn wir zu wenig Selbstvertrauen besitzen, kompensieren wir das, indem wir uns über Wert verkaufen. Das ist das Feedback, das ich am häufigsten von Vorstandsmitgliedern höre, wenn unerfahrene Personen Präsentationen vor dem Vorstand halten. Dann reden und erklären sie oft viel zu viel. Das Gleiche gilt für extrem selbstbewusste Menschen. Sie reden zu viel, erklären zu viel und sind zu sehr darauf bedacht, sich zu beweisen. Was auch immer dahinterstecken mag: sich über Wert zu verkaufen, bewirkt kaum jemals etwas Positives und erhöht nur selten unsere Glaubwürdigkeit.

Wenn Sie sich über Wert verkaufen, verstoßen Sie gegen alle Regeln von Peter Drucker. Dann versuchen Sie nicht, einen positiven Unterschied zu machen, weil das in dieser speziellen Situation gar nicht möglich ist. Stattdessen verkaufen Sie das, was Ihnen wichtig ist, und nicht das, was Ihr Kunde schätzt. Schlimmer noch: Sie wissen nicht einmal, worauf Ihr Kunde Wert legt. Und am schlimmsten: Sie verkaufen sich gegenüber jemandem, der kein Entscheidungsträger ist – die ultimative vergebene Liebesmühe. Das Ergebnis ist schlimmer als ein Scheitern bei dem Versuch, Ihre Situation zu verbessern. Anstatt auf der Stelle zu treten, machen Sie auf diese Weise einen oder sogar zwei Rückschritte.

In der Vergangenheit war dies der Quadrant, in den ich am ehesten fiel, wenn ich Druckers Regeln missachtete. Am allerschlimmsten war eine Situation in den frühen 1990er-Jahren, als ich gerade von einer Afrikareise mit dem Internationalen Roten Kreuz zurückgekehrt war, wo ich an einem Hilfsprogramm für Familien mitgewirkt hatte. Die lokale Zeitung *La Jolla Light* brachte einen Artikel über mein Erlebnis auf der Titelseite und Dr. Sam Popkin, ein renommierter Professor der Politikwissenschaft an der University of California in San Diego, gab zu meinen Ehren eine Party, bei der er sein Glas auf mich erhob und mich überschwänglich für meinen humanitären Einsatz lobte. Es war die perfekte Gelegenheit, um mich selbst unter Wert zu verkaufen, denn Sam hatte mir bereits alle Glaubwürdigkeit verliehen, die ich verdiente. Diese Tatsache hielt mich jedoch leider nicht davon ab, einer kleinen Gruppe von Nachbarn auf der Party selbstdarstellerisch noch mehr von meiner

Zeit in Afrika zu erzählen. Ich war übereuphorisch und arrogant und benahm mich wie ein übereifriger »Verkäufer«, obwohl es sich bei meinem Publikum nun wirklich nicht um »Kunden« handelte, die etwas kaufen wollten. Als sich die Gruppe langsam auflöste, blieb ein älterer Herr zurück. Schließlich beendete ich meine Ausführungen und sagte zu ihm: »Tut mir leid, ich glaube, wir kennen uns noch gar nicht?«

Er streckte mir seine Hand entgegen und antwortete: »Ich bin Jonas Salk. Freut mich, Sie kennenzulernen.«

Auge in Auge mit dem Mann, der den Polio-Impfstoff erfunden hat, musste ich nun wirklich nicht weiterfragen: »Und was machen Sie so?« Sein Name war die personifizierte Glaubwürdigkeit. Seine Glaubwürdigkeit war sein Name.

Jeder der vier Quadranten in der Matrix sagt Ihnen, wann Sie versuchen sollten, sich um Anerkennung zu bemühen – d. h. sich selbst zu verkaufen – und in welchen Fällen das nicht angebracht ist. Zu diesem Zweck sind alle von Druckers Punkten in dieser Matrix abgebildet. »Sich selbst über Wert verkaufen« bedeutet, dass Sie Zeit und Mühe darauf vergeuden, zu beweisen, dass Sie klug oder im Recht sind, statt zu versuchen, etwas Positives zu bewirken. »Loslassen« heißt, zu ändern, was Sie ändern können, und loslassen, was Sie nicht ändern können. »Sich selbst unter Wert verkaufen« bedeutet, dass Sie mehr Wert auf Ihre eigenen Bedürfnisse legen als auf die Bedürfnisse Ihres Kunden. Der ideale Quadrant heißt »Sich Glaubwürdigkeit verdienen« und enthält alle Druckerismen: In diesem Fall versuchen Sie nicht nur, einen positiven Unterschied zu machen, sondern Sie akzeptieren gleichzeitig auch Ihre Rolle als Verkäufer. Sie legen mehr Wert auf die Bedürfnisse Ihres Kunden als auf Ihre eigenen. Sie akzeptieren außerdem, dass die Entscheidungsgewalt beim Kunden liegt – und stellen seine Entscheidung nicht infrage, wenn sie nicht in Ihrem Sinne ausfällt. Sie versuchen nicht zu ändern, was Sie nicht ändern können.

Die Glaubwürdigkeitsmatrix adressiert ein Thema, das mich schon seit Jahren beschäftigt: Es ist eine Sache, kompetent zu sein, aber eine andere, Anerkennung für diese Kompetenz zu erhalten. Eine glaubwürdig unter Beweis gestellte Kompetenz reicht nicht aus, solange unsere Glaubwürdigkeit nicht durch die Anerkennung anderer Menschen untermauert wird. Sie müssen Sie sich zweimal verdienen. Andernfalls mindern Sie Ihre Chance, etwas Positives zu bewirken, und verringern den Einfluss, den Ihr Leben auf andere entfalten kann.

ÜBUNG
Worin besteht Ihre große Enthüllung?

Sicher kennen sie folgende Situation: Sie sind auf einer Familienhochzeit eingeladen, an der auch Personen aus dem entfernteren Familien- und Bekanntenkreis teilnehmen. Während Sie mit manchen Gästen und Mitgliedern der Hochzeitsgesellschaft bestens vertraut sind, kennen Sie den Großteil der Anwesenden hingegen kaum. Auf dem Empfang nach der Trauung werden Sie Zeuge, wie Ihr stiller Cousin Ed auf die Tanzfläche gelockt wird, wo sich plötzlich herausstellt, dass er sich bewegt wie eine Mischung aus Fred Astaire und Justin Timberlake. Sie sind völlig überrascht, dass Ed so ein hervorragender Tänzer ist. Wo hat er dieses Talent sein ganzes Leben lang versteckt?

Bei den anschließenden Reden passiert es dann erneut: Die Trauzeugin, Erica, eine ernsthafte Person, die einen Doktortitel in Chemie anstrebt und die Sie schon seit Ihrer Kindheit kennen, erhebt sich, um das Glas auf das Brautpaar zu erheben, und hält dann aus dem Gedächtnis eine zehnminütige Rede, die witzig ist und von Herzen kommt, und mit der Sie den gesamten Raum in ihren Bann zieht und die feierliche Stimmung auf ein ganz neues Level hebt. Während Sie Erica applaudieren, drehen Sie sich zu den Leuten an Ihrem Tisch um, die alle dasselbe denken: *Wer hätte gedacht, dass Erica so witzig sein kann?*

Derartige Szenen sind ein fester Bestandteil von Komödien und Thrillern. Es gibt fast immer eine »große Enthüllung«, bei der wir entdecken, dass eine vormals unscheinbare Figur Fähigkeiten besitzt, die wir ihr niemals zugetraut hätten. In dem Film *Mein Vetter Winnie* erfahren wir plötzlich, dass die raffinierte, kluge und kompetente Monica

Vito (gespielt von Marisa Tomei) praktisch alles über Autos weiß. Es sind Filmszenen wie diese, die wir uns immer wieder ansehen wollen, weil sie eine so befriedigende Auflösung liefern. Wir freuen uns, dass die große Stärke der Figur enthüllt wird, und sind vielleicht sogar neidisch, dass ihre besondere Qualität endlich von aller Welt gesehen wird. Ich vermute, dass es vielen von uns so geht: Wir sehnen uns danach, dass alle erkennen, wie besonders wir sind.

Doch zunächst müssen wir ermitteln, welches diese besonderen Fähigkeiten und Persönlichkeitsmerkmale sind, von denen nur wenige Menschen wissen.

TUN SIE FOLGENDES: Was an Ihnen würde die Menschen, wenn Sie es endlich öffentlich machen würden, überraschen und sie denken lassen: »Wer hätte das gedacht?« Ihre einzigartige Sammlung handgefertigter Töpferwaren, oder dass Sie jeden Sonntag ehrenamtlich in einer Suppenküche arbeiten, oder dass Ihre Gedichte in seriösen Magazinen veröffentlicht wurden, oder dass Sie wissen, wie man einen Code schreibt, oder dass Sie beim Schwimmen Landesmeister in Ihrer Altersgruppe sind? Oder geht es Ihnen wie Ed und Erica: Sind Sie ein ausgezeichneter Tänzer oder eine hervorragende Festrednerin – und alles, was es für diese große Enthüllung bräuchte, wäre eine Hochzeit?

Was ich damit sagen möchte: Hat sich Ihre besondere »Wer hätte das gedacht?«-Qualität erst einmal offenbart, öffnet sie anderen Menschen, die Sie zu kennen glaubten, die Augen und lässt sie zu dem Schluss kommen, dass Sie tiefgründiger, passionierter, engagierter, einfallsreicher – kurz: kompetenter – sind, als sie dachten. Das erhöht in ihren Augen Ihre Glaubwürdigkeit und ist das ideale Endergebnis: Sie verdienen sich diese Glaubwürdigkeit.

Weiten Sie diese Übung nun auf den Arbeitsplatz aus. Was ist die große Enthüllung – die Eigenschaft, bei der alle denken würden: »Wer hätte das gedacht?« –, die Ihre Glaubwürdigkeit bei Ihren Kollegen und Vorgesetzten erhöhen würde? Welchen positiven Einfluss hätte sie auf Ihr Leben, wenn alle davon wüssten? Und warum verstecken Sie sie?

KAPITEL 15

IHR SINGULÄRES EINFÜHLUNGSVERMÖGEN

Unser *Einfühlungsvermögen* (auch: Empathie) ist die zweite sehr persönliche Eigenschaft, die uns die Lage versetzt, etwas Positives zu bewirken. Einfühlungsvermögen heißt, dass wir die Gefühle oder Gedanken anderer Menschen nachempfinden können. Dieser Begriff wurde 1873 von einem deutschen Philosophen kreiert und leitet sich von dem Wort *Einfühlung* ab. Und genau so verstehen wir ihn bis heute: Wir fühlen uns in die Emotionen und Situationen anderer Menschen ein.

Eines der wichtigsten Merkmale eines verdienten Lebens ist der Aufbau positiver Beziehungen (daher die Frage »Habe ich mein Bestes getan, um meine Beziehungen zu pflegen?« in der LPR). Ich denke, wir alle können einräumen, dass Empathie eine der wichtigsten Variablen beim Aufbau von Beziehungen ist. Wie die meisten wichtigen Dinge ist auch sie eine Disziplin, die wir erlernen müssen. Während uns unsere Glaubwürdigkeit hilft, andere zu beeinflussen, hilft uns unser Einfühlungsvermögen, positive Beziehungen aufzubauen. Beide dienen demselben Zweck: einen positiven Unterschied zu machen.

Wir neigen dazu, Einfühlungsvermögen als etwas Gutes zu betrachten. Denn was ist falsch daran, das Leiden anderer wahrzunehmen und sich zu sorgen? Bei der Empathie geht es allerdings nicht nur darum, den Schmerz einer anderen Person zu spüren. Es ist komplizierter als das. Einfühlungsvermögen ist eine äußerst anpassungsfähige menschliche Reaktion, die sich mit jeder Situation verändert. Manchmal fühlen wir es in unserem Kopf. Manchmal lassen wir unser Herz sprechen. Manchmal überwältigt es uns körperlich und lässt uns machtlos zurück. Manchmal drückt sich unsere Empathie durch unseren Impuls aus, etwas tun zu wollen. Sie wandelt und verändert sich, wenn sich die Situation verändert.

Mein Favorit unter diesen vielen Varianten ist – weil sie für einen Coach am nützlichsten ist – die Empathie des *Verstehens*, bei der wir verstehen, warum und wie andere Menschen so denken und fühlen, wie sie es tun. Diese Art des Einfühlungsvermögens wird manchmal als *kognitive Empathie* bezeichnet, als Verweis darauf, dass sie uns in die Lage versetzt, uns in den Kopf einer anderen Person hineinzudenken. Wir verstehen die Beweggründe der anderen Person. Wir können vorhersagen, wie sie auf eine Entscheidung reagieren wird. Kognitive Empathie ist der Grund, weshalb Ehepaare und langjährige Partner die Sätze des jeweils anderen zu Ende sprechen können. Es ist die geheime Fähigkeit, auf die gute Verkäufer setzen, um die Bedürfnisse ihrer Kunden zu erfüllen, und der Grund, weshalb die zutreffendste Prahlerei eines Meisters des Verkaufens lautet: »Ich kenne meine Kunden.« Es ist das eingehende, oft auf Marktforschung und Produkttests basierende Verständnis, mit dem erfolgreiche Werber Botschaften kreieren, die uns, ohne dass wir uns dessen bewusst sind, dazu bringen, ihre Produkte zu kaufen. Wenn diese Form der Manipulation zu weit getrieben wird, beschwört sie jedoch die dunkle Seite der Empathie des Verstehens herauf: Auf diese Weise nehmen finstere politische Akteure, die die Vorurteile und Missstände der Bürger kennen, Einfluss auf Menschen, um gesellschaftspolitische Unruhen und Revolutionen auszulösen. Zudem erinnert sie uns daran, dass wir Menschen die Kraft der Empathie in all ihren Formen seit Jahrhunderten unterschätzen.

Wir besitzen auch eine Empathie des *Fühlens* – mit deren Hilfe wir den emotionalen Zustand unseres Gegenübers erleben. Diese Art des Einfühlungsvermögens beweisen wir, wenn wir die Gefühle eines anderen in uns nachbilden, was wir für gewöhnlich tun, um dieser Person zu signalisieren: »Ich fühle deinen Schmerz« oder »Ich freue mich für dich«. Sie ist eine mächtige Kraft. Gehirnstudien über die Reaktionen von Menschen auf emotionale Ereignisse haben gezeigt, dass begeisterte Sportfans in den Vereinigten Staaten eine ebenso starke Freude empfinden können, wenn ihre Fußballmannschaft einen Touchdown erzielt, wie der eigentliche Spieler, dem dieser Spielzug gelingt. Deshalb weinen oder lachen wir, wenn wir Filme sehen, obwohl wir wissen, dass die Charaktere in Wirklichkeit Schauspieler sind. Sind diese Figuren aufgeregt oder verängstigt, sind auch wir aufgeregt oder verängstigt. Das ist auch der Grund, weshalb wir uns vom Verhalten unseres Arztes, der sogenannten »bedside manner«, getröstet fühlen. Indem der Arzt unsere Gefühle nachahmt, vermittelt er uns das sichere Gefühl, dass wir mit unserer Angst oder unserem Leid nicht alleine sind. Eltern fühlen diese Form der Empathie womöglich am intensivsten, aber nicht immer im positiven Sinne. Einmal habe ich meinen Nachbarn Jim, einen Vater von fünf Kindern, gefragt, warum er immer so niedergeschlagen wirkte, wenn ich ihn sah. Er entgegnete mir: »Als Vater kann ich immer nur so glücklich sein, wie mein am wenigsten glückliches Kind.« Das ist das Risiko, das mit der Empathie des Fühlens einhergeht. Wir können zu viel fühlen, bis zu dem Punkt, an dem wir uns im Schmerz eines anderen verlieren und darunter leiden, anstatt uns selbst und dem Objekt unserer Sorge zu helfen. Laut der französischen Empathie-Expertin Hortense le Gentil können wir dieses Risiko jedoch, zum Wohl aller Beteiligten, mithilfe einer »Strategie des Kommens und Gehens« reduzieren. Ihre Empfehlung: »Teilen Sie die Gefühle der anderen Person unter allen Umständen, aber bleiben Sie nicht zu lange auf der Party. Machen Sie eine Weile mit und gehen Sie dann wieder.«

Eine subtilere Form des Einfühlungsvermögens tritt auf, wenn wir nachfühlen, wie ein anderer Mensch auf ein Ereignis reagiert. Diese Empathie des *Mitfühlens* unterscheidet sich in einem wichtigen Punkt von der Empathie des Fühlens: Sie wird durch *das Mitgefühl für die Reaktion der Person auf ein Ereignis* verursacht, *nicht durch das Ereignis selbst*. So kann es beispielsweise sein, dass sich beim Fußballspiel der Mannschaft Ihrer Tochter einer der anderen Väter über ein Tor der Mannschaft freut, unabhängig davon, ob es seine Tochter oder ein anderes Mädchen war, das das Tor geschossen hat (das Tor ist ein glückliches Ereignis) – während Sie selbst sich vielleicht nur dann freuen, wenn Sie sehen, wie glücklich sich Ihre Tochter nach dem Tor fühlt (Sie freuen sich nicht über das Ereignis selbst, sondern über die Reaktion Ihrer Tochter auf das glückliche Ereignis). Bei der Empathie des Mitfühlens sind Sie glücklich oder traurig, weil Ihr Gegenüber glücklich oder traurig ist, und nicht, weil die Situation als solche ein glückliches oder trauriges Ereignis ist. Ereignisse in der Familie beschwören die Empathie des Mitfühlens immer wieder herauf. Wenn wir uns bei einem Abendessen köstlich amüsieren, der Abend jedoch damit endet, dass sich unser Partner über etwas aufregt, das während der Party passiert ist, wird unsere eigene Freude in der Regel sofort von der Verzweiflung unseres Partners überlagert. Wir sind von Natur aus geneigt, den Schmerz unseres Partners mitzufühlen – denn wer will schon einen Ehemann, eine Ehefrau, eine Partnerin oder einen Partner, der nicht mitfühlend ist? Menschen in kundenorientierten Unternehmen sind besonders bewandert in der Empathie des Mitfühlens, indem sie ihren Kunden vermitteln, dass ihnen ihre Gefühle nach einer Panne wichtiger sind als die Panne selbst. Kunden schätzen diese einfühlsame Geste und sie verzeihen fast jeden Fehler, wenn sie sehen, dass sie Ihnen wichtig genug sind, um ihn zu beheben.

Die wirksamste empathische Geste ist die Empathie des *Handelns* – wenn Sie über das Verstehen, Fühlen und Mitfühlen hinausgehen und tatsächlich handeln, um einen Unterschied zu bewirken. Es ist ein zusätzlicher Schritt, der immer einen Tribut von uns fordert, und den nur wenige von uns bereit sind zu tun. Und selbst, wenn uns unsere Empathie zum Handeln veranlasst, können wir es mit unseren gut gemeinten Taten bisweilen eher übertreiben, als dass wir durch sie einen positiven Unterschied machen. Als ich meiner Klientin Joan, der wohlhabenden Matriarchin einer alten Ostküsten-Dynastie, die enorm viel Gutes für die Allgemeinheit tut und nie darüber spricht, sagte, wie sehr ich sie als Vorreiterin für die Empathie des Handelns bewundere, winkte sie gnädig ab. »Wenn ich nicht aufpasse, übertreibe ich es mit meiner Empathie. Wenn ich zu sehr mitfühle, dann tue ich zu viel. Dann versuche ich, die Probleme anderer Leute zu lösen, anstatt ihnen zu helfen, aus ihren Fehlern zu lernen und diese selbst zu korrigieren. Dann werde ich zu ihrer Krücke und mache sie dadurch noch abhängiger.«

Diese verschiedenen Formen des Einfühlungsvermögens durchleben wir in unzähligen Situationen: wenn uns die Sorge um die schwächeren Mitglieder unserer Gesellschaft überwältigt; wenn uns die Entscheidungen anderer beunruhigen, weil wir sie selbst schon einmal so getroffen haben; wenn wir zulassen, dass wir uns durch unser Mitgefühl für andere selbst im Weg stehen; wenn wir die körperlichen Beschwerden einer anderen Person nachahmen, indem wir uns beispielsweise ebenfalls kratzen oder das Stottern eines anderen kopieren; wenn wir den Gefühlskampf eines Menschen nachfühlen können, weil wir uns daran erinnern, wie es uns selbst einst ergangen ist; und so weiter. Wir haben Dutzende Male am Tag die Möglichkeit, uns empathisch zu verhalten – und jede einzelne davon gibt uns Gelegenheit, ein positives oder negatives Einfühlungsvermögen zur Schau zu stellen. Wenn Sie schon einmal nach Hause gekommen sind und Ihrer Familie keine Beachtung geschenkt haben, weil Sie in Gedanken noch in den empathischen Gefühlen gefangen waren, die Sie empfanden, als Ihnen ein Kollege von seinen Problemen erzählte, dann wissen Sie um die Gefahren übertriebener oder mangelnder Empathie.

Das ist das hartnäckige Argument, das der Yale-Professor für Philosophie, Paul Bloom, 2017 in seinem provokativ betitelten Buch *Against Empathy* (etwa »Gegen die Empathie«) anführt. Bloom schreibt: »Für so ziemlich jede menschliche Fähigkeit können Sie die Vor- und Nachteile abwägen.« Und dann fährt er fort, indem er die vielen Nachteile der Empathie hervorhebt – zum Beispiel, dass unsere Empathie voreingenommen ist, weil wir dazu tendieren, sie denjenigen zuteilwerden zu lassen, »die so aussehen wie wir, die attraktiv und nicht bedrohlich und uns vertraut sind«. Bloom betont eifrig, dass er nichts gegen Mitgefühl, Fürsorge, Freundlichkeit, Liebe und Moral hat. Wenn das die Definition von Empathie ist, dann hat er nichts gegen sie einzuwenden. Er lehnt sie hingegen ab, wenn sie nicht von Vernunft und diszipliniertem Denken getragen wird, wenn sie unsere kurzsichtigen und emotional erzwungenen Reaktionen widerspiegelt.

Ich bin geneigt, Professor Bloom zuzustimmen. Wenn Empathie die Fähigkeit ist, »eine Meile in den Schuhen einer anderen Person zu gehen«, könnten wir vernünftigerweise fragen: »Warum nach einer Meile aufhören? Warum nicht zwei Meilen? Warum nicht für immer?« Das ist einer meiner Kritikpunkte, wenn es um Empathie geht. Für eine persönliche Eigenschaft, die sich in einem derart strahlenden Glanz des Guten sonnt, kann unsere Empathie uns häufig ein ganz schön schlechtes Gewissen bereiten. Sie verlangt zu viel von uns. Wir fühlen uns schuldig, wenn wir kein Mitgefühl für das Leiden eines anderen aufbringen können. Wir fühlen uns wie ein Schwindler, wenn wir unsere Gefühle abgestreift haben, nachdem wir nicht mehr in der Nähe des Adressaten unserer Empathie sind; als hätten wir sie nur vorgespielt, als wäre unsere Empathie nicht echt, sondern nur ein performativer Akt. Wann werden wir von der Last unseres Einfühlungsvermögens befreit?

Aber ich möchte nicht zulassen, dass solche Kritikpunkte den Blick darauf verstellen, warum ich Einfühlungsvermögen als Voraussetzung für ein verdientes Leben betrachte. Nicht, weil es uns mitfühlender, moralischer oder freundlicher macht, obwohl das alles lobenswerte Impulse sind.

In meinen Augen gibt es nichts, was der Empathie das Wasser reichen könnte, wenn es darum geht, das in Kapitel 1 vorgestellte Paradigma (»Mit jedem Atemzug, den ich nehme, entsteht ein neues Ich«) zu untermauern und uns daran zu erinnern, dass wir eine endlose Reihe von alten und neuen Versionen unseres Selbst sind. Der größte Nutzen der Empathie besteht darin, dass sie uns effektiv daran erinnert, in der Gegenwart zu leben.

Vor einigen Jahren lernte ich den Redenschreiber eines bekannten Politikers kennen. Er veröffentlichte auch unter seinem eigenen Namen belletristische Titel und Sachbücher. Aber immer, wenn er für den Politiker schrieb, so erzählte er, schlüpfte er in die Rolle eines »professionellen Empathikers«. Ich war beeindruckt, dass er von einer »professionellen« Rolle sprach. Er betrachtete das Einfühlungsvermögen, das er in das Redenschreiben einfließen ließ, als abstrakte Fähigkeit, die seine Gedanken und Gefühle prägte, während er seine Aufgabe ausführte, und die er nach getaner Arbeit einfach wieder abstellen konnte. Er war ein absoluter Profi, der tat, was immer nötig war, um seinen Job zu erledigen, und anschließend wieder zur Tagesordnung überging. Er bewunderte den Politiker und teilte seine Ansichten über Politik und Geschichte, das stand außer Frage. Er bezeichnete das Schreiben im Tonfall eines anderen Menschen als einen »Akt maximaler Großzügigkeit«. Er schob seine eigene Persönlichkeit beiseite und schrieb mit der Stimme und dem Sprachmuster des Klienten im Ohr. Er sagte: »Wenn ich arbeite, geht jede Idee und jede gute Formulierung, die mir in den Sinn kommt, an den Klienten. Ich behalte keine gute Redewendung für mich, um sie in meinen eigenen Texten zu verwenden. Sie muss in die Rede einfließen.« Und wenn er einen Entwurf eingereicht, der Politiker Änderungen vorgenommen und die Rede gehalten hatte, sagte er: »Ich habe völlig vergessen, was ich geschrieben habe, als ob ich in Trance getippt hätte und dann wieder erwacht wäre, um an meinen eigenen Sachen weiterzuarbeiten.«

Der Autor beschrieb eine Form der Empathie, die sehr nützlich ist, um ein verdientes Leben zu führen. Während er sich in die Gedankenwelt seines Kunden hineinversetzte und sich voll und ganz auf seine Aufgabe konzentrierte, bewies der Autor Verständnis und Einfühlungsvermögen. Anschließend konnte er alle empathischen Gefühle jedoch wieder loslassen. Er ließ nicht zu, dass sie in die nächste Episode seines Lebens überschwappten. Diese Gefühle gehörten zu seinem alten Ich. Sein neues Ich wollte sich etwas Neues verdienen. Auf den Punkt gebracht: Er hatte einen seltenen Zustand erreicht, von dem wir alle wünschten, dass wir ihn öfter erreichen könnten. Er lebte in der Gegenwart.

Auch der Schauspieler und Sänger Telly Leung liefert eine perfekte Beschreibung des geistigen Prozesses der Abspaltung unserer Empathie und des Lebens im Hier und Jetzt. Telly war zwei Jahre lang der Star des langjährigen Broadway-Hits *Aladdin* gewesen. Indem er davon erzählte, wie es ihm als Hauptdarsteller eines auch körperlich herausfordernden Stücks zwei Jahre lang achtmal pro Woche gelang, die nötige Motivation und Energie aufzubringen und zu bewahren, schilderte er, wie er seine Empathie in zwei Teile gliederte.

Auf der einen Seite war da sein emotionales Einfühlungsvermögen in das Publikum, das ihm bei seinem Auftritt zusah. Telly berichtete: »Als ich zum ersten Mal ein Theaterstück sah, war ich ein kleiner Junge von acht Jahren. Die Musik, der Gesang, der Tanz und die Freude faszinierten mich. Ich trage die Erinnerung an diese Erfahrung bei jeder Aufführung mit mir. Wenn ich auf diese Broadway-Bühne hinaustrete, denke ich an den ›kleinen Telly‹ und stelle mir die Gefühle eines achtjährigen Jungen oder Mädchens vor, das an diesem Abend im Publikum sitzt. Ich möchte, dass dieser junge Mensch dasselbe fühlt, wie ich es damals tat. Jeden Abend sage ich mir: ›Diese Show ist für dich!‹«

Und auf der anderen Seite gibt es noch das, was Telly als »authentische Empathie« bezeichnet, sein Respekt für seine Kollegen, wenn sie zusammen auftreten. Es ist diese Zurschaustellung der Professionalität, die dafür sorgt, dass er bei jedem Auftritt konzentriert und »in der Rolle« bleibt. Ein Schauspieler, der auf der Bühne sein Bestes geben will, kann es sich nicht leisten, auch nur eine Sekunde lang geistig oder emotional abzuschalten.

»In den zwei Stunden, die ich in der Rolle des Aladdin immer auf der Bühne stand«, erzählte mir Telly, »musste ich viele extrem unterschiedliche emotionale Reaktionen verkörpern. Ich musste glücklich, traurig, verliebt, abgewiesen, ernst, fröhlich, wütend und lustig sein. Ich musste eine emotionale Verbindung zu den anderen Schauspielern aufbauen. Ich musste ihnen gegenüber in jeder Sekunde, in der ich auf der Bühne stand, Einfühlungsvermögen beweisen. Jede Nacht musste ich mich in Prinzessin Jasmin verlieben – und das tat ich auch! Wenn der Vorhang fiel, schaltete ich dieses Gefühl sofort bis zur nächsten Vorstellung wieder ab. Und dann ging ich nach Hause, wo ich wieder in meinen Mann verliebt sein konnte.«

Es gibt nichts, was ich dieser Definition von Telly hinzufügen könnte. »Authentische Empathie«, sagt er, »bedeutet, unser Bestes zu geben, die Person zu sein, die wir für die Menschen sein müssen, die jetzt im Moment bei uns sind.«

Ganz unabhängig von den Begrifflichkeiten – ob ihr Einfühlungsvermögen nun »professionell« oder »authentisch« ist – stellen uns sowohl der Redenschreiber als auch der Schauspieler dieselbe Frage: Zeigen und empfinden wir Empathie nur dann, wenn sie eine positive Wirkung entfalten kann, nämlich dann, wenn es auf den Moment ankommt?

Ich bevorzuge den Begriff »singuläre Empathie«. Nicht nur, weil er unseren Fokus auf eine einzelne Person oder Situation lenkt, sondern auch, weil er uns daran erinnert, dass jede einzelne Gelegenheit, unsere empathischen Fähigkeiten zu zeigen, ein einzigartiges und außergewöhnliches Ereignis ist. Singuläre Empathie gilt einzig und allein für den jeweiligen Moment; sie ändert sich mit jeder neuen Situation. Manchmal ähnelt sie der Empathie des Verstehens, ein anderes Mal der Empathie des Fühlens, des Mitfühlens oder des Handelns. Die einzige Konstante bei der singulären Empathie ist, dass sie unsere Aufmerksamkeit auf einen einzigen Moment konzentriert und ihn damit für alle Beteiligten einmalig macht. Wenn Sie singuläres Einfühlungsvermögen beweisen, können Sie nicht unauthentisch sein. Sie verhalten sich nicht respektlos gegenüber anderen Menschen aus anderen, vergangenen Momenten in Ihrem Leben, egal ob sie erst vor Kurzem oder vor langer Zeit stattgefunden haben. Sie beweisen Ihre Empathie gegenüber den einzigen Menschen, die sie zu schätzen wissen: den Menschen, die in diesem Moment bei Ihnen sind.

Wenn ich nur eine einzige Karteikarte für den Rest meines Lebens bei mir tragen könnte, damit ich sie mir zu jeder Tageszeit ansehen könnte, um mich daran zu erinnern, wie ich mich verhalten sollte, um ein verdientes Leben zu führen, würde ich darauf folgende Botschaft notieren:*

Bin ich jetzt gerade die Person, die ich sein möchte?

Tun Sie es einmal mit einer bejahenden Antwort, und Sie werden feststellen, dass Sie sich den Moment verdient haben. Tun Sie es gewohnheitsmäßig und kontinuierlich, und Sie werden eine Reihe verdienter Momente schaffen, die sich über Tage, Monate und Jahre erstrecken und sich zu einem verdienten Leben summieren.

---

* Diese Idee verdanke ich meiner Freundin, dem 100-Coaches-Mitglied Carol Kauffman. Danke, Carol.

NACHSPIEL

NACH DER SIEGESRUNDE

WENN SIE AN einem Wochenende bei meinem Freund Leo zu Gast sind, werden Sie gut essen. Leo wird Sie im Vorfeld fragen, was Sie gerne trinken und welche Gerichte Sie nicht mögen, ganz als wäre er ein Oberkellner, der die Speisekarten austeilt und sich nach den Vorlieben und Allergien seiner Gäste erkundigt.

Leo erlernte das Kochen mit Anfang dreißig, als er sich aus dem Berufsleben zurückzog, um sich zu Hause um seine drei kleinen Töchter zu kümmern, während seine Frau Robin wieder als Buchhalterin arbeitete. Nach fünf Jahren als Hausmann stieg Leo bei einem ehemaligen Kollegen ein, der eine Private-Equity-Firma gründete – und blieb dreißig Jahre lang der COO dieses Unternehmens. Er arbeitete hart und war sehr erfolgreich, blieb dabei aber auch stets seiner Rolle als Koch der Familie treu. Leo ist kein Mensch, der mit seinen Kochkünsten prahlt. Ich habe nie gehört, dass er sich selbst als »Foodie« bezeichnet hätte. Nur Freunde und Familie, die an Leos Tisch speisen, wissen, dass Kochen seine »große Enthüllung« ist. Leos Freunde halten seine hervorragenden Leistungen am Herd inzwischen für selbstverständlich, obwohl ich bezweifle, dass Leo sich dessen bewusst ist. Wenn Sie das Glück haben, Leo und Robin für ein paar Tage in einem ihrer vielen Häuser zu besuchen, werden Sie sehen, wie gewissenhaft er sich darum bemüht, alle Anwesenden zu verpflegen. Leo ist kein Koch, der nach Instinkt vorgeht und aus allerlei bunt gemischten Zutaten ein wunderbares Gericht zaubern kann, wie ein Profikoch in der TV-Show *Iron Chef*. Er stöbert in Kochbüchern nach Rezepten, weiß, was er kann, und hält sich immer genau an das Rezept – kreative Experimente sind nicht sein Ding. Rezepte, die sich bewährt haben, werden in einem Ringordner aufbewahrt, den Leo vor dem Essen konsultiert. Er plant die Mahlzeiten für die Woche, kauft sämtliche Zutaten ein und bereitet so viel wie möglich in seiner Freizeit vor. Irgendwie werden seine Gerichte von Mal zu Mal besser und besser. Nach all den Jahren am Herd entwickelt sich Leo immer noch weiter.

Das Erstaunliche an Leo ist, dass er jeden Tag so verfährt (außer er ist nicht zu Hause oder isst auswärts), ganz egal, ob es sich um ein schnelles Essen für Robin und sich selbst handelt oder um ein Thanksgiving-Dinner mit der ganzen Familie.

Für Leo ist das Kochen nicht ein abgehaktes Ziel in seiner Bucketlist, das er schon immer erreichen wollte, sobald er die Zeit dazu hätte. Leo kochte, als er keinen Job hatte, er kochte weiter, als er wieder in seinen Beruf zurückkehrte, und er hörte auch nicht auf, als er mit der Verwaltung von vierzig Mitarbeitern und einem internationalen Anlageportfolio umfassend ausgelastet war.

Leo der Koch ist keine Metapher für die Idee eines verdienten Lebens. Leo der Koch ist die Essenz des verdienten Lebens in all seiner mondänen Pracht.

Wenn er am Morgen aufwacht, ist Leo ein Koch. Er kocht ein tolles Essen. Er serviert es seinen Gästen. Die Menschen empfinden Genuss, manchmal auch höchste Freude. Leo fühlt sich bestätigt, wenn er die leeren Teller und die lächelnden Gesichter am Tisch sieht. Wenn er am nächsten Morgen aufwacht, ist Leo immer noch ein Koch. Also tut er es wieder.

Vielleicht gibt es einen Moment, nachdem alles verzehrt wurde, in dem Leo mit Robin über das Essen nachsinnt. »Das ist gut gelaufen«, werden sie dann vielleicht übereinstimmend sagen. Aber das ist auch schon die einzige Siegesrunde, die Leo zu drehen bereit ist. Er akzeptiert, dass diese Zufriedenheit vergänglich ist. Er weiß, dass er bei der nächsten Mahlzeit die Gelegenheit hat, sie sich ein weiteres Mal zu verdienen.

Durch dieses Verhalten unterscheidet sich Leo nicht von allen anderen, die ihre Berufung gefunden haben, ob beruflich, privat oder nebenberuflich, und die ihr mit so viel Leidenschaft und Zielstrebigkeit nachgehen, dass sie sich jeden Tag aufs Neue mit Begeisterung ans Werk machen. Das kann der Arzt sein, der versucht, jeden Tag dreißig Patienten zu heilen und ihre Schmerzen zu lindern, und am nächsten Tag dreißig weitere Patienten behandelt; oder der Milchbauer, der jeden Morgen um 4.30 Uhr aufsteht, um seine Kühe zu melken (wer Milchvieh hat, kennt keine freien Tage); oder der Traditionsbäcker, der die Nachbarschaft täglich mit frischen Broten versorgt; oder die verlassene Mutter, deren erwachsene Kinder nun ihr eigenes Leben führen, und die erkennt, dass sie ihre Kinder immer in ihrem Herzen trägt und dass sie nie aufhören wird, Mutter zu sein. Es gibt keine Siegesrunde, wenn man Arzt, Milchmann, Bäcker oder Mutter ist, sondern nur das Privileg und die Erfüllung, diese Menschen zu sein und zu versuchen, diese Rolle jeden Tag bestmöglich auszufüllen.

Wir sollten alle so glücklich sein.

Von den verschiedenen Ermunterungen und Übungen, die ich Ihnen in diesem Buch angeboten habe, möchte ich fünf wiederkehrende Leitmotive hervorheben – manchmal explizit benannt, aber auf jeden Fall immer angedeutet –, die auf jeder Seite wie Schutzengel über der Idee eines verdienten Lebens schweben. Jedes dieser Dinge können wir ganz einfach kontrollieren (und es gibt nicht besonders viele Dinge im Leben, die wir kontrollieren können).

Das erste ist der *Sinn*. Alles, was wir tun, ist erhabener, aufregender und stärker mit dem Menschen verbunden, der wir werden wollen, wenn wir es mit einem klar formulierten Sinn oder Zweck tun. (Dass wir ihn »formulieren« macht einen großen Unterschied.)

Die zweite ist die *Präsenz*. Das ist die unmögliche Aufgabe – präsent zu sein für die Menschen in unserem Leben, anstatt durch Abwesenheit zu glänzen. Auch wenn wir nicht immer da sein können, sollten wir doch niemals aufhören, uns darum zu bemühen.

Der dritte Punkt ist die *Community*. Etwas mithilfe einer ausgewählten Gemeinschaft zu erreichen, erzeugt einen länger anhaltenden Nachhall, wirkt sich auf mehr Menschen aus und ist aufgrund der Beiträge anderer häufig besser als ein Alleingang. Würden Sie lieber als Solist singen oder einen Chor hinter sich haben?

Die vierte ist die *Unbeständigkeit*. Im Grund genommen sind wir nur für einen kurzen Moment hier auf der Erde. »Wir werden geboren, wir werden krank, wir sterben«, sagte Buddha, um uns daran zu erinnern, dass nichts von Dauer ist, weder unser Glück noch ein Tag noch irgendetwas anderes. Alles ist vergänglich. Das ist keine Erkenntnis, die uns deprimieren soll. Sie soll uns dazu inspirieren, in der Gegenwart zu leben und in jedem Moment einen Sinn zu finden.

Der fünfte Punkt sind die *Ergebnisse*. Dies ist ein negatives Thema, das ein positives Konzept offenbart – denn mein Ziel war es nicht, Ihnen zu dabei zu helfen, ein gewünschtes Ergebnis besser zu erreichen. Es ging darum, Ihnen zu helfen, Ihr Bestes zu geben, um an Ihr Ziel zu gelangen. Wenn Sie Ihr Bestes geben, dann haben Sie nicht versagt, egal, wie das Ergebnis ausfällt.

Schlussendlich gibt es in einem verdienten Leben keine Preisverleihung und keine ausgedehnte Siegesrunde. Die Belohnung für ein Leben, das Sie wirklich verdienen, ist der Prozess des Verdienens an sich.

DANKSAGUNG

Ich möchte mich bei den Mitgliedern der 100-Coaches-Community bedanken, die mir gezeigt haben, wie ein verdientes Leben aussehen kann: Adrian Gostick, Aicha Evans, Alaina Love, Alan Mulally, Alex Osterwalder, Alex Pascal, Alisa Cohn, Andrew Nowak, Antonio Nieto-Rodriguez, Art Kleiner, Asha Keddy, Asheesh Advani, Atchara Juicharern, Ayse Birsel, Ben Maxwell, Ben Soemartopo, Bernie Banks, Betsy Wills, Bev Wright, Beverly Kaye, Bill Carrier, Bob Nelson, Bonita Thompson, Brian Underhill, Carol Kauffman, Caroline Santiago, CB Bowman, Charity Lumpa, Charlene Li, Chester Elton, Chintu Patel, Chirag Patel, Chris Cappy, Chris Coffey, Claire Diaz-Ortiz, Clark Callahan, Connie Dieken, Curtis Martin, Darcy Verhun, Dave Chang, David Allen, David Burkus, David Cohen, David Gallimore, David Kornberg, David Lichtenstein, David Peterson, Deanna Mulligan, Deanne Kissinger, Deborah Borg, Deepa Prahalad, Diane Ryan, Donna Orender, Donnie Dhillon, Dontá Wilson, Dorie Clark, Doug Winnie, Eddie Turner, Edy Greenblatt, Elliott Masie, Eric Schurenberg, Erica Dhawan, Erin Meyer, Eugene Frazier, Evelyn Rodstein, Fabrizio Parini, Feyzi Fatehi, Fiona MacAulay, Frances Hesselbein, Frank Wagner, Fred Lynch, Gabriela Teasdale, Gail Miller, Garry Ridge, Gifford Pinchot, Greg Jones, Harry Kraemer, Heath Dieckert, Herminia Ibarra, Himanshu Saxena, Hortense le Gentil, Howard Morgan, Howard Prager, Hubert Joly, Jacquelyn Lane, Jan Carlson, Jasmin Thomson, Jeff Pfeffer, Jeff Slovin, Jennifer McCollum, Jennifer Paylor, Jim Citrin, Jim Downing, Jim Kim, Johannes Flecker, John Baldoni, John Dickerson, John Noseworthy, Juan Martin, Julie Carrier, Kate Clark, Kathleen Wilson-Thompson, Ken Blanchard, Kristen Koch Patel, Laine Cohen, Libba Pinchot, Linda

Sharkey, Liz Smith, Liz Wiseman, Lou Carter, Lucrecia Iruela, Luke Joerger, Macarena Ybarra, Magdalena Mook, Maggie Hulce, Mahesh Thakur, Margo Georgiadis, Marguerite Mariscal, Marilyn Gist, Mark Goulston, Mark Tercek, Mark Thompson, Martin Lindstrom, Melissa Smith, Michael Canic, Michael Humphreys, Michael Bungay Stanier, Michel Kripalani, Michelle Johnston, Michelle Seitz, Mike Kaufmann, Mike Sursock, Mitali Chopra, Mojdeh Pourmahram, Molly Tschang, Morag Barrett, Naing Win Aung, Nankonde Kasonde-van den Broek, Nicole Heimann, Oleg Konovalov, Omran Matar, Pamay Bassey, Patricia Gorton, Patrick Frias, Pau Gasol, Paul Argenti, Pawel Motyl, Payal Sahni Becher, Peter Bregman, Peter Chee, Phil Quist, Philippe Grall, Pooneh Mohajer, Prakash Raman, Pranay Agrawal, Praveen Kopalle, Price Pritchett, Rafael Pastor, Raj Shah, Rita McGrath, Rita Nathwani, Rob Nail, Ruth Gotian, Safi Bahcall, Sally Helgesen, Sandy Ogg, Sanyin Siang, Sarah Hirshland, Sarah McArthur, Scott Eblin, Scott Osman, Sergey Sirotenko, Sharon Melnick, Soon Loo, Srikanth Velamakanni, Srikumar Rao, Stefanie Johnson, Steve Berglas, Steve Rodgers, Subir Chowdhury, Taavo Godtfredsen, Taeko Inoue, Tasha Eurich, Telisa Yancy, Telly Leung, Teresa Ressel, Terri Kallsen, Terry Jackson, Theresa Park, Tom Kolditz, Tony Marx, Tushar Patel, Wendy Greeson, Whitney Johnson, und Zaza Pachulia.

Was Sie hierher gebracht hat, wird Sie nicht weiterbringen

Marshall Goldsmith

Egal auf welcher Stufe der Karriereleiter er gerade steht, im Leben jedes Menschen gibt es persönliche Eigenheiten, bestimmte Gewohnheiten oder Verhaltensweisen, die verhindern, dass er genau dort hinkommt, wo er eigentlich sein möchte. Es ist oftmals nur das »kleine Etwas«, das zwischen uns und der nächsten Stufe des Erfolgs steht. Marshall Goldsmith, einer der bekanntesten und ausgezeichnetsten Karriere-Coaches in den USA, ist Experte darin, diese lästigen kleinen Gewohnheiten aufzuspüren und zu überwinden, um den Weg für mehr Erfolg und Zufriedenheit frei zu machen. Goldsmith hat in Einzel-Coachings schon zahlreichen internationalen Führungskräften dazu verholfen, genau die Position erfolgreich auszufüllen, von der sie immer geträumt haben. In diesem Buch fasst er seine wichtigsten Tipps und Grundsätze verständlich zusammen und zeigt jedem Leser, wie er durch Selbstreflexion und Kommunikationsstil das Beste aus sich herausholen kann.

336 Seiten | Softcover | 20,00 € (D) | 20,60 € (A) | ISBN 978-3-95972-601-6